www.ingramcontent.com/pod-product-compliance
Lightning Source LLC
Chambersburg PA
CBHW020609300426
44113CB00007B/567
* 9 7 8 1 0 6 9 0 2 1 0 4 5 *

انتشارات آسمانا

زبان، انسان و جامعه: ادبیات و زبان‌های اقلیت در ایران

مجموعه مقالات سمپوزیوم مطالعات زبان مک‌گیل ۲۰۲۳

ویرایش:
امیر کلان	مهدی گنجوی
آنیسا جعفری	لاله جوانشیر

آسمانا، تورنتو، کانادا
۱۴۰۳/۲۰۲۴

زمان، مرۆڤ و کۆمەڵگە: ئەدەبیات و زمانە لەپەراوێز کەوتووەکان لە ئێراندا

سیمپۆزیۆمی توێژینەوەکانی زمانی زانکۆی مەکگیل ٢٠٢٣

دیل، اینسان و توپلوم: ایرنداکی آزینلیقلارین دیل و ادبیاتلاری

مک‌گیل دیل آراشدیرمالاری سیمپوزیومو ٢٠٢٣

آسمانا، تورنتو، کانادا

١٤٠٣/٢٠٢٤

زبان، انسان و جامعه: ادبیات و زبان‌های اقلیت در ایران
مجموعه مقالات سمپوزیوم مطالعات زبان مک‌گیل ۲۰۲۳
ویرایش: امیر کلان، مهدی گنجوی، آنیسا جعفری، لاله جوانشیر
ناشر: آسمانا، تورنتو، کانادا
طرح روی جلد: محمد قائمی
صفحه‌آرایی: آتلیه نشر آسمانا
نوبت چاپ: اول، ۱۴۰۳/۲۰۲۴
شماره آی‌اس‌بی‌ان: ۹۷۸۱۰۶۹۰۲۱۰۴۵

حق چاپ برای ناشر محفوظ است.

زبان، انسان و جامعه: ادبیات و زبان‌های اقلیت در ایران

مجموعه مقالات سمپوزیوم مطالعات زبان مک‌گیل ۲۰۲۳

ویرایش:

امیر کلان   مهدی گنجوی

آنیسا جعفری   لاله جوانشیر

فهرست

مقدمه ۱۱

زبان‌شناسی و زبان قدرت، امیر کلان ۱۳

نمود گذشته و حذف شده‌ها در یادنگاره‌های زنان کُرد، شهرزاد مجاب ۱۹

برنامه‌ریزی زبانی انسان‌محور: فرصتی برای تامل و عمل، یلدا کاوه ۶۳

یک کلمه: از مستشارالدوله تا دانشجویان هنر، سیما حسن‌دخت فیروز ۸۱

زبان اشاره ایرانی در میانه‌ی سرکوب‌های چندگانه، سارا سیاوشی............... ۱۰۳

پژوهشگران شنوا و زبان اشاره: مسئله‌ی اخلاق در مطالعات زبانشناسی اشاره،
اردوان گیتی... ۱۲۳

**ئادیۆلۆژییە زمانییەکان وەکوو بەرهەڵست لە بەرانبەر خوێندن بە زمانی دایک بۆ
کەمینەکراوەکان لە ئێران**، جەعفەر شێخولئیسلامی ۱۳۵

سیاسەت زوانی لە زوانەیل وەپەراوێز خریای، ئانیسا جەعفەریمێهر.................. ۱۷۷

**آزینلیقلاشدیریلمیش دیلین و توپلومون ائیتیمی و گوجلندیریلمه‌سی: آذربایجان
سیویک نئیشن تجروبه‌سی**، وحید رشیدی ۱۸۳

بئر آلتی اوشاقلار کیلاسی و آذربایجان میلی حرکتی‌نین کیلاسلارین تشکیلینده‌کی رولو، صمد پورموسوی ۱۹۵

Çox Dilli Bir Toplumda Assimilyasiya və Dirəniş, Hajar Kabiri ۲۱۹

تأثیر و تهدید زبان در برون‌آیی اقلیت‌های جنسی‌جنسیتی در چهار دهه‌ی گذشته، ساقی قهرمان ۲۳۱

از چشم فخر: بررسی فیگور مؤلف در آثار و زندگی حرفه‌ای هوشنگ گلشیری، سوزان کریمی ۲۴۵

شکل‌گیری فیگورهای ایده‌آل و بازتولید مناسبات جنسیتی در ادبیات فارسی، المیرا بهمنی ۲۶۱

معرفی نویسندگان و ویراستاران ۲۷۹

مقدمه

مقالاتی را که در این کتاب در پیش رو دارید، نتیجه‌ی گردهمایی نویسندگان آن‌ها در سمپوزیوم مطالعات زبان دانشگاه مک‌گیل در پاییز سال ۲۰۲۳ است. در این سمپوزیوم سخنرانانی از رشته‌های پژوهشی متفاوت گرد هم آمدند تا در مورد چرایی و لزوم به وجود آوردن نوعی از مطالعات زبانی گفتگو کنند که به جای ساختارهای زبانی و تاریخ زبان‌ها به وضعیت گویشوران زبان‌ها می‌پردازد؛ یا به عبارت دیگر، به لزوم گونه‌ای از مطالعات زبانی انسان‌محور. سمپوزیوم مذکور که پذیرای صدها مخاطب در طول سه روز برنامه بود، فرصت ویژه‌ای برای یاد گرفتن از اساتید و محققینی فراهم آورد که پژوهش‌هایشان می‌تواند نگاه غالب زبان محور به مطالعات زبانی را به صورت‌های مختلف تغییر بدهد. با تاکید بر درهم تنیدگی زبان با جامعه و انسان، ارائه‌های این همایش به طرق مختلف به آزمایش عبور از زبان‌شناسی زبان‌محور دست زدند تا فهم ما را از نقش زبان در زندگی انسانی، جامعه و روابط قدرت بیشتر کنند. انتشار این کتاب قدمی دیگر در حفظ این گفتگوی پراهمیت است. از این فرصت استفاده می‌کنم تا بار دیگر از محققینی که پژوهش‌های خود را در این سمپوزیوم ارائه کردند قدردانی کنم.

گرد هم آوردن این محققین در این سه روز کار دشواری بود که بدون فعالیت‌های داوطلبانه‌ی کمیته‌ی برگزاری ممکن نمی‌شد. به تمام دوستانی که در مراحل مختلف برگزاری این سمپوزیوم با این همایش همکاری کردند درود می‌فرستم و از زحمات‌شان تشکر می‌کنم. از میان

این دوستان سه نفر به عنوان ویراستار به یاری آمدند تا مجلد حاضر چاپ شده و در اختیار خوانندگان قرار گیرد: دکتر مهدی گنجوی (ویراستار فارسی و مدیر انتشارات آسمانا)، دکتر لاله جوانشیر (ویراستار ترکی) و خانم آنیسا جعفری‌مهر (ویراستار کُردی). بدون زحمات این عزیزان، انتشار این کتاب ممکن نبود. در طول آماده‌سازی این کتاب هم داوطلبان جدیدی به ما ملحق شدند تا به سامان دادن متون برای انتشار کمک کنند. از تمام این دوستان تشکر می‌کنیم. مایل هستم که به ویژه از نگار خیاط کلکاری، معصومه خوش‌اندام، شقایق بهرامی، شکیبا شریف‌پور، مرضیه سلیمی و آیسودا راستافر تشکر کنم که پروسه‌ی ترجمه و پیاده‌سازی چندی از سخنرانی‌ها را به عهده گرفتند. سخنران‌ها و داوطلبانی که بانی به تحقق پیوستن سمپوزیوم و فراهم کردن این کتاب شدند اتفاق مهمی را رقم زده‌اند که امیدواریم در سال‌های آتی ادامه پیدا کرده و شکوفاتر شود.

امیر کلان
مونترال، کانادا
سپتامبر ۲۰۲۴

زبان‌شناسی و زبان قدرت

امیر کلان
دانشگاه مک‌گیل

تاریخ رسمی مطالعات زبانی، در حقیقت تاریخ مطالعات زبان قدرت است. به عبارت دقیق‌تر، علوم زبانی از جمله زبان‌شناسی مدرن، غالباً در خدمت حفظ و اشاعه‌ی زبان قدرت و کنترل تأویل‌ها از پیغام‌ها و متونی بوده‌اند که از مراکز قدرت صادر می‌شده است.

این فعالیت در دوران ماقبل پیدایش Linguistics یا زبان‌شناسی مدرن، به شکل کنترل معنای متون حقوقی نمایان می‌شود. این متون شامل قوانین صادره از نهاد قدرت و همچنین متون مقدس به زبان "خدایان" بوده که در عمل نقش احکام حقوقی را بازی می‌کرده‌اند. شاخه‌های مهم مطالعات زبانی کلاسیک از قبیل معناشناسی، واژه‌شناسی و علم تأویل ریشه در تحمیل، کنترل یا مال‌خودکردن معنای قوانین صاحبان قدرت را داشته‌اند. به همین منوال، هرمنوتیک مدرن هم ریشه در همین جدل قدیمی برای صاحب شدن معنای متون مقدس دارد. در دوره‌ی پیشامدرن، رشد آواشناسی هم در خدمت بیان متون دینی بوده است. یک مثال مشخص، تجربیات آواشناسان اسلامی برای تنظیم تلاوت قرآن در جهت کنترل تأثیر این متن بر شنوندگان است.

علی‌الرغم تغییر شکل، این هم‌زیستی معنادار زبان‌شناسی و زبان قدرت، در دوران مدرن نیز ادامه پیدا می‌کند. اولین تغییر پارادایم علمی در دوران مدرن، ظهور historical linguistics یا زبان‌شناسی تاریخی است که باعث عبور مطالعات زبانی از philology سنتی یا علم لغات می‌شود. چهره‌ی آشنای برساختن زبان‌شناسی تاریخی به مثابه‌ی یک رشته‌ی علمی، واژه‌شناس بریتانیایی ویلیام جونز است که از هند مستعمره، نظریاتش در مورد خانواده‌ی بزرگ زبانی هندواروپایی را، به جهان مدرن استعماری ارائه کرد. پیشنهاد جونز این بود که زبان‌های سانسکریت، فارسی، یونانی، لاتین و همچنین زبان‌های شمال اروپا ریشه‌ی مشترکی دارند. جونز اولین نفری نبود که این نظر را مطرح می‌کرد، اما زمانه زمانه‌ی مناسبی برای پذیرش این نظریه بود.

نظریه‌ی جونز بیشترین انعکاس خود را نه در امپراتوری بریتانیا بلکه در دنیای آلمانی‌زبان و در بین philologist های آلمانی داشت. این تصادفی نبود. در آلمان نهضت فکری شکل گرفته بود که به زودی کامل‌ترین شکل خود را در آثار هگل، فیلسوف دولت پروس، نمایان می‌کرد. هگل در فلسفه‌ی تاریخ اروپامحور خود یک خط تاریخی را ترسیم می‌کند که در آن، تاریخ از "بربریت" شرق به "تمدن" غرب حرکت می‌کند. در این تحول تاریخی تمدن‌های ماقبل اروپا سنگ‌بناهای ابتدایی به وجود آمدن تمدن "برتر" اروپا هستند. هگل فرهنگ‌های آفریقایی، چینی و هندی را فرهنگ‌های دوران طفولیت بشری می‌دانست که قادر به ارائه شکل واحدی به ساختار اجتماعی پراکنده خود نبودند و از این رو شایسته‌ی این نیستند که بخشی از "تاریخ" محسوب شوند. هگل نوشته است، "آفریقا... بخشی از تاریخ جهانی نیست؛ هیچ حرکتی یا

توسعه‌ای برای نمایش ندارد"[1] و به‌طور مشابه در مورد چین و هند می‌گوید: "چین و هند به نوعی همچنان خارج از تاریخ جهان قرار دارند."[2] هگل به ایرانیان اجازه داد تا بخشی از تاریخ باشند: "ایرانیان نخستین مردم تاریخی بودند."[3] با این حال، او به‌خاطر اینکه آن‌ها نمی‌خواستند زبان‌های متنوع قلمرو خود را یکپارچه کنند، از آن‌ها انتقاد می‌کرد: "[ایرانیان] نتوانستند امپراتوری کاملاً سازمان‌یافته‌ای بسازند؛ نتوانستند سرزمین‌های فتح‌شده را با اصول خود آشنا کنند و آن‌ها را به یک کل هماهنگ تبدیل کنند، بلکه مجبور بودند با تجمعی از متنوع‌ترین خصوصیات [از جمله زبانی] راضی باشند."[4]

برای این خوانش از تاریخ، نظریه‌ی زبانی جونز یک هدیه‌ی بزرگ بود. زبان‌شناسان اروپایی با نشان دادن ارتباط بین زبان‌های شرق و غرب به این هدف نائل می‌آمدند که نشان دهند زبان‌های دوران کودکی بشریت مانند سانسکریت و فارسی چگونه با تحولات دستوری و واژگانی به دوران بلوغ خود در زبان‌های اروپایی رسیده‌اند. این پروژه‌ی اروپامحور از تئوری زبان‌های هندواروپایی استقبال کرد و دپارتمان‌های زبان‌شناسی به وجود آورد که کار خود را بیش از هر چیز historical linguistics زبان‌شناسی تاریخی و comparative linguistics زبان‌شناسی تطبیقی می‌دیدند. زبان‌شناسان اروپایی از یک سو با علاقه، زبان‌های دیگر دنیا را به عنوان گذشته‌ی ناکامل زبان‌های خود مطالعه می‌کردند و از سوی دیگر با همین نگرش این اجازه را به دولت‌های

[1] Hegel, 1899, p. 99.
[2] Hegel, 1899, p. 116.
[3] Hegel, 1899, p. 173.
[4] Hegel, 1899, p. 222.

استعماری خود می‌دادند که زبان‌های مردمان دیگر را حذف و با زبان‌های "برتر" اروپایی جایگزین کنند. جنبه‌ی استعماری زبان‌شناسی به اصطلاح "علمی" جونز را می‌توان در این جملات Wilhelm von Humboldt یکی از مهم‌ترین زبان‌شناس‌های دولت پروس به روشنی دید. او در مورد برتری ذهنی گویشوران زبان‌های هندواروپایی می‌نویسد:

از آنجا که هر محققی اذعان دارد که زبان سانسکریت برتر از زبان چینی و زبان یونانی برتر از زبان عربی است باید این را اعتراف کنیم که این برتری نشان رشد بیشتر ذهنی گویشوران آن است.[5]

بدین ترتیب بسیاری از نحله‌های پژوهشی زبان‌شناسی مدرن که به نظر فرمی و زبانی می‌رسند، در واقع کمک‌حال روایت‌های استعماری "نژاد" و "تمدن" برتر بوده‌اند.

مطالعات زبانی مدرن از جهت مهم دیگری هم در خدمت گروه‌های غالب اجتماعی قرار گرفت. با ظهور دولت‌ـ‌ملت‌های مدرن اروپایی مطالعات و سیاست‌های زبانی بار دیگر تبدیل به ابزار کنترل و تبعیض شدند. در این دوره، ایدئولوژی یک‌زبان‌ـ‌یک‌ملت، مرکز ثقل ملت‌سازی‌های اروپایی در آلمان، فرانسه، ایتالیا و سایر کشورهای اروپایی شد. بعد از چندی، تحمیل ساختار سیاسی دولت‌ـ‌ملت بر جهان باعث شد تا دولت‌های سراسر جهان با تعیین زبان‌های رسمی و

---

[5] Manjali, 2020, p. 166.

ملی دست به سرکوب دیگر زبان‌های درون مرزهای خود بزنند. در مطالعات زبانی، این روند، با اشاره به داستان برج بابل، به پروسه‌ی debabelization یا بابل‌زدایی معروف است و متاسفانه هنوز به پایان نرسیده است. به عنوان مثال، ما هم در بافتار ایران با پیروی از همین الگو دهه‌هاست که دست به حذف و تحقیر زبان‌های به اصطلاح غیررسمی زده‌ایم.

جامعه‌شناس فرانسوی بوردیو در مورد ماهیت زبان رسمی در دولت-ملت‌های مدرن توضیح می‌دهد که زبان استاندارد همواره یک زبان نیمه مصنوعی است که برای حفاظت از آن باید زبان‌شناسانی را استخدام کرد که دائماً زبان استاندارد را کدبندی و تعمیر کنند، و به مدارس و معلمینی احتیاج است که این زبان را از طریق تکرار و تصحیح، تبدیل به زبان غالب دانش‌آموزان کنند.[6] از این زاویه، بسیاری از زبان‌شناسان و آموزگاران، پاسداران قدرت گویشوران زبان غالب بوده‌اند.

به همین منوال، زبان و فرهنگ گروه حاکم از طریق برساختن و تبلیغ چیزی به عنوان "سنت ادبی ملی" به فرهنگ‌های اقلیت تحمیل می‌شده است. دپارتمان‌های ادبیات و علوم انسانی، و همچنین روشن‌فکران مرکز، در این سیستم سخت در کار ساختن Canon های ادبی بوده‌اند که بر ادبیات‌های گروه‌های اجتماعی و فرهنگ‌های اقلیت سایه افکنده و نامرئی‌شان کرده‌اند. غالباً آنچه به عنوان "ادبیات فاخر" می‌شناسیم مجموعه‌ای از آثار است که با دقت و وسواس انتخاب می‌شوند تا در خدمت موجه‌سازی گفتمان‌های اهل قدرت قرار بگیرند. در این پروسه،

---

[6] Bourdieu, 1991, p. 60.

با دسته‌بندی‌هایی مانند، "ادبیات فاخر و غیر فاخر"، یا "هنر ملی و هنر محلی"، صدای گروه‌های مختلف اجتماعی از صحنه‌ی تبادل گفتمانی حذف می‌شوند.

اگر زبان‌شناسی بخواهد که خود را از همبستری سنتی‌اش با قدرت برهاند، باید نظریات و پژوهش‌هایی زبانی برجسته شوند که به جای قدرت، به سمت انسان، و به سمت زبانیدن و متنیدن هر روزه‌ی مردم گرایش دارند. من از واژه‌های "زبانیدن" و "متنیدن" استفاده می‌کنم تا تأکید کنم استفاده از زبان و تولید متن یک پروسه‌ی سیال است که بدون در نظر گرفتن انسان‌هایی که از زبان و متن در بافتارهای خاص مادی، اجتماعی و فرهنگی خود استفاده می‌کنند قابل بررسی نیست. تنها حرکت به این سمت است که زبان‌شناسی را از رابطه‌ی کنونی‌اش با قدرت و اهالی آن جدا کرده و به درک علمی از زبان نزدیک می‌کند. چنین چرخشی نیاز به الزامات تئوریک و شناخت‌شناسانه‌ای دارد که باید در مجال دیگری به بحث و بررسی گذارده شوند. این گفتار تنها مقدمه‌ای بود برای معرفی برجسته‌ترین نقاط هم‌پوشانی و هم‌دستی علوم زبانی و قدرت.

منابع

Bourdieu, P. (1991). *Language and symbolic power*. Harvard University Press.

Hegel, G. W. F. (1899). *The philosophy of history*, by Georg Wilhelm Friedrich Hegel. Colonial Press.

Manjali, F. (2020). Modernity, colonialism and the 'Science of Language'. In *Science and scientification in South Asia and Europe* (pp. 154-172). Routledge India.

نمود گذشته و حذف شده‌ها در یادنگاره‌های زنان کُرد[1]

شهرزاد مجاب
دانشگاه تورنتو

به یاد جعفر[2]

بازخوانی فروتنانه یادنگاره‌ها

زنان ڕۆژهه‌ڵات (منطقه کُردستان در ایران) بقا، مقاومت، درد، عشق و آرزوهای آزادیخواهانه خود را در قالب ادبی یادنگاره بیان می‌کنند که پدیده ادبی- سیاسی نو و در حال رشد است. در این یادنگاره‌ها، زنان

---

[1] این متن براساس ترجمه اولیه نگار خیاط کلکاری و شقایق بهرامی بازنویسی و افزون شده است. مبنای اولیه این متن فصلی است که در کتاب زیر آمده است:

Mojab, S. (2024). The past and the absences are present in Kurdish women's memoirs. In S. Mojab (Ed.), *Kurdish women through history, culture, and politics* (pp. 222–243). Costa Mesa, CA: Mazda Publishers.

[2] دکتر جعفر حسن پور (۱۳۲۸-۱۴۰۳) از رهروان راه انقلاب، انسانی فرهیخته، دوست داشتنی، و آزاد اندیش بود. جعفرازاولین کادرهای کومله بود و به همین دلیل هم به دست ساواک دستگیر و زندانی شد. با اوج مبارزات مردم علیه سلطنت پهلوی در سال ۱۳۵۷از زندان آزاد شد و مجددا به کومله پیوست. او یکی از بنیان‌گذاران "جمعیت راه رهائی زحمتکشان" در شهر مهاباد بود. پس از مهاجرت به سوئد در سال ۱۳۶۲ به ادامه تحصیل مشغول شد و اولین کُردی بود که در سال ۱۹۹۹ (ش ۱۳۷۸) از دانشگاه اپسالا دکترای زبانشناسی گرفت. جعفر، برادرِ شیلان حسن‌پور است که در این نوشتار یادنگاره او را مرور می‌کنم. جعفر همبازی و دوست شیلان بود و حضوری به یاد ماندنی در یادنگار او دارد. به یاد جعفر خۆشه ویست مانا.

جستارهائی از جمله ارتباطاتشان با مادران و بقیه اعضای خانواده، تجربیات آموزشی، خواندن و تکلم به زبان کُردی ممنوع شده توسط دولت‌های فارس ـ مرکزگرا، زندان، و تلاش برای بقا در شهر و کوه، و هم چنین دیدگاه‌هایشان را در باره سرزمین و ملت، هویت، فرهنگ، تاریخ، سیاست، و مبارزه بررسی می‌کنند. این یادنگاره‌ها خلاصه‌ای از روایات تاریخی پیچیده ای هستند که چالش‌های شخصی و سیاسی در آنها در هم تنیده شده‌اند و به بُروز یادمانی جمعی از روایات شخصی زنان ملتی منجر می‌شوند. در این نوشته، من چهار یادنگاره زنان را بررسی می‌کنم، که هر کدام آرشیوی از زندگی زنان و روابط اجتماعی‌ـ جنسیتی است. آنچه در مطالعه و بررسی این یادمان‌ها واضح می‌شود، آرزوی جمعی آن‌ها برای به تصویر کشیدن پیچیدگی غنی زندگی‌های اجتماعی و سیاسی زنان کُرد است. من در این فرآیند قصد دارم که در ارتباط با این موضوع تنها خواننده‌ای منفعل و بی‌طرف نباشم؛ بلکه تعاملات شخصی، سیاسی و فکری خود را با تجربیات و مبارزات آن‌ها پیگیری و تحلیل می‌کنم. در واقع هدف من این است که بفهمم چگونه به زندگی روزمره *گذشته* زنان فکر کنم و *حذف* شده‌های *گذشته* را کشف کنم تا از این طریق بتوانم *حال* را درک کنم. بنا دارم با برقراری ارتباط نظری بین به یاد آوردن و شاهدی از دگرگونی اجتماعی رادیکال بودن به سراغ تلاش‌های فعلی رفته و زمینه‌ای برای درک بهتر مبارزه حال فراهم کنم. یادنگاره‌ها عبارتند از: شیلان حسن‌پور، *ده چه‌وه سابڵاغ* (برمیگردم به سابلاغ) (۲۰۱۲)[۳]؛ ناهید وفایی، *جلوه‌های زندگی* (۲۰۱۸)؛ و دو یادنگاره از گلرخ قبادی: *شقایق‌ها بر سنگلاخ: زندگی*

[۳] برای مرور من از این کتاب، نگاه کنید به: Mojab, 2015.

و زمانه یک زن کُرد (۲۰۱۵) و *گلزار شقایق‌ها: ناگفته‌های زنان مبارز کُردستان ایران* (۲۰۲۰).[٤]

این آثار جزئی از ادبیات دیاسپورا یا تبعید هستند که چاپ و نشر آن در ایران ممنوع است. موضوع "زنان کُرد" اغلب با سانسور مواجه می‌شود مگر اینکه در زمینه‌های تاریخی، جامعه‌شناسی یا انسان‌شناسی مورد بحث قرار گیرد. حتی در این زمینه‌ها هم، ارجاعات به سیاست‌های تبعیض‌آمیز اقتصادی، فرهنگی، اجتماعی و زبانی دولت اسلامی، که منجر به مصادره اموال، آوارگی، به حاشیه‌راندن و همچنین نظامی‌سازی و امنیتی کردن مناطق کُردنشین شده غایب هستند. به دلیل نفوذ عوامل سیاسی و فکری دولت در دیاسپورا، در برخی از موارد نویسندگان این یادنگاره‌ها از نام‌های مستعار استفاده می‌کنند تا همرزمان، اعضای خانواده و دوستان خود را محافظت کنند. به لحاظ تاریخی این یادنگاره‌ها دهه ۱۳۴۰ تا انقلاب ۱۳۵۷ و دوران اختناق و سرکوب دهه ۱۳۶۰ پس از انقلاب را در بر می‌گیرد که آغازگر دوران نوینی درسرکوب کُردها توسط دولت اسلامی است.

یادنگاره‌هائی که در اینجا بحث شده، به زبان‌های مختلف نوشته شده‌اند: شیلان حسن‌پور یادنگاره خود را به کُردی سورانی نوشته و

---

[٤] یادنگاره‌های قابل توجه دیگری نیز وجود دارند که در این مطالعه گنجانده نشده‌اند. به زبان فارسی کمانگر (۲۰۱۶) را ببینید و به کُردی سورانی یادنگاره مهم ملکه مصطفی سلطانی (مه له که مسته فا سوڵتانی) *سێبەری قەڵەبەرد، لە سەر ئاڵمانە و تاڵەسوار* (سایه قلعه‌برد، درباره آلمانه و تاله‌سوار)، ۲۰۲۳، ۴۹ کتاب، سوئد.
برای چند نمونه یادنگاره زنان کُرد به زبان انگلیسی نگاه کنید به:
Kakabaveh with Ohlson (2021); Nammi with Attwood (2020); and Mahmoud (2021).

گلرخ قبادی و ناهید وفائی سه کتاب خود را به فارسی نوشته‌اند. در این نوشتارها با مستندنگاری نویسندگان از تصاویری میخکوب‌کننده و لیست‌هایی طولانی از شهدای زن روبرو هستیم؛ چه آنها که در جنگ‌ها کشته شده چه آنها که در زندان‌های جمهوری اسلامی اعدام شده‌اند. این یادمان‌ها پس از دهه‌ها زندگی در تبعید نوشته شده و در اروپا منتشر شده‌اند. بنابراین، برخی از متون اثر پذیرش فرهنگی و سیاسی 'سرزمین میزبان' را نشان می‌دهند که بازتاب تجربیات و دیدگاه‌های پیچیده نویسندگان به دلیل جدایی طولانی از کُردستان و ایران است.

من این متون را آرشیوهای اجتماعی– تاریخی می‌پندارم. با وجود اینکه این متن‌ها ناگزیر داستان‌های ملتی سرکوب‌شده هستند، من آن‌ها را منابع ارزشمندی می‌دانم همچون *شاهدان زن* برای تحلیل جنبش‌های تاریخی، رویدادها، افراد، و اشخاص و گروه‌های سیاسی. همانطور که در بالا به آن اشاره کردم، روایت‌ها مربوط به دو دوره تاریخی متمایز اما مرتبط بهم هستند: شورش انقلابی میانه دهه ۱۳۵۰ و دوره 'مقاومت' بعدی که تمام دهه ۱۳۶۰ را فرا می‌گیرد. در این دوره زمانی تقریبا یک دهه‌ای، تقاطع مهمی از دیدگاه‌های تاریخی وجود دارد که دربرگیرنده نظریه عمیقی از روابط جنسیتی، شکل‌گیری جامعه طبقاتی و مبارزه سیاسی در کُردستان است که غالباً توجه کمی به آنها شده. اهمیت این متون به ویژه وقتی است که هم‌زمان در روایت‌های گذشته و پیامد تأثیر آن‌ها در حال حاضر، برای مثال خیزش ژینا، تعمق می‌کنیم.[۵] بنابراین،

---

[5] Mojab, 2023.

در چنین بستری می‌توان این یادنگاره‌ها را بعنوان 'ضد آرشیو'،' آرشیو جایگزین' و یا 'آرشیو مخالف' مورد مطالعه قرار داد.[6]

آنچه از این متون پیداست، بیش از روایت یک یادمان است؛ این متون گنجینه حافظه اجتماعی، و البته سیاسی شده، هستند. این شرح‌حال‌ها سیاسی‌اند چرا که ارتباط تاریخی تنگاتنگی بین امر شخصی و جمعی بر قرار می‌کنند. باور من این است که این یادنگاره‌ها "پروژه‌های حافظه فردی زنان برای ارائه حافظه‌های جمعی از زندگی، زمینه اجتماعی و مبارزات سیاسی‌شان" هستند.[7]

در این نوشته، به این متون با عنوان "یادنگاره" ارجاع می‌دهم، اگرچه آگاه هستم از وجود بدنه گسترده از ادبیات که بین "یادنگاره"، "خودزندگی‌نامه" و "شرح حال" تفاوت قائل می‌شود. این تفاوت توسط اسمیت و واتسون توضیح داده شده است، آنان به "یادنگاره" به عنوان "زندگی‌نوشت" ارجاع می‌دهند:

زندگی‌نویس نه با یک بلکه با دو زندگی مواجه است. یکی خودی است که دیگران می‌بینند، شخص اجتماعی تاریخی با دستاوردها، ظاهر فردی، و روابط اجتماعی. اینها ویژگی‌های "واقعی" یک فرد زنده در دنیا هستند. اما دیگری، خودی است که فقط توسط آن فرد تجربه شده، خودی که از درون احساس

---

[6] Ganjavi, 2023.
[7] Mojab, forthcoming.

می‌شود و نویسنده هرگز نمی‌تواند از آن بیرون برود. خود "درونی" یا تجربی شخصی، دارای یک تاریخ است. اگرچه ممکن است به گونه‌ای ابژکتیو از "تاریخ یک زمانه" معنادار نباشد، سندی است از خودمشاهده‌گری، و نه تاریخی مشاهده شده توسط دیگران.[8]

با وام گرفتن از روش‌شناسی اسمیت و واتسون، من بر اهمیت محدود نکردن خودروایتی به واقعیت‌ها، و در عوض شناخت "غنای ابعاد گفتمانی، ادبی، اخلاقی، سیاسی و فرهنگی" از متون تأکید می‌کنم.[9] این نکته از هابیول است[10] که ادعا می‌کند کتاب تد سوئدنبورگ (*خاطرات شورش: شورش ۱۹۳۶ـ۱۹۳۹ و روستای فلسطین*)[11] اولین متنی است که "رویکرد مطالعات یادنگارانه" در مطالعات خاورمیانه اتخاذ می‌کند. در این اثر به نکته مهمی اشاره می‌شود که به دیدگاه تحلیلی من مرتبط است:

آنچه "*خاطرات شورش*" را از سایر تاریخ‌های شفاهی فلسطین و دیگر کشورهای عربی متمایز می‌کند این است که قصد ندارد حقیقت را در میان آنچه مصاحبه‌شوندگان به یاد می‌آورند و

[8] Smith and Watson, 2010, p. 6.
[9] Smith and Watson, 2010, p. 13.
[10] Haugbolle, 2019, p. 280.
[11] Ted Swedenburg, 1995.

روایت می‌کنند، پیدا کند. بلکه سوئدنبورگ به دنبال درک معناهایی است که بازمانده‌ها می‌سازند و شکل‌گیری چارچوب‌های جمعی از درک تاریخی در زمینه فلسطین معاصر است. از این نظر، کتاب یک رویکرد هولباخی[۱۲] به حافظه اجتماعی به عنوان ابژه‌ای چندگانه برای تحقیقات اتخاذ می‌کند.

هابیول توضیح می‌دهد که "ابژه چندوجهی پرسشگری" هولباخی، یک دیدگاه مفهومی است که "ما را قادر می‌سازد که به تمام سطوح یک پدیده از روانشناسی فردی گرفته تا هویت اجتماعی و نهادها بپردازیم، و به نتیجه‌های مختلف درباره گذشته و فرآیند بازیابی خاطرات برسیم."[۱۳] چهار یادنگاره که در این فصل ارائه شده‌اند، تاریخ‌نگاری متنی پیچیده هستند که در آن‌ها تلاش‌های شخصی و سیاسی با هم تنیده شده‌اند. بنابراین، آن‌ها روایات یادمان جمعی را تشکیل می‌دهند که باید ثبت و آرشیو شوند، چراکه این آثار "چارچوب‌های حسی‌ای است که زیر آن ضربات درد تحمل شده‌اند."[۱۴]

نکته‌ای نهایی در مورد ساختار این متن: یادنگاره‌ها تقریباً به ترتیب زمانی مورد بحث قرار خواهند گرفت و از لحاظ مکانی مسیری در خطه کُردستان را دنبال می‌کنند. اولین توقف ما شهر مهاباد یا سابلاغ است،

[12] Halbwachsian.
[13] Haugbolle, 2019, p. 281.
[14] Qato, 2019, p. 314.

پایتخت جمهوری کوتاه‌مدت مهاباد در سال ۱۳۲۵. توقف بعدی ما شهر سِنِه (فارسی: سنندج) است، شهری که در اوایل دهه ۱۳۶۰ توسط جنبش مقاومت چپ به آن سِنِه سور(سرخ) یا سِنِه قارمان (قهرمان) گفته می‌شد. یادهای شخصی من در کنار نویسندگان این یادنگاره‌ها می‌آید، زیرا آن‌ها درباره زمان‌ها، مکان‌ها و شخصیت‌هائی می‌نویسند که با برخی از آنها من شخصاً زندگی کرده‌ام، مصاحبه کرده‌ام، و هنوز هم آنها را رفقای خود می‌دانم. با فروتنی، با تعهد سیاسی، احترام و ارادت، خود را با این یادنگاره‌ها در هم می‌آمیزم.

ساب‌ڵاغ/مهاباد: خانه و ملت

شیلان حسن‌پور را در سفر بازگشتش به مهابا در دچمه‌وه *ساب‌ڵاغ* همراهی می‌کنم. خانه حسن‌پور اولین خانه کُردی است که وارد آن شدم. در واقع، اولین باری بود که قدم بر سرزمین این *ملت* می‌گذاشتم. *بازگشت* شیلان در یادنگاره‌اش، بازگشت من هم هست. من کُرد نیستم. در شیراز به دنیا آمدم و در کنفدراسیون محصلین دانشجویان ایرانی در آمریکا، انترناسیونالیسم را آموختم. یاد گرفتم که از هر گونه تعلقات ملی و هویتی گذر کنم. این تفکر، به طور مشخص در ایران، شامل مقابله با ناسیونالیسم فارس ـ مرکزگرا است، به‌رسمیت شناختن حق تعیین سرنوشت ملت‌های تحت ستم تا سر حد جدائی، شناخت از ارتباط درهم‌تنیده ستم ملی با سلطه سرمایه‌داری ـ امپریالیستی و درک از مسئله ملی بعنوان بخشی لاینفک از انقلاب سوسیالیستی است.

دچمەوە سابڵاغ داستان نفس‌گیر زندگی یک زن کُرد در طول سال‌های پر تلاطم پس از جمهوری مهاباد ۱۳۲۵ تا اوایل دهه ۱۳۶۰ است، یعنی زمانی که شیلان، مانند من و هزاران نفر دیگر از مخالفان دولت نو پای جمهوری اسلامی در سراسر ایران، به تبعید رانده شد. این اولین یادنگاره یک زن کُرد است که به زبان کُردی سورانی نوشته شده که حس زنانه‌نویسی در آن برجسته است. در مقدمه، شیلان درباره انتخاب زبان سورانی برای نوشتن می‌نویسد: "در به یاد آوردن و بازگو کردن، فقط می‌توانستم به سورانی به یاد آورم؛ همان‌طور که می‌نوشتم گریه می‌کردم و اغلب روی یادداشت‌هایم به خواب می‌رفتم. به قدری گریه می‌کردم که اشک کلمات را پاک می‌کرد. چشمانم را که باز می‌کردم تصویر سابڵاغ در ذهنم به قدری واضح و واقعی بود که نمی‌توانستم اطرافم را دریابم" (ص، ۸). شخصیت‌هایی که شیلان شاعرانه به تصویر کشیده برای من نیز شناخته شده‌اند، اما برخی فقط در داستان‌هایی که در خانواده بارها گفته و نقل شده حضور دارند، در حالی که دیگران کسانی هستند که با آن‌ها زندگی کرده‌ام و بر ذهنم و دلم نقش بسته‌اند. من به عنوان تنها عروس غیرکُرد (بووک عجم) وارد این خانواده شدم. پذیرش من در این خانواده با اشتیاق زیادی همراه نبود؛ در واقع، ازدواج من با امیر، برادر شیلان، با مخالفت شدید برخی از اعضای خانواده مواجه شد. وقتی بحث یا شاید "مذاکره" میان اعضای خانواده جریان داشت، دولت اسلامی حمله نظامی گسترده‌ای را علیه کُردها سازمان داده بود و دوران مقاومت کُردها علیه این یورش آغاز شده بود، شاید در چنین موقعیتی پذیرش یک دختر "فارس" خیانت به ملت در خانه تلقی می‌شد.

پیوستن به جنبش مقاومت کُردها و زنده ماندن در جنگ ۲۴ روزه (۲۹ فروردین تا ۲۲ اردیبهشت ۱۳۵۹) در شهر سنندج، نشانی از وفاداری

من به ملت و پذیرش من برای ورود به خانواده شد. شیلان جزئیات غوغا در خانواده را زمانی که برادر بزرگترش و نامزد او تصمیم گرفتند که برای مراسم عروسی خود لباس‌های عجمی (فارسی) بپوشند، توضیح می‌دهد. برادرش کت و شلوار و کراوات پوشید و نامزدش لباس عروس سفید شیک، انتخابی متداول و مد روز در ایران آن‌روز در خارج از منطقه کُردستان. این واقعه مربوط به حدود نیمه دهه ۱۳۳۰ بود، زمان آغاز تحولات اجتماعی و سیاسی مهم در سراسر ایران، تغییراتی که با آغاز فرآیند موسوم به "مدرنیزاسیون" به آرامی به منطقه کُردستان نیز می‌رسید.[15] اولین عروس، کُرد تحصیل کرده و جزو چهار زن اول کُردی بود که از مهاباد برای تحصیل در رشته پرستاری به تهران رفت، شهری که زوج جدید به آنجا نقل مکان کردند. رفتار این عروس کُرد، که در روز عروسی‌اش حاضر نشد لباس کُردی بپوشد، و متاثر از فرهنگ فارس شده بود، هرگز از نگاه انتقادی زنان خانواده در امان نماند و بخشیده نشد. حتی من دهه‌ها بعد درباره آن می‌شنیدم.

شیلان از گفت‌وگوهای داغی که در خانه توسط مادرش در باره سبک لباس پوشیدن اولین عروس، نحوه نشست و بر خواست، مدل مو، انتخاب‌های غذا و نوع آشپزی، آداب غذا خوردن، روش بچه داری و مهمتر از همه، نحوه "ناسره" صحبت کردن زبان کُردی او، یعنی کُردی فارسی‌زده، آغاز می‌شد، روایت می‌کند. این گفت‌وگوها رابطه‌ای پیچیده و مرد/پدرسالارانه را به تصویر می‌کشند که کاملاً در مذهب، هنجارهای فرهنگی و ملی‌گرایی ریشه داشتند، ولی به طور جمعی توسط زنان هم پیش برده می‌شدند. شیلان که در آن زمان دختری جوان بود، دیدگاه

---

[15] Cabi, 2022.

مدرن زن برادر بزرگش را تحسین می‌کرد و شیفته تصویر زنی تحصیل‌کرده و حرفه‌ای شد که قوانین و هنجارهای فرهنگی را نقض می‌کرد. این رابطه در خانواده، زندگی شیلان را شکل داد. او در میان تضادهای مدرنیته، ملی‌گرایی و مذهب زندگی کرد و روح سرکشی در او باقی ماند. اولین شورش او تمایل به تغییر نامش بود. پدرش به احترام خواهر محبوب خود که در حین زایمان فوت کرده بود، او را معصومه نامید. پدر شیلان، که یک مسلمان متدین بود، ابتدا از پیشنهاد او برای تغییر نامش خشمگین شد، اما در نهایت تسلیم شد و نام عربی دیگری به نام نفیسه را انتخاب کرد. اما شیلان حاضر به پذیرش این نام نشد و بر یک نام غیرعربی و غیراسلامی اصرار کرد و نهایتاً یک نام محبوب کُردی به نام شیلان را انتخاب کرد. ثبت رسمی این تغییر نام یک سال به طول انجامید؛ اما برای والدینش، شیلان همچنان نفیسه باقی ماند.

دچمه‌وه *سابڵاغ* سفری روشنگر به خانه است که خوانندگان را با ساکنان، همسایگان، بستگان، میهمانان و دوستانشان و تکاپوی روابط ناشی از تعاملات آن‌ها آشنا می‌کند. این یادنگاره داستان مردم‌نگارانه زنده‌ای از یک خانواده کُرد و شهر مهاباد با تمام نشانه‌های بارز آن است. شیلان تک خواهر هفت برادر بود. خانواده‌ای از طبقه متوسط که به غیر از مادر که توسط یکی از برادرانش سواد ابتدایی یاد گرفته بود و پدر که تحصیلات اسلامی داشت، همه به طور رسمی به زبان فارسی در مدرسه تحصیل کردند. برادران شیلان را دوست داشتند و او را در برابر خواسته‌های سنتی و اسلامی والدین حمایت می‌کردند و برابر با خودشان می‌دانستند. همه برادران به مبارزات ملی کُردها معتقد بودند و گرایشات چپ، مدرن و سکولار در میان آن‌ها غالب بود.

شیلان را برای اولین بار در دانشگاه ایلینویز درآمریکا در سال ۱۳۵۶ دیدم، چند سال قبل از اینکه به کُردستان بروم. ما هر دو برای ادامه تحصیلات تکمیلی به آنجا آمده بودیم. من به جنبش دانشجویی پیوستم و در فعالیت‌های فمینیستی و سازماندهی چپ دانشگاه نیز فعال بودم. شیلان از فعالیت‌های ضدشاه دانشجویان ایرانی بیزار بود و به همین دلیل درگیر نشد، چراکه مسحور پروژه‌های مدرن‌سازی و سکولارسازی دوران پهلوی بود. قبل از آمدن به آمریکا، مدرک لیسانس خود را در دانشکده جدید "علوم ارتباطات اجتماعی" (تاسیس سال ۱۳۲۹) در تهران، در رشته روزنامه‌نگاری گرفته بود. احتمالاً تنها دانشجوی زن کُرد این دانشکده بوده. زمینه‌ای که او در دانشگاه ایالتی ایلینویز در شهر نورمال، پیگیری کرد و مدرک کارشناسی ارشد عکاسی را دریافت کرد. شیلان می‌نویسد که دکتر صدرالدین الهی (۱۳۲۳ ـ ۱۴۰۰)، بنیان‌گذار روزنامه‌نگاری مدرن در ایران، به دلیل "کیفیت زنانه" مهارت‌های نویسندگی شیلان، او را به نوشتن تشویق کرد (ص. ۸)، همینطور سیاوش کسرایی (۱۳۰۶ ـ ۱۳۷۵)، شاعر محبوب ایرانی، منتقد ادبی و رمان‌نویسی که شیلان برای پروژه نهایی لیسانش با او مصاحبه کرد (ص. ۴۰۳).

زبان شاعرانه و زنانه کُردی سورانی را در دچمه‌وه *سابڵاغ* شیلان می‌شنویم: زمانی که زنان رخت می‌شویند، نان می‌پزند، پارچه انتخاب می‌کنند، مراسم عروسی یا عزاداری را برنامه‌ریزی می‌کنند، کودکان را در حمام عمومی می‌شویند، بی‌وقفه شایعه می‌پراکنند، کسانی که کُردها را سرکوب می‌کنند نفرین می‌کنند یا درد و رنج‌های خود را به اشتراک می‌گذارند. خواندن این یادنگاره که شامل جزئیات دقیقی از گفت‌وشنودهای زنان به زبان سورانی است، شگفت‌انگیز است،

به‌خصوص که شیلان مهارت نوشتن به کُردی را نداشت. قطعاً دلتنگی او برای *خانه* این امکان را فراهم کرد. او ما را به خانه‌ای باز می‌گرداند که همه سال‌ها پیش آن را ترک کرده بودند؛ والدین او و دو برادر عزیزش درگذشته‌اند و بقیه خانواده در تبعید هستند. من یادنگاره شیلان را به عنوان 'زن برادرش' خواندم، و جزئیات رابطه پرفراز و نشیب او با مادرش، که ما او را به نام 'دایه خانم' می‌شناختیم، مرا در بهتی سرشار از احترام فرو برد. دایه خانم زنی قدرتمند و خردمند بود که پسرانش او را بسیار دوست داشتند، دخترش رابطه‌ای نا سازگار با او داشت، عروس‌هایش از او می‌ترسیدند، و در میان جامعه و فامیل مورد احترام بود.

شیلان یادنگاره‌اش را با صحنه‌ای کوبنده از تنبیه توسط مادرش به خاطر خیس کردن خود شروع می‌کند. دایه خانم شیلان و خودش را به خاطر داشتن دختر نفرین می‌کند و آرزو می‌کند که ای کاش شیلان هم پسر بود. او کف پاهای شیلان را سوزاند (ص. ۱۷)، مجازاتی که برای پسران اگر خودشان را خیس می‌کردند در نظر گرفته نمی‌شد. پدرش که آرزوی داشتن یک دختر را پس از شش پسر داشت، شیلان را بسیار دوست داشت و از این کار خشمگین شد. شیلان چندین روز نمی‌توانست راه برود و توسط 'دەدە'،[۱۶] زنی روستایی که از کودکی با خانواده زندگی کرده بود و از قتل‌عام ارتش روسیه در سابلاغ در سال ۱۲۹۵ جان سالم به در برده بود، به دوش گرفته می‌شد.[۱۷] دەدە با خِرد،

---

[۱۶] 'دەدە' ، خواهر بزرگتر.

[۱۷] در مورد قتل عام مهاباد، نگاه کنید به: McDowall, 1966 و Boskeni, 2021. همچنین مقاله دکتر سهیلا قادری را در نشریه الکترونیکی کۆماربببیند: سوهەیلالا

مراقبت، عشق بی‌قید و شرط و شوخ‌طبعی‌اش شیلان را بزرگ کرد. شیلان بر دوش دەده بود که سابلاغ را کشف کرد، زیرا هرگز به تنهایی اجازه خروج از خانه را نداشت. برای منحرف کردن ذهن او و از درد ناشی از سوختگی پا، دەده در حین به دوش کشیدن او، داستان‌ها و قصه‌هایی از مردم و مکان‌ها می‌گفت و اغلب این گردش‌ها با خریدن شیرینی به پایان می‌رسید. دەده قصه‌گو بود و روز با داستان‌های شبانه او برای کودکان به پایان می‌رسید. داستان‌های او اسطوره‌ای بودند و رنج و درد و غم و اندوه کُردها را از طریق نبرد بین خوب و بد یا دیوها و فرشتگان روایت می‌کرد. جندۆکه (جن‌ها)، شخصیت‌های غالب در داستان‌ها بودند و دو نوع داشتند: جندۆکەی باش (جن‌های خوب یا مهربان) و جندۆکەی خراپ (جن‌های بد یا ظالم). بچه‌های خانواده از این داستانها می‌ترسیدند اما مشتاق بودند تا پایان داستان‌ها را بشنوند. داستان‌های دەده تلاشی برای اسطوره‌سازی از درد و وحشت او به عنوان تنها کودک بازمانده از یک قتل‌عام بود. شیلان از او پرسید چرا خود فرزندی ندارد. دەده در پاسخ به او افسوس زندگی بدون عشق و یتیم بودن خود را بیان می‌کند (صص، ۲۰۳ـ۲۰۴). هر شب، داستان‌های دەده با این گفته تمام می‌شد: چەپکێ گوڵ و چەپکێ نێرگز/ مەرگی ئەو جەماعەتەی نەبینم هەرگیز(پیشکش به شما یک دسته‌گل و یک دسته نرگس/به این امید که نبینم مرگ شما را هرگز.[18]

قادری، کۆمەڵکوژیی سوپای ڕووسیای تێزاری لە سابڵاغ و ناوچەکانی دەوروبەر ژانڤییە و فێڤرییەی ١٩١٦.

https://govarikomar.com

[18] سپاسگزار دکتر جعفر شیخ السلامی هستم برای توضیح فرهنگی و زبانی این گفته.

یادنگاره شیلان سفری است برای کشف هویتی گم شده و برآشفته در بستر تناقضات گسترده‌تر اجتماعی و سیاسی مدرنیته، ملی‌گرایی و سنت. او تلاش کرد تا این تناقضات را با حرکتی راسخ از درون آن‌ها در یادنگاره‌اش آشتی دهد. *خانه* نمایانگر تجربه‌ای بود که در آن این برخوردهای سیاسی و فرهنگی به شدت احساس می‌شد. خانواده او مورد حمله سیاست‌های شاه برای سرکوب کُردها و سپس تهاجم نظامی خشن حاکمیت اسلامی قرار گرفت. برادران زندانی شدند، مادرش بی‌قرار بود، پدرش احساس درماندگی می‌کرد و شیلان نظاره‌گری بود و در میان آنها زندگی می‌کرد و درد *ملت* را به یاد می‌آورد. او به یاد می‌آورد که چگونه والدین اندوهگین و مضطربش کتاب‌ها و عکس‌های کُردها و چپ‌ها را از ترس ساواک می‌سوزاندند (صص، ۲۵۲، ۳۴۱ ـ ۳۴۴). او ماجرای اندوه و خشم در خانه و مدرسه را روایت می‌کند هنگامی که جسد سلیمان معینی[۱۹] را برای ایجاد ترس و ارعاب در خیابان‌های شهر به نمایش گذاشتند. بنابراین، *خانه* و *ملت*، پناهگاه اما بارسنگین زندگی شیلان هست.

یادنگاره با درد تنبیه شدن شیلان کوچک توسط مادرش آغاز می‌شود و با آزار و اذیت یک زن در اوایل دهه ۱۳۶۰ به پایان می‌رسد، زمانی که به کوه‌های کُردستان فرار می‌کند و مسیر تبعید را در پیش می‌گیرد. وعده می‌دهد که در شیکاگو بیشتر درباره زندگی در تبعید بگوید. شیلان نتوانست داستان پر فراز مبارزه و بقایش در تبعید را به پایان برساند. او

[۱۹] سلیمان معینی (۱۳۲۲ ـ ۱۳۴۷)، فعال سیاسی، در مهاباد بدنیا آمد. گفته می‌شود توسط اعضای حزب دمکرات کردستان عراق که تحت رهبری ملا مصطفی بارزانی بود، ترور شد و جسد او به ساواک تحویل داده شد. ساواک جسد او را به نردبانی بست و آن را در سراسر شهر مهاباد پشت ماشین کشید.

یکی از اولین قربانیان بیماری همه‌گیر کووید_۱۹ در شیکاگو بود و در ۹ مارس ۲۰۲۰ در سن ۷۰ سالگی غیرمنتظره درگذشت.

سِنِه/سنندج: خانه و مقاومت

شقایق، تصویری نمادین از مقاومت و بقا در تخیل سیاسی چپ در ایران، در عناوین و جلدهای دو یادنگاره گلرخ قبادی استفاده شده‌اند: *شقایق‌ها بر سنگلاخ: زندگی و زمانه‌ی یک زن کُرد* و *گلزار شقایق‌ها: ناگفته‌های زنان مبارز کُردستان ایران*. 'جلوه‌های زندگی' مجموعه‌ای از پس‌نگری‌های انتقادی است که توسط ناهید وفایی در یادنگاره اش با همین عنوان *جلوه‌های زندگی* (۲۰۱۸) ارائه شده‌اند. در این یادنگاره، *خانه* مکانی برای مقاومت است، و *ملت* در حال مبارزه. این سه یادنگاره در این بخش با هم مورد بحث قرار می‌گیرند.

هر دو نویسنده بیشتر درباره‌ی دهه پرتلاطم ۱۳۵۴_۱۳۶۴ در رۆژهەڵات می‌نویسند. این دهه شاهد پیدایش جنبش‌های انقلابی چپ جدید در کُردستان و عزم قاطع نیروهای اسلام‌گرای جدید برای سرکوب آن و تثبیت قدرت تازه به دست آمده‌شان در سراسر ایران است.[20] گلرخ و ناهید به زبان فارسی و به شیوه ای بسیار گیرا می‌نویسند. سؤالی که باید بپرسیم، همان‌طور که قطو در زمینه فلسطین می‌پرسد، این است: "چگونه می‌توانیم تاریخ‌های شورش و انقلاب را پس از ویرانی، ناپدید

[20] Sadeghi-Boroujerdi, 2023.

شدن افراد وآرشیوها و افول سیاسی بنویسیم؟"[۲۱] گلرخ و ناهید نمودی از پاسخ به این سوال را با ثبت لحظات تاریخ زیسته‌شان و همچنین نشانه‌گذاری جنبه‌های از یک آرشیو که "خارج از خود قرار گرفته است، در داستانی که ممکن می‌سازد"[۲۲] را بازگو می‌کنند.

این سه یادنگاره آرشیو "تاریخی بدون اسناد" است[۲۳] و تاریخچه مقاومت کُردها در برابرسلطه دو دولت پهلوی و اسلامی هستند. گلرخ و ناهید *حذف شده‌ها* را در لحظات تاریخی مهم بازسازی می‌کنند، لحظات پنهانی که در آن مردم متحد می‌شوند تا شرایط اختناق و سرکوب را به یک جامعه همبسته و آزاد، دموکراتیک و عادلانه‌تر تبدیل کنند. آن‌ها به شکلی مسحورکننده درباره عشق، از دست دادن، مرگ، سوگواری، درد، ترس، زندان و تبعید، آوارگی می‌نویسند، و همچنین درباره عواطف جنسی، مرد/پدرسالاری، شادی، خنده، بازی، مادری، غذا خوردن با رفقا می‌نویسند؛ گویی همواره با روحیه‌ای سرکش از تسلیم‌ناپذیری بی‌پروا در حرکت هستند و از شهرهای کُردستان عبور می‌کنند و مرزها را در می‌نوردند و به کوه می‌رسند و سرانجام به تبعید.

گلرخ در *شقایق‌ها بر سنگلاخ* داستان زندگی خود را در پانزده فصل گردآوری کرده: "خانواده؛" "ورود به دنیای سیاست؛" "روزهای انقلاب؛" "انقلاب و آزادی؛" "شوراها؛" "کوچ اعتراضی مردم مریوان: همبستگی خلق کُرد؛" "۲۸ مرداد: یورش، سرکوب و اختناق؛" "مقاومت ادامه دارد؛" "حضور پیشمرگان، ندای آزادی؛" "از این جنایت چه باک؛"

---

[21] Qato, 2019, p. 312.
[22] Mbembe, 2002, p. 21.
[23] El Shakry, 2015.

نمود گذشته و حذف شده‌ها در یادنگاره‌های زنان کُرد

"مناطق آزاد شده؛" "یک تصمیم تاریخی؛" "نقطه عطف تاریخی؛" "آغاز یک زندگ نوین؛" و "ترک دیار". بدین ترتیب، فصل‌هائی از زندگی در *مقاومت* گردآوری و با اسناد اضافی در 'پیوست‌ها' مبارزه تاریخی بیاد آورده می‌شود. با اشاره مجدد به Mbembe، مهم است که به یاد داشته باشیم،

> هیچ آرشیوی نمی‌تواند تمام تاریخ یک جامعه را در خود جای دهد... از طریق اسناد بایگانی شده، ما با قطعه‌هائی از زمان روبرو می‌شویم که باید کنار هم قرار گیرند، پاره‌هائی از زندگی که باید یکی پس از دیگری قرار داده شوند تا داستانی را روایت کنند که انسجام آن از طریق توانایی بهم پیوستن بین آغاز و پایان ایجاد می‌شود. ترکیب این قطعه‌ها ناگزیر توهمی از کلیت و تداوم ایجاد می‌کند.[۲۴]

در *گلزار شقایق‌ها: ناگفته‌های زنان مبارز کُردستان ایران*، گلرخ یک "مونتاژ قطعه‌های" جمعی را که Mbembe در نقل قول بالا به آن اشاره کرده، ایجاد می‌کند؛ مجموعه‌ای که با "داستان‌های ناگفته" از مقاومت جمعی زنان کُرد مشخص می‌شود. گلرخ این داستان‌ها را از طریق مصاحبه و فصل‌هایی که دیگر زنان کُرد نوشته‌اند گردآوری کرده است. "داستان‌های ناگفته" به سه بخش تقسیم شده‌اند: "زنان زندانی سیاسی"؛

---

[24] Mbembe, 2002, p. 21.

"مادران مبارز"؛ و "تبعیدی‌ها: بازنویسی چند روایت." "زنان جان باخته کُرد ایرانی-۱۳۵۷-۱۳۹۷" شصت صفحه آخر کتاب است که به هشت پیوست اختصاص داده شده است: "اعدام شدگان" (۶۱ نفر)؛[۲۵] "جان باختگان در ستیز با حکومت"(۲۱ نفر)؛ "مرگ زنان کومله[۲۶] هنگام اجرای مأموریت" (۷ نفر)؛ "جان باختگان حملههای هوایی دو ارتش ایران و عراق" (۹ نفر)؛ "جان باختگان کومله در درگیری با حزب دموکرات کُردستان ایران" (۱۹ نفر)؛ "ازدست رفتگان سال‌های دور و نزدیک (۲۴ نفر)؛ و "جان باختگان پژاک: جامعه زنان آزاد شرق کُردستان" (KJAR) (۲۲ نفر) و"یگان‌های شرق کُردستان (YRK)(۶۴ نفر). نام زنان با دقت در هر پیوست مرتب شده و شامل نام کامل، تاریخ و محل تولد، عکس، تاریخ و مکان اعدام، علت مرگ و شغل است. تمام اطلاعات به طور کامل در پیوست‌ها موجود نیست. این "مونتاژ قطعه‌ها" یقیناً "توهم کلیت و تداوم" است، همان‌طور که Mbembe یادآور می‌شود. مهم‌تر از این، من آن‌ها را 'آرشیو جایگزین'، 'آرشیو ضد' یا ' آرشیومخالف' از مبارزات تاریخی زنان و سندی از تاب آوردن در مقابل خشونت دولتی می‌خوانم.

کتاب جلوه‌های زندگی ناهید وفایی ترتیبی مشابه با یادنگاره گلرخ در شقایق‌ها بر سنگلاخ: زندگی یک زن کُرد را دارد. جلوه‌های زندگی سال‌های انقلابی ۱۳۷۷-۱۳۵۷ را در سه فصل طولانی به طوری ترسیم می‌کند که گویا یادها به زندگی چنگ می‌زنند. ناهید زندگی‌اش را

---

[۲۵] اعداد داخل پرانتز، نشان دهنده تعداد کل اسامی فهرست شده هستند.
[۲۶] کومله دراینجا "کۆمەڵەی شۆڕشگێڕی زەحمەتکێشانی کوردستانی ئێران" (۱۳۴۸/۱۳۵۸-۱۳۶۳) است.

نمود گذشته و حذف شده‌ها در یادنگاره‌های زنان کُرد

به صورت خطی روایت نمی‌کند؛ بلکه ما را به هر زمان و مکانی که تاثیری حسی بر او دارند می‌برد: در خانه و مدرسه، با هم‌کلاسی‌ها، معلمان، والدین، اعضای خانواده، رفقا و همسایگان، در سراسر شهر و در راه کوهها و در کومه‌له (کومله). او یادنگاره اش را با دو بخش بازاندیشانه به پایان می‌رساند: "راز بقای ما" (۲۰۱۸، ص. ۴۱۶) و "زندگی مبارزه است و مبارزه زندگی" (۲۰۱۸، ص. ۴۱۸). بنابراین، او تحلیلش را فراتر از وقایع سیاسی گسترش می‌دهد تا پیامدهای اجتماعی و شخصی آن‌ها را نیز شامل شود. این یادنگاره‌ها هرچند که افسوس نابودی رویای آزادی را در بردارند، در حوزه فعالیت‌های اجتماعی و کنش‌گری، مسائل عادی زندگی را به شرایطی فوق‌العاده برای مقاومت تبدیل می‌کنند.

برای اینکه شما خوانندگان با عمق و شیوائی کلام این روایت‌ها آشنا شوید، گزیده ای از آنها را در زیر برایتان می‌آورم. روش 'گلچین' من بر پایه نزدیکی و آشنائی با وقایع، افراد و اهمیت سیاسی آنها می‌باشد. یادنگاره‌ها سر نخ‌های تاریخی- اجتماعی مهمی به ما می‌دهند که بدون پیگیری آنها نمی‌توان تاریخ اجتماعی، مبارزه و مقاومت زنان کُرد را به درستی و کامل نوشت. از *شقایق‌ها بر سنگلاخ: زندگی و زمانه‌ی یک زن کُرد* شروع می‌کنم. گلرخ قبادی در فصل پنجم، بخش "شوراها" نکات بسیار قابل تاملی در مورد روابط جنسیتی و مذهبی و ابتکار عمل زنان برای مقابله با رویکردهای ارتجاعی اجتماعی- سیاسی می‌نویسد (ص. ۱۹۵):

زمانی که ستاد چریک‌های فدائی و دفاتر سایر سازمانها و گروه‌های سیاسی موجودیت شان را اعلام داشتند، عده ای از زنان هم که بیشتر معلم، کارمند، محصل و زنانی که اغلب در اعتراضات ظاهر می‌شدند، به این محل‌ها روی آوردند. مدت زیادی نگشت که این روی آوری رو به کاهش گذاشت. محیط عقب نگهداشته شده و روابط محدود میان پسران و دختران در کُردستان و همچنین شایعه‌پراکنی‌ها و داستان‌سرائی‌های مرتجعینی از نوع عوامل مفتی‌زاده سبب احتیاط و خوداری زنان کُرد از برقراری ارتباط با نیروی سیاسی چپ‌گرا بود. گر چه بودند زنانی که شجاعانه و بی‌باکانه به این گرایش واپسگرا بر خورد می‌کردند و در این محیط‌ها در برابر یاوه‌گوئی‌ها ایستادگی می‌کردند، اما به مرور رغبت به فعالیت مشترک زنان و مردان جوان در این مکانها مخصوصا در میان زنان کمتر شد و تمایل به فعالیت در محیط‌های کاملا زنانه رو به رُشد گذاشت. در نتیجه این فعل و انفعال بود که تعدادی از زنان پیشرو و انقلابی تصمیم گرفتند به ایجاد تشکل‌های به کُلی زنانه دست بزنند.

برای شروع کار درک روشنی از تشکلهای زنان و مبارزات آنها در میان سازمانها و ما زنان وجود نداشت. این امر ناشی از وجود سال‌ها دیکتاتوری حکومتهای مختلفی بود که بر ایران و کُردستان حکمروائی می‌کردند، و سبب محرومیت و گسست ما از تاریخ واقعی مبارزات و دستاوردهای زنان شده بود.

گلرخ در ادامه به اولین دست آورد این مبارزه، یعنی تشکیل "شورای زنان سنندج" می‌پردازد (ص. ۱۹۶):

بعد از برگزاری هشت مارس [۱۳۵۹] به کمک و رهبری زنان مبارز، تصمیم گرفتیم محلی برای تجمع زنان دایر کنیم. برای انجام این کار، به محل مناسبی نیاز بود... پس از بحث و بررسی، و با توجه به امکانات موجود تصمیم گرفتند خانهِ خالی یکی از ساواکی‌های فراری را اشغال کنند و آن را به محل تجمع زنان تبدیل نمایند. اما روزی که قصد تصرفِ آن را داشتند، با مقاومت افراد مسلح مدرسه قرآن روبرو شدند. زنان در ابتدا به آرامی با مردان مسلح وارد گفتگو شدند و کوشیدند که اهداف خود را به آن‌ها بازگویند و توضیح دهند؛ محلی برای گردآمدن زنانی که خواستار تداوم انقلاب و مشارکت در روند انقلابی؛ در جهت رفع تبعیض‌های گذشته و به وجود آوردن کُردستانی نو لازم است...عوامل مفتی‌زاده با قلدری و دشنام و تهدید به پافشاری زنان که در پی پراکندن آنها بودند جواب دادند. مقاومت تفنگدارن مدتی طول کشید. در جریان کشمکش، زنان بر آن می‌شوند که خبر را به گوش "جمعیت دفاع از آزادی..." برسانند و از آن‌ها تقاضای کمک کنند. جمعیت نیز شماری از اعضای خود را همراه با چند پیشمرگ به محل اعزام می‌دارد و آن‌ها موفق می‌شوند که عوامل مفتی‌زاده را به عقب‌نشینی وا دارند. به این ترتیب زنان مبارز

زبان، انسان و جامعه: ادبیات و زبان‌های اقلیت در ایران

به منظور خود می‌رسند و آن خانه را به مرکز فعالیت خود تبدیل می‌کنند...

در حالی که این زنان در تلاش بودند که ایده خود را با سایر زنان مطرح کرده وکسان بیشتری را به شورا جلب کنند، جنگ نوروز شروع شد و شرکت فعال زنان در کمک رسانی به مردم و فعالیت در بیمارستان شهر سبب شد که بعد از جنگ تعداد بیشتری به شورا روی آورند.

یادنگاره‌های گلرخ و ناهید روایت‌های با ارزشی از شکل گیری تشکلات صنفی ـ سیاسی و تلاش‌های شورائی ـ دمکراتیک هستند. این روایت‌ها از فعالیت‌های "مدنی ـ سیاسی" سخن می‌گویند که از تاریخ‌نگاری مبارزات مردمی در کُردستان و در ایران 'حذف' شده‌اند. نام افرادی که پایه‌گذاران شوراهای زنان، معلمان، دانش‌آموزان و پرستاران در سنندج، مریوان، سقز، بانه و سایر شهرها بودند در این یادنگاره‌ها ثبت شده است. افزون بر آن، رد پای چالش‌های فرهنگی ـ سیاسی دوران پر تلاطم سال‌های اول انقلاب را در این تلاش‌های نوین می‌بینیم. از این رو این یادنگاره‌ها <u>آرشیوی</u> با ارزش از تلاش‌های شجاعانه زنان، مردان و جوانانِ پر از امید و آرزو برای ساختن جامعه نوینی را برای ما بجا می‌گذراند. در تاریخ مبارزاتی ایران، باز شدن فضای سیاسی دستاورد مبارزه علیه استبداد و خفقان است. شکوفائی نشریات، انجمن‌ها، شوراها، اتحادیه‌ها و احزاب چپ فقط در دوران‌های کوتاه باز شدن فضای سیاسی در نتیجه مبارزات مردم و تضعیف سلطه دولت یا تعدیل

نمود گذشته و حذف شده‌ها در یادنگاره‌های زنان کُرد

در سیاست‌های سرکوبگرانه دولتی را در سال‌های انقلاب مشروطیت (۱۳۲۴-۱۲۸۵)، در دوران "دمکراسی ناقص" (۱۳۲۰ ـ ۱۳۳۲) و سال‌های اولیه انقلاب (۱۳۵۶ ـ ۱۳۶۰) تجربه کرده‌ایم. حتی در دوره کوتاه 'جمهوری مهاباد' (۱۳۲۴ ـ ۱۳۲۵ ، به کُردی: کۆماری مەهاباد یا کۆماری کُردستان) نیز شاهد شکل‌گیری تشکیلات زنان هستیم.[۲۷]

در همین رابطه گلباخ سلیمی در گفتگویش با گلرخ قبادی در یادنگاره *گلزار شقایق‌ها: ناگفته‌های زنان مبارز کُردستان ایران* می‌گوید،

> مکانی که بیشتراز هر جای دیگری در آن زمان مرا به خود جلب کرد، اتحادیه ی زنان مریوان بود. زیرا دانش آموزانی که سن شان از من بیشتر بود وهمچنین معلم‌هایم در اتحادیه فعالیت می کردند. در واقع من فعالیتم را از اتحادیه ی زنان آغاز کردم. زیرا اتحادیه محل فعالیت زنان بود؛ اعم از دانش آموز ومعلم. در آن زمان، من سن وسال کمی داشتم (ص. ۱۷).
>
> اتحادیه ی زنان مریوان ترکیبی بود از زنان مبارز این شهرو فعالین سازمان‌های گوناگون. من در تمام فعالیت‌های اتحادیه شرکت میکردم از جمله در کلاس‌های سواد آموزی برای زنانی که با ما فعالیت می کردند وسواد خواندن ونوشتن نداشتند. آموزش نظامی، کلاس‌هاي دو هفته ای آموزش کمك‌های اولیه. من از اولین کسانی بودم که از طرف اتحادیه برای آموزش

---

[27] Mojab, 2001.

کمک‌های اولیه به بیمارستان معرفی شدم. به این شیوه بود که فعالیت سیاسی ام آغاز شد. در اتحادیه، با فعالین شورای دانش آموزان در ارتباط قرار گرفتم وبا آن‌ها به همکاری پرداختم ... (صص. ۱۷ و ۱۸).

گلرخ در *شقایق‌ها بر سنگلاخ: زندگی یک زن کُرد* از تجربه خود درباره شکل‌گیری کانون معلمان و فعالیت‌های فرهنگی می‌نویسد،

در تابستان سال ۱۳۵۷ با تلاش وکوشش معلمان مبارز کرمانشاه ودر رأس آنها هرمز گرجی بیان کانون فرهنگیان کرمانشاه تاسیس شد. این کانون بعدها به اسم انجمن معلمان آزاد یخواه فعالیت کرد. چند ماه بعد تعدادی از بنیانگذاران کانون کرمانشاه و کامیاران برای در اختیار گذاشتن تجارب خود در این زمینه به سنندج سفر کرده و با تعدادی از معلمان پیشگام در تماس بودند که سرانجام موفق به ایجاد و گسترش کانون معلمان شدند...(ص. ۱۱۳).

... خود من از سوی شورای معلمان یکی از مدارس سنندج که در بَردَشت گریاشان بود به عنوان نماینده مسلح این شورا انتخاب شده بودم. از اقدامات این کانون دایر کردن کلاسهای کُردی بود که توسط مصلح شیخ‌الاسلامی (از مبارزین و

نمود گذشته و حذف شده‌ها در یادنگاره‌های زنان کُرد

انقلابیون شهر مریوان و سنندج و از رفقا و بنیانگذاران کومه‌له) و امیر حسن‌پور (از مبارزین و انقلابیون شهر مهاباد و از اعضای اتحادیه کمونیست‌ها) اداره می‌شد. همچنین کوشش برای به وجود آوردن صندوق‌های بیکاری برای معلمان اخراجی بود زیرا با شرکت هر چه بیشتر معلمان در مبارزات علنی پیش بینی می شد که تعداد بیشتری از کار برکنار شوند (صص. ۱۱۴ و ۱۱۵).

من در اوایل ماه آبان ۱۳۵۹ به سنندج رسیدم تا به "جمعیت زنان مبارز" بپیوندم، سازمانی که وابسته به "تشکیلات پیشمرگه زحمتکشان" بود و شاخه کُردی "اتحادیه کمونیست‌های ایران" به شمار می‌رفت. همانطور که در یادنگاره‌های گلرخ و ناهید آمده، شهر مملو از اشتیاق برای تغییر بود. همهمه پر جنب و جوشی از فعالیت‌های مختلف بِنکه‌ها (تشکیلات خودگردان محلات)، شوراها، انجمن‌های معلمان، پرستاران و کارگران، و احزاب سیاسی در جریان بود که همگی تلاش می‌کردند مردم را به صورت سیاسی بسیج کنند. شور و دلسردی، عزم انقلابی در تقابل با ابهام سیاسی، ترکیبی متناقض از هیجان و شک به توانائی مقابله با خشونت دولتی در شهر حاکم بود. شهر به "جشنواره ستمدیدگان" تبدیل شده بود؛ مجموعه‌ای از رویدادها و گردهمایی‌های متنوع سازماندهی شده بود. همچنین اجرای‌های موسیقی و تئاتر، سخنرانی‌های تفکر برانگیز، مجامع سیاسی و حلقه‌های مطالعه جان گرفته بودند. خیابان‌ها با توزیع جزوه، خبرنامه، بولتن و اعلامیه‌هایی پر شده بود که به مردم مشتاق آخرین اطلاعات در مورد بن‌بست مابین

حاکمیت اسلامی و جنبش مقاومت کُردها و همچنین مبارزات ادامه‌دار در سراسر ایران را ارائه می‌دادند. کتابخانه‌های محله‌ای تاسیس شدند که به‌ویژه برای جوانان مکان‌های دیگری برای گردهمایی فراهم می‌کردند.[۲۸] "جمعیت زنان مبارز" در گیر فعالیت‌های پر جنب و جوش همراه با بحث‌های زیاد بود. اینجا بود که من خود را در همکاری با انقلابیون جوان یافتم. با هم، گروه‌های مطالعه‌ای را برای پیشبرد گفتگوهای سیاسی و فکری درباره فمینیسم، مبارزه طبقاتی، سرمایه‌داری، تفکر انتقادی، دین و دولت راه‌اندازی کردیم. من فیلم نمک زمین[۲۹] را در یک بِنکه نمایش دادم تا بحثی درباره مقاومت آغاز کنم، و در حالی که نیروهای حکومتی در حال سرکوب فعالیت‌های فرهنگی- سیاسی شهر برای از بین بردن ایده خودمختاری بودند، با زنان مشغول سازماندهی شدیم. هم‌زمان، ما به ابتکار بلندپروازانه ایجاد

---

[۲۸] معروف کعبی نکته مهمی را در مورد "ظهور جامعه مدنی" بین سال‌های ۱۳۵۸ـ ۱۳۶۰ در منطقه کردستان ایران مطرح می‌کند. این گسترش را به بسیج سیاسی رویدادهائی مانند راهپیمائی مریوان نسبت می‌دهد که امیر حسن‌پور نقش کلیدی در مفهوم‌سازی و هماهنگی آن داشت. با این حال، شکست جنگ یا مقاومت ۲۴ روزه بود که روند نظامی سازی بعدی در کردستان را تسریع کرد، روندی که تا به امروز ادامه دارد. (Cabi, 2018, p. 88)

[۲۹] "نمک زمین" یک فیلم آمریکائی محصول سال ۱۹۵۴ است که توسط مایکل ویلسون نوشته شده، به کارگردانی هربرت جی بیبرمن و تهیه کنندگی پال جاریکو، سه هنرمندی که در دوران مک کارتی به دلیل اتهام به همکاری در سیاست‌های کمونیستی در لیست سیاه قرار گرفتند. این فیلم بر اساس اعتصاب سال ۱۹۵۱ معدنچیان نیومکزیکو ساخته شده است و یکی از اولین درام‌های فمینیستی است که نقش زنان در مقاومت یک جامعه در حمایت از اعتصاب‌کنندگان را به تصویر می‌کشد. این فیلم به موضوعاتی مانند ستم جنسیتی، نژاد پرستی و سرکوب دولتی جنبش کارگری می‌پردازد.

تعاونی‌های اقتصادی پرداختیم، تلاشی برای ساختن سیستم‌های خودکفایی برای زنان در محله‌های زحمتکشان. ابتکارات مراقبت جمعی نیز برای ارائه حمایت و کمک به مادرانی که نوزاد داشتند اجرا شد.

با انتشار اخبار حمله نظامی قریب‌الوقوع نیروهای حکومت اسلامی در شهر، "جمعیت زنان مبارز" گروهی از زنان جوان را برای ایجاد نقشه‌ای جامع از محله‌های شهر سازماندهی کرد. این نقشه قرار بود مکان‌های استراتژیک ارتش و دفاتر دولتی را شناسایی کرده و در برنامه‌ریزی موثر مقابله مردمی با نیروی متخاصم دولتی کمک کند. با این حال، شاید یکی از رادیکال‌ترین ابتکارات "جمعیت زنان مبارز" سازماندهی آموزش نظامی برای زنان بود. گلرخ و ناهید درباره این وضعیت کوتاه مدت رویای آزادی می‌نویسند که در عمق و وسعت یادآور سخنان لنین است: "هستند دهه‌هایی که در آن هیچ اتفاقی نمی‌افتد، اگر چه بعدها ممکن است روزهائی فرا رسند که در آنها بیست سال متمرکز شده باشند."[۳۰] کلمات ناهید درباره این روزها پر از احساس، اشتیاق، طنز و سختی است. او با هم‌کلاسی‌هایش در سراسر شهر حرکت می‌کند، از یک شورا به شورای دیگر، اخبار و اطلاعات حیاتی را جمع‌آوری و در میان معلمان، هم‌کلاسی‌ها و خانواده پخش می‌کرد.

[30] Quoted in Aouragh, 2017, p. 256.

ناهید 'جلوه‌های' شنیدنی نابی از زندگی دانش‌آموزی خود را در *جلوه‌های زندگی* می‌نویسد،[۳۱]

با توجه به علاقه‌ی زیاد ما به پیوند با یك سازمان مشخص، چنین به نظر می‌رسید که هسته ی مطالعاتی بسیار فعالی داشته باشیم؛ اما گروه ما به همه چیز شبیه بود به‌جز "هسته" و ما همه کار می‌کردیم به‌جز "مطالعه". وقتی دور هم جمع می‌شدیم، اول از هر دری سخنی می‌گفتیم. پس از آن جوك تعریف می‌کردیم وکمی غش وریسه می‌رفتیم. بعد ادای مدیر وناظم و یا معلم‌های طرفدار رژیم را در می‌آوردیم و باز می‌خندیدیم. وقت خوردن پرتقال سر درست کردن زنجیر با پوست پرتقال باهم شرطبندی می‌کردیم. وقت شکستن تخمه، تخمه‌ها را به‌طور مساوی بین همه تقسیم می‌کردیم و سر اینکه چه کسی سریع‌تر از همه تخمه می‌شکند مسابقه می‌دادیم و بعد از خوردن زردآلو، هسته‌ها را می‌شکستیم که ببینیم چه کسی تعداد هسته‌ی شیرین بیشتری دارد. حالا اینها به جای خود، پس از مدتی به استعداد بی‌نظیر فوزیه در تقلید صدای حیوانات و در آوردن ادای آدم‌ها پی بردیم و در حین اینکه او ادای سگ، گربه، پرنده، چرنده، معلم، بقال، نانوا، پدر و مادرها را در

---

[۳۱] دانش‌آموزان گروه اجتماعی 'حذف' شده و 'فراموش' شده در تاریخ‌نگاری انقلاب ۱۳۵۷ هستند. نگاه کنید به: یاسمین الخنسا و شکوفه سخی، "سوژه‌گی انکار شده: دانش‌آموز معترض در ایران معاصر"، *ایران آکادمیا*، تابستان ۲۰۲۴، شماره ۱۱، صص. ۳۷ـ۴۷.

می‌آورد، ما از زور خنده به خود می‌پیچیدیم و اگر مکث کوتاهی می‌کرد، داد می‌زدیم: "بیشتر، بیشتر". خنده‌دارترین بخش شوی او وقتی بود که ادای خمینی را در می‌آورد (صص. ۹۱-۹۰).

در بخش بسیار صادقانه نوجوانی که تشنه یادگیری انقلابی است به عنوان "کتاب‌های لنین در خانه‌ی ما"، می‌گوید،

"تو رو خدا اگه کتابای این کچل بی شرفو بیاری تو این خونه. همین بود که دایی و داداشتو بدبخت و آواره کرد" مادرم بود. در حالی که بغض گلویش را گرفته بود و با نگرانی آمدن من به داخل حیاط را دنبال می‌کرد، این جمله را بر زبان آورد. بعد از سؤال و جواب متوجه شدم که منظور او کتاب‌های لنین است. لبخندی زدم وگفتم: "مامان جون! چطور دلت می‌آد این‌جور در موردش حرف بزنی. اون رهبرمونه، اسمش لنینه، خیلی دوسش دارم اصلا می‌دونی لنین چی می‌گه؟ می‌گه که نباید به کسایی مثل تو ظلم بشه می‌گه امور جامعه بایستی طوری تنظیم بشه که کسی نتونه به دیگری ظلم کنه و زنا حق برابر با مردا رو داشته باشن. خب این بدیش چیه؟!

غلط می‌کنه اینا رو می‌گه. اصلا به اون چه مربوط که مردم می‌خوان چطور زندگی کنن. من کاری به حرفای این آدم کچل ندارم. من به فکر بچه‌های خودمم که با هزار بدبختی و جون کندن بزرگشون کردم و نمی‌خوام یکی یکی از دستشون بودم، حالیته؟ تو دیگه حق نداری کتاباشو بیاری تو این خونه فهمیدی؟" چند لحظه بعد بهروز را صدا کرد. از او خواست یک تشت بیاورد وآن را پر از آب کند. بهروز بی چون‌وچرا اطاعت کرد. بعد به او گفت کتاب را بیاورد. او با یکی از کتاب‌های لنین برگشت که عکس او با کلاه لبه‌دارش روی جلد آن بود. از کارش سر در نمی‌آوردم؛ چون معمولا کتاب‌هایی را که به دستش می‌افتاد آتش می‌زد. تو دلم گفتم: "چیکار می‌خواد بکنه؟! کتاب لنین و تشت آب؟!" هراسان جیغ کشیدم: "مامان می‌خوای چیکار بکنی؟!" به محض اینکه بهروز کتاب را داد دستش، شروع کرد به پاره کردن آن و انداختن ورقه‌ها تو تشت، از جای خودم پریدم و جیغ زدم "چیکار داری می‌کنی؟! اون کتاب مال مردمه، امانته، باید پسش بدم." در حالی که انگار پر مُرغ می‌کند، همچنان ورق‌ها را می‌کند و می‌انداخت تو تشت. لحظه‌ای بعد بی‌اعتنا به حرف‌های من گفت: "گور بابای خودت و اون مردم. همون مردمن که بچه‌ی مردمو از راه به در می‌کنن، همون مردمن که دسته‌دسته بچه‌های ما رو به جوخه‌های اعدام می‌سپارن. بهشون بگو که دیگه حق ندارن به تو کتاب بدن." اشک از چشمانم سرازیر شد. شتابان خیز برداشتم. سعی کردم کتاب را از دستش بقاپم؛ ولی نتوانستم، با یک دست کتاب را گرفت و با دست دیگر هُلم داد. شروع

کردم به جیغ و داد و گریه و زاری برای لنین. در حین گریه مثل بچه‌هایی که بهانه‌ی مادرشان را می‌گیرند و جیغ می‌زنند: "مامان!" من داد می‌زدم: "لنین!" مادرم چپ چپ نگاهی به من کرد وغرغرکنان گفت: "نیگاش کن! فکر نکنم اگه من یا پدرش بمیریم این‌جور برامون زار بزنه. حالا ببین برای یه مرد کچلِ روسی که حتی یه بارم اونو ندیده و می‌گن سال‌هاست که مرده، چیکار داره می‌کنه؟!" جیغ زدم اون مرد بیگانه نیست. اون رهبر منه و از همتون بیشتر دوستش دارم (صص. ۱۶۴ـ۱۶۵).

حکومت اسلامی مصمم بود تا شهر را بازپس گیرد، تمامی احزاب سیاسی چپ را سرکوب کند، شوراهای محلی را منحل سازد و حجاب اجباری را اجرا کند. این اقدامات بخشی از استراتژی آن‌ها برای تثبیت قدرت از طریق به تسلیم واداشتن زنان، اقلیت‌های ملی و سازمانهای سیاسی چپ بود. از نظر استراتژیک، بازپس‌گیری کُردستان برای حکومت ضروری بود تا قدرت خود را در سراسر ایران تثبیت کند. با این حال، مردم سنندج به همان اندازه مصمم بودند تا از مبارزان پیشمرگان کُرد، گروه‌های چپ سیاسی و شوراهای محلی حمایت کنند. آن‌ها با قاطعیت مقاومت کردند و شهر را سنگربندی کردند تا از ورود نیروهای نظامی جلوگیری کنند. در تمامی محله‌های شهر، تلاش‌های بزرگی برای بسیج مردم آغاز شد. مردم به جمع‌آوری لوازم پزشکی، تهیه غذا و پخت و پز برای مبارزان پیشمرگه پرداختند. آن‌ها خانه‌های خود را برای پناه‌دادن به مجروحان باز گذاشتند و سنگرهایی برای ممانعت از تحرک تجهیزات نظامی دشمن حفر کردند و مدارس، دفاتر دولتی و

مغازه‌ها را بستند و اعتصاب عمومی اعلام کردند. در میان داوطلبانی که به مقرهای احزاب سیاسی هجوم آوردند و اشتیاق خود را برای کمک به مبارزان پیشمرگه اعلام کردند، پزشکان، پرستاران، معلمان، دانش‌آموزان، مادران و همه یاری‌رسان بودند. این مقاومت فوق‌العاده به مدت ۲۴ روز ادامه داشت (۲۹ فروردین ـ ۲۲ اردیبهست۱۳۵۹). این عزم جمعی و پایدار مردم شهر موجب شد که شهر به نام 'سِنِه سور' (سنندج سرخ) شناخته شود.

ناهید با همیاری دانش‌آموزان مبارز حتی پس از باز پس گرفتن و اشغال شهر سنندج به‌وسیله نیروهای ارتش و پاسداران، کماکان در مقابل سلطه دولتی ایستادند. می‌نویسد،

یکی از جنبش‌هایی که ما همواره در راس رهبری آن بودیم، جنبش لغو حجاب اجباری در مدارس بود که هر ساله موفق به راه انداختن حرکتهای اعتراضی وسیع و در نتیجه عقب‌نشینی مسئولین آموزش‌وپرورش می‌شدیم! اما در سال ۱۳۶۳ با مشکل بزرگی روبرو شدیم، آنها برای درهم شکستن مقاومت ما و وادار کردنمان به پوشش اسلامی، مقنعه‌ی رایگان در اختیار دانش‌آموزان دبیرستان‌ها قرار دادند و در صورت سرپیچی اخراج‌مان می‌کردند. در ضمن در درب مدرسه نیروهای انتظامی مستقر کردند تا به‌قول خودشان سریع اخلال‌گران را از میدان بدر کنند. ما درصدد خنثی کردن آن طرح برآمدیم و طرح به راه‌اندازی اعتصاب نشسته در تمام

دبیرستان‌های شهر را به فعالین پیشنهاد کردیم. متاسفانه طرحمان لو رفت. در مدرسه‌ی ما، من و شانزده نفر از نمایندگان کلاس‌های دیگر و در دبیرستان‌های دیگر نیز تعداد زیادی از رهبران مخالف حجاب اجباری از مدرسه اخراج شدند؛ با این وجود در همان سال موفق به جلوگیری از به اجرا در آمدن طرح حجاب اجباری شدیم، در عین حال مسئول آموزش و پرورش را مجبور کردیم بعد از دوهفته، تمام اخراج‌شدگان را به مدرسه بازگرداند. این پیروزی در شرایط خفقان آن روزها جزو ناممکن‌ها بود؛ اما با ایستادگی و کوشش بی‌وقفه، ما توانستیم ناممکن آن روزها را به ممکن تبدیل کنیم. نمونه‌ی دیگری از فعالیت‌های آن دوران برگزاری جشن اول ماه مه سال ۱۳۶۳ بود که در کنار برگزاری مراسم و جشن‌های متعدد کوچک وبزرگی که در نقاط مختلف شهر برگزار گردید، به همت جوانان و فعالین شهر، مراسم پر شکوهی نیز در آبیدر برگزار شد وبرافروختن شعله‌های اول ماه مه بر فراز آبیدر، از همان سال رسم شد. شعله‌هایی که هر ساله به اندازه‌ی فوران آتشفشان، رژیم را به هراس می‌اندازد (صفحه ۱۵۱ و ۱۵۲).

گلرخ و ناهید با دقت و جامعیت تجربیات خود از زندگی تحت سلطه روابط حاکم قدرت را شرح داده‌اند. روایت آنها ادای احترامی به فداکاری‌ها و شجاعت مردم و به ویژه زنانی است که در فرآیند تحول اجتماعی دخیل بودند. آنها زنان را در تاریخ ملتی در حال مقاومت می‌نویسند. پس از محاصره شهر توسط پاسداران، یک تشکیلات مخفی

شکل گرفت که در آن زنان در جمع‌آوری اطلاعات برای نیروهای پیشمرگه مشغول بودند و با خلاقیت از بدن‌هایشان برای مخفی کردن جزوه‌ها، برگه‌ها، عکس‌ها و سایر اطلاعات حساس برای انتقال به نیروهای پشمرگه استفاده می‌کردند. همانطور که من به یاد می‌آورم و روایت گلرخ و ناهید هم تایید می‌کنند، می‌توان غم عمیقی را حس کرد ناشی از در هم شکستن رویاهای اجتماعی، رفقای جان باخته، اشغال شهرها و آغاز حکومت وحشت که با بازداشت‌ها، زندانی کردن‌ها، اعدام‌ها و تبعید داخلی اجباری خانواده‌هایی که پشتیبان پشمرگه‌ها بودند، ادامه یافت. تصرف سِنِه به معنای آغاز تصرف دیگر شهرهای کُردستان توسط حکومت اسلامی بود که باعث گریز جمع بزرگی از جوانان و زنان کُرد به کوهستان‌ها در امتداد مرز ایران و عراق شد. بسیاری از آن‌ها در نهایت در اردوگاه‌های احزاب سیاسی اسکان یافتند، یک آغاز جدید که با چالش‌های عمیق و ترسناک همراه بود. جمع‌بندی ناهید مهم است،

در جریان این مبارزه من شاهد مسئله‌ی مهم دیگری هم شدم و آن هم تعصبات فراوانی بود که مردان همرزمم نسبت به رفقای زن نشان می‌دادند. پس می‌توان گفت که من و بقیه‌ی زنانی که در تشکیلات علنی کومه له فعالیت می‌کردند، همزمان دو مبارزه را به پیش می‌بردیم. مبارزه‌ای که هدفش براندازی رژیم جمهوری اسلامی بود و مبارزه‌ای درون‌حزبی در راه برچیدن تعصبات و افکار ضد زن. مبارزه‌ای سخت؛ اما پر از تجارب و آموخته‌های فراوان برای تمام زندگی. از سوی دیگر،

شش سال زندگی در جمع مبارزینی که بسیاری از آنها کوهی از استقامت، صداقت، شرافت، جسارت، عزم و اراده و از خود گذشتگی بودند، کسانی که هرکدام نمونه‌ای از انسان‌های خوب درون اجتماع بودند که در یك مقطع زمانی جزو یاران و یاوران نزدیك من شده بودند، فقط خوشبختی نبود، اوج خوشبختی بود؛ زیرا اگر جوانان و نوجوانان باید در اجتماع دربه‌در الگوهای خوب را جستجو کنند، در تشکیلات کومه‌له، من در احاطه‌ی الگوهای خوب بودم (ص. ۴۱۹).

تجربیات گلرخ و ناهید بازنمایی تاریخی جمعی اراده قدرتمند زنان برای مقاومت در برابر خشونت دولتی، اَشکال مختلف مردانگی- نظامی، به طور کلی روابط مرد/پدرسالارانه و هنجارهای فرهنگی هستند. سوزان کرین ادعا می‌کند در،[۳۲]

بازنمایی تاریخی تنها مسأله این نیست که چگونه دانش تاریخی به زبان، روایت یا تجسم درمی‌آید ، بلکه این مسأله هم مهم است که چگونه تمامی حافظه جمعی، دانشی که ظاهرا تحقیقات تاریخی را تأمین و حفظ می‌کند، از طریق تاریخی نوشته شده توسط یک شاهد نمایان می‌شود.

[32] Suzan Crane, 1997, p. 1383.

تنها چند صفحه از یادداشت‌های من در مورد مقاومت ۲۴ روزه سنندج باقی مانده است. وقتی آنها را در کنار یادنگاره گلرخ و ناهید می‌خوانم، به نکته تراورسو فکر می‌کنم که می‌گوید حافظه ما، در این مورد حافظه زنان در جنبش‌های چپ، "حافظه برای آینده است، تا جایی که نبردهای آینده را اعلام کرده" است.[33] یا به قول فرنلی، این "حس نوستالژی برای عصری است که هنوز نیامده است."[34] بر میگردم به سابلاغ یک شرح‌حال نوستالژیک از خانه است به عنوان آنچه در گذشته بود، در حالیکه *شقایق‌ها* بر *سنگلاخ*، *گلزار شقایق‌ها* و *جلوه‌های زندگی* نوستالژیک از مقاومتی است که شکست خورده است اما هنوز بذر امید شورشی دیگر در آینده را درون خود دارد. بنابراین، می‌توانیم بگوییم که خیزش ژینا آینده‌ای است که قبلاً آغاز شده بود، حتی اگر آینده‌اش هنوز فرا نرسیده است.

در پایان: زنی که مبارزه می‌کند

جنبش‌های انقلابی اغلب به گونه‌ای نوشته و یادآوری شده‌اند که نقش زنان و جایگاه سیاست‌های جنسیتی در آن‌ها نادیده گرفته شده است. این نادیده‌گرفتن مداوم زنان در این تاریخ‌ها، بازتولیدی از سیاست‌های پدرسالارانه‌ای است که زنان به طور تاریخی تجربه کرده‌اند. زنان انقلابی باید در تاریخ نوشته شوند تا بیشتر درباره مبارزات چندوجهی‌شان، سنت‌های رادیکال‌شان

---

[33] Traverso, 2017, p. 59.
[34] Fearnley, 2014.

و راه‌هایی که با مسئله زنان دست و پنجه نرم کردند، بیاموزیم. با این حال، این تنها تاریخ زنان نیست. در واقع، با دقت در داستان‌های زنان ، درباره جنبش های انقلابی به طور کلی بیشتر می‌آموزیم.[۳۵]

توجه به تجربیات سوبژکتیو زنان واقعا می‌تواند دریچه‌ای به دنیای گسترده ای از امکانات رادیکال و تاریخ جنبش‌های چپ باز کند.[۳۶] همانطور که شمشیری و تامسون اشاره کرده اند، این تجربیات نقطه ورود به درک عمیق‌تر و جامع تر از جنبش‌های انقلابی است. ادبیات گسترده‌ای که پس از موج اعتراضات در جهان عرب در سال ۲۰۱۱ پدید آمد، بر اهمیت حیاتی روایت‌های زنان از زندگی تاکید می‌کند. زنان برای حفظ زندگی می‌نویسند و برای تأمل در آینده‌ای که هنوز در عرصه رویاها و آرزوهای گذشته است، حتی در حالی که تحقق آن جستجویی مستمر می‌طلبد که "درک ما را از آنچه که جنبش‌های چپ رادیکال بوده‌اند و می‌توانند باشند."[۳۷] در این دیدگاه و با توجه به نتیجه‌گیری هلبک، شرح‌حال‌های زنان باید "به عنوان آرشیو یا مستندنگاری، به عنوان یک امکان ساختاری برای خلق حافظه جمعی که بر سوالات

---

[35] Shamshiri and Thomson, 2023, p. 1.

[۳۶] برای ادبیات رو به رشد درباره زنان، چپ، و انقلاب نگاه کنید به Ghodsee, 2022.

[37] Burden-Stelly and Dean, 2022, p. 3.

سیاسی و اخلاقی عصر حاضر دلالت می‌کند، و نه به عنوان یک پنجره شفاف به گذشته،"[۳۸] خوانده شود.

این یادنگاره‌ها را به عنوان متون زنده‌ای که توصیف‌های فردی و جمعی از روایت‌های مواجهه با خشونت حکومتی، ملی‌گرایی پدر/مردسالارانه، مردانگی نظامی شده، آوارگی و سرکوب ایده‌های رادیکال را شامل می‌شوند. آنها روایت‌های زندگی روزمره زنان است. از این رو بسیار ارزشمند هستند. این روایت‌ها از زاویه مسائل زندگی روزمره به همراه خشم، درد، غم، عزاداری، بازی، عشق، تولد، امید، ناامیدی و مقاومت نوشته شده‌اند. در هر مرحله از رشد به عنوان یک زن کُرد، ضرورت تحول اجتماعی عمیق و دائمی یک امید بی‌پایان بود. یادنگاره‌ها دو هدف دارند: نه تنها به درک عمیق‌تر کمک می‌کنند و رویدادهای تاریخی به‌یادماندنی را برجسته می‌کنند، بلکه واگرایی‌های معرفت‌شناختی‌ای را نشان می‌دهند که امکانات تازه‌ای را برای تاریخ به عنوان عمل همبستگی براندازانه و مقاومت روشن می‌کند. عمل یادآوری در شرح‌حال‌ها تفسیر پویای احساسی گذشته در حال حاضر است. چنین فرآیندی بازیابی منفعلانه از یک مخزن حافظه مشخص نیست؛ بلکه یادآوری به طور فعال معنای گذشته را همواره در زمینه کنونی شکل می‌دهد. بنابراین، گذشته هرگز به طور کامل بازیابی نمی‌شود؛ تنها می‌تواند در زمینه حاضر نمایندگی شود. شرح‌حال‌ها از تجربیات تاریخی به عنوان تجربیات پایان یافته و دانشی فراتر می‌روند.

---

[38] Hellbeck, 2006, p. 417.

(نا)محدود بودن داستان‌های زنان است که ما را وادار می‌کند تا تأثیر دامنه‌دار این تجربیات را در حال حاضر به رسمیت بشناسیم.

من یادنگاره‌ها را با *فروتنی* به عنوان نشانه‌ای از مراقبت، اخلاق و احترام برای نویسندگان و تمامی آن‌ها که به یاد داشته‌اند، آغاز کردم. حال سرشار از باوری عمیق به ناتمامی این کار و با آگاهی از وجود روایت‌های *ناگفته* فراوانی که باید گفته شوند، به پایان می‌رسانم. با این حال باور دارم که بدون (باز)خواندن این شرح‌حال‌ها که در آنها *گذشته* و*حذف‌ها* در زمان حال *حاضرند*، تاریخ بیش از یک دهه ایران و کُردستان در دوره ۱۳۵۰ـ۱۳۶۰ ناقص و سرشار از *حذف* خواهد ماند.

سپاسگزاری

از دکتر مهدی گنجوی و دکتر امیر کلان برای دعوتشان به سمینار "زبان، انسان و جامعه: ادبیات و زبان‌های اقلیت در ایران" (دانشگاه مک‌گیل) و به دنبال آن برای دعوت به نوشتن این متن سپاسگزارم. همیشه در کنارتان می‌آموزم.

یادنگاره‌ها در این متن

حسن پور، شیلان. (۲۰۱۲). *ده چمه‌وه سابلاغ*. سوئد، Apec Förlag .
قبادی، گلرخ. (۲۰۱۵). *شقایق‌ها بر سنگلاخ: زندگی و زمانه‌ی یک زن کُرد از کُردستان ایران*. چاپ اول. بدون محل چاپ و ناشر.
قبادی، گلرخ. (۱۳۹۹). *گلزار شقایق‌ها: ناگفته‌های زنان مبارز کُردستان ایران*. پاریس. نشر نقطه.
وفایی، ناهید. (۱۳۷۹). *جلوه‌های زندگی*. سوئد. انتشارات کتاب ارزان.

References

Aouragh, M. (2017). L-Makhzan al-'Akbari: Resistance, remembrance and remediation in Morocco. *Middle East Critique, 26*(3), 241–263.

Biberman, H. J. (Director). (1954). *Salt of the earth* [Film]. NYX Channel.

Boskeni, R. (2021). *Şeri Urûsan (The Russian war)*. Sulaimaniyah: Lalezar.

Burden-Stelly, C., & Dean, J. (Eds.). (2022). *Organize, fight, win: Black communist women's political writing*. New York: Verso.

Cabi, M. (2018). Amir Hassanpour and the advance of Kurdish social studies in Iran. *Derwaze: Kurdish Journal of Social Sciences and Humanities, 2,* 82–94.

Cabi, M. (2022). *The formation of modern Kurdish society in Iran: Modernity, modernization and social change 1921–1979*. London: I.B. Tauris.

Crane, S. (1997). Writing the individual back into collective memory. *American Historical Review, 102*(5), 1371–1385.

El Shakry, O. (2015). History without documents. *American Historical Review, 120*(3), 920–934.

Fearnley, J. (2014, October 7). Nostalgia for an age yet to come: Walter Benjamin's theses on the philosophy of history. *3 Magazine*. Retrieved from www.3ammagazine.com/3am/nostalgia-for-an-age-yet-to-come-2/

Ganjavi, M. (2023). Activating personal counter-archives: The case of the Amir Hassanpour fonds. *The American Archivist, 86*(2), 325–345. https://meridian.allenpress.com/american-archivist/issue/86/2

Ghodsee, K. (2022). *Red Valkyries: Feminist lessons from five revolutionary women*. London: Pluto.

Hassanpour, A. (2004, November 19). Violence against books: Theoretical questions and empirical evidence from the Middle East. Presentation at the Department of Near & Middle Eastern Civilizations, University of Toronto.

Hassanpour, A. (2016). The politics of a-political linguistics: Linguists and linguicide. In T. Skutnabb-Kangas & R. Phillipson (Eds.), *Language rights* (Vol. 4, pp. 351–357). London: Routledge.

Haugbolle, S. (2019). Memory studies in the Middle East: Where are we coming from and where are we going? *Middle East Critique, 28*(1), 279–288.

Hellbeck, J. (2006). *Revolution on my mind: Writing a diary under Stalin*. Cambridge, MA: Harvard University Press.

Kakabaveh, A., & Ohlson, J. (2021). *Amineh—"No bigger than a Kalashnikov:" A Peshmerga in parliament*. (S. Berger, Trans.). Berlin: Buxus.

Kamangar, A. (2016). *Farāzhā-yi az Zindigī (Moments of life)*. Sweden: Shamlo Kulturhus.

Mahmoud, H. (Ed.). (2021). *Kurdish women's stories*. London: Pluto.

Mbembe, A. (2002). The power of the archive and its limits. In C. Hamilton, V. Harris, J. Taylor, M. Pickover, G. Reid, & R. Saleh (Eds.), *Refiguring the archive* (pp. 19–26). London: Luweer.

McDowall, D. (1996). *A modern history of the Kurds* (1st ed.). London: I.B. Tauris.

Mojab, S. (2001). Women and nationalism in the Kurdish Republic of 1946. In S. Mojab (Ed.), *Women of a non-state nation: The Kurds* (pp. 71–91). Costa Mesa, CA: Mazda Publishers.

Mojab, S. (2015). Review of *Deçmewe Sablaq [Going back to Sablaq]* by Shilan Hasanpour. *Middle East Journal, 69*(3), 488–489.

Mojab, S. (2023). A revolutionary storm sparked by the fall of a butterfly. *Studies in Political Economy, 104*(3), 189–202.

Mojab, S. (Forthcoming). Figures of dissent: Women's memoirs of defiance. In A. Crosby & H. Evans (Eds.), *Memorializing violence: Transnational feminist reflections.*

Nammi, D., & Attwood, K. (2020). *Girl with a gun: Love, loss and the fight for freedom in Iran.* London: Unbound.

Qato, M. (2019). Forms of retrieval: Social scale, citation, and the archives on the Palestinian Left. *International Journal of Middle East Studies, 51,* 312–315.

Reading, A. (2014). Making memory work for feminist theory. In M. Evans, C. Hemmings, M. Henry, H. Johnstone, S. Madhok, A. Plomien, & S. Wearing (Eds.), *The Sage handbook of feminist theory* (pp. 196–214). London: Sage.

Sadeghi-Boroujerdi, E. (2023). Iran's uprising for 'Women, Life, Freedom:' Overdetermination, crisis, and the lineages of revolt. *Politics, 434*(3), 404–438.

Shamshiri, M., & Thomson, S. (2023). Introduction: She who struggles. In M. Shamshiri & S. Thomson (Eds.), *She who struggles: Revolutionary women who shaped the world* (pp. 1–17). London: Pluto.

Smith, S., & Watson, J. (2010). *A guide for interpreting life narratives: Reading autobiography.* Minneapolis, MN: University of Minnesota Press.

Swedenburg, T. (1995). *Memoirs of revolt: The 1936–1939 rebellion and the Palestinian village.* Philadelphia: University of Pennsylvania Press.

Traverso, E. (2021). *Left-wing melancholia: Marxism, history, and memory.* New York: Columbia University Press.

برنامه‌ریزی زبانی انسان‌محور: فرصتی برای تامل و عمل[1]

یلدا کاوه
دانشگاه ایالتی آریزونا

با درود و وقت به خیر خدمت تمام کسانی که اینجا جمع شده‌اند. من یلدا کاوه هستم. مدرس آموزش دوزبانه در دانشگاه دولتی آریزونا. سخنرانی امروز من از مقاله‌ای تئوری که امسال چاپ شده الهام گرفته است. قبل از شروع، می‌خواهم از دکتر کلان برای دعوت به این سمپوزیوم تشکر کنم. وقتی از من خواسته شد تا این مقاله‌ی تئوری را به زبان فارسی ارائه دهم احساسات ضد و نقیضی داشتم. علی‌رغم اینکه زبان اول من فارسی است، تمام تحصیلات من، چه در ایران و چه در آمریکا، به زبان انگلیسی بوده است. وقتی شروع کردم به فکر کردن به این مقاله به زبان فارسی با واقعیتی دردناک مواجه شدم: اینکه معادل فارسیِ کلماتی که هر روز به انگلیسی به آن‌ها فکر می‌کنم را نمی‌دانستم. اما با کمال تعجب وقتی نوشتن فکرهایم را شروع کردم، این فکرها بسیار آسان و جاری به ذهنم آمد، البته کمی هم با کمک لغتنامه و دوستان. به همین دلیل خوشحالم که دکتر کلان من را به این چالش

---

[1] آنچه می‌خوانید پیاده‌سازی ویراسته‌ای است از ارائه دکتر یلدا کاوه در کنفرانس زبان، انسان و جامعه (دانشگاه مک‌گیل، ۲۰۲۳).

زیبا دعوت کردند که برای من برگشت به اصالتم یا homecoming حساب می‌شود.

نکته‌ای دیگر را نیز بگویم که تخصص من در سیاست‌های زبانشناسی در آمریکا و جوامع غربی با تمرکز بر مهاجرین است. مقاله‌ای که بخشی از آن را ارائه می‌کنم بر اساس همین تحقیقات در آمریکا و برخی نقاط دیگر در دهه‌های اخیر است.[۲] با توجه به مخاطبینی که امروز در این جلسه هستند، سعی کردم مثال‌هایی هم از جامعه‌ی ایران ارائه بدهم. امیدوارم پیشنهادهایی که به اشتراک می‌گذارم برای تلاش‌های هر کدام از ما در جهت عدالت زبانی در جامعه‌ی جهانی و ایران الهام‌بخش باشند.

ساختار سخنرانی من با یک پیش‌زمینه و تعریفی از سیاست‌های زبانی آغاز می‌شود و نظریه‌ای را برای سیاست‌های زبانی معرفی می‌کنم و به نقد آن می‌پردازم سپس نظریه‌ی خودم را بر پایه‌ی نظریه‌های معتبر در زمینه‌ی آموزش انتقادی ارائه خواهم داد. در نهایت سؤال‌هایی را مطرح خواهم کرد که امیدوارم راهنمای تأمل و کنش‌گری حضار در زمینه‌ی سیاست‌های زبانی در نقاط مختلف جهان باشند.

[2] Kaveh, 2023.

سیاست/ برنامه‌ریزی زبانی چیست؟

در ابتدا لازم است که تعریف مشخصی از سیاست‌های زبانی داشته باشیم. بر طبق نظریات انتقادی در زبانشناسی کاربردی، سیاست‌های زبانی فراتر از قانونگذاری و سیاست‌های کلان هستند. تمرکز ما در برنامه‌ریزی زبانی انتقادی بر قدرت گویشوران یا سخنوران زبان است. امروز من این دو کلمه را مترادف همدیگر و در ترجمه language user به کار می‌برم. همچنین بر کنش‌گران اجتماعی در سطوح مختلف جامعه در تفسیر، تصاحب و خلق سیاست‌های زبانی متمرکز هستیم،[۳] به این معنی که شاهد سیاست‌های زبانی در سطح کشور، استان، منطقه، مدرسه، کلاس و حتی خانواده هستیم. بیشتر تحقیقات من نیز در خصوص سیاست‌های زبانی خانواده‌های دو یا چند زبانه است. از این دیدگاه ما سیاست‌های زبانی را به عنوان یک فرآیند اجتماعی ـ فرهنگی در حال تغییر به جای یک قرارداد از پیش فرض شده می‌بینیم.[۴]

رویکرد به زبان‌ها در برنامه‌ریزی زبانی

در سال ۱۹۸۴ ریچارد روییز که یک زبان‌شناس آمریکایی ـ مکزیکی بود چارچوبی را برای رویکرد به زبان‌ها و برای برنامه‌ریزی زبانی در

---

[3] Johnson, 2013; Hornberger & Johnson, 2007.

[4] McCarty, 2011.

جامعه‌ی آمریکا معرفی کرد. روییز ادعا کرد که جوامع از طریق سه رویکرد (orientation) سیاست‌های زبانی‌شان را شکل می‌دهند:[5]

۱. در نظر گرفتن زبان به عنوان معضل یا مشکلی که باید حل شود (language-as-problem)؛ یعنی یک دید منفی به تنوع زبانی. به عنوان مثال رویکرد برخی به زبان مهاجرین در آمریکا یا رویکردهای منفی به زبان‌های غیر فارسی در ایران.

۲. زبان‌ها به عنوان حقوق اولیه‌ی هر انسان (language-as-right)؛ به عنوان مثال حقوق زبانی در منشور جهانی حقوق بشر.

۳. زبان‌ها به عنوان یک منبع، ابزار یا یک توانایی مثبت (language-as-resource)؛ برای مثال تشویق دو یا چندزبانگی در سیستم آموزشی کشورهای اروپایی و کانادا.

روییز این نظریه را در پاسخ به امواج ضد آموزش دوزبانه در دهه‌ی هشتاد آمریکا نوشت و در نهایت زبان به عنوان منبع را به عنوان بهترین راه حل برای عدالت زبانی در آن دوره در نظر گرفت. ما می‌توانیم این سه رویکرد را به جوامع دیگر نیز بسط دهیم. برای مثال متأسفانه در جامعه‌ی امروز ایران ما زبان‌های غیرفارسیِ بومی و زبان کشورهای همسایه را به عنوان مشکل تلقی می‌کنیم. علاوه بر این، متأسفانه در ایران حقوق زبانی اقلیت‌های زبانی و قومی به مثابه جدایی‌طلبی تلقی می‌شود که باز به رویکرد معضل‌گونه به زبان‌ها برمی‌گردد. این را نیز اضافه کنم که هر زمانی که از کلمه‌ی "اقلیت" استفاده می‌کنم منظورم

---

[5] Ruiz, 1984.

تعداد کم افراد آن گروه نیست، بلکه منظور افرادی است که حقوق‌شان اقلیت شناخته می‌شود ، یعنی minoritized به جای minority. نمونه‌ی نگاه ابزاری به زبان در ایران تا حدی شبیه به آمریکاست. چندزبانگی تنها زمانی مثبت دیده می‌شود که گویشوران زبانی را به زبان غالب جامعه اضافه کنند. حتی در این حالت هم این دید مثبت بستگی به قدرت زبان دوم و جایگاه اجتماعی آن گویشوران دارد. برای نمونه دوزبانگی یک کودک فارسی‌زبان به انگلیسی و فارسی از دوزبانگی یک کودک ترک یا کرد که هم به زبان مادری و هم به زبان فارسی صحبت می‌کنند مثبت‌تر دیده می‌شود.

روییز رویکردها به زبان‌ها را پیش-عقلانی (pre-rational) یا ناخودآگاه و پایه و اساس هر نوع استدلال در خصوص سیاست‌های زبانی دانست. این رویکردهای زبانی با ایدئولوژی یا همان سیستم‌های باوری کمی تفاوت دارند اما باهم ارتباط نزدیکی دارند و می‌توان رویکردهای زبانی را تجلی ایدئولوژی دانست.

همانطور که می‌بینید این نظریه بسیار قابل درک، واضح و کاربردی است. به همین دلیل در مطالعات زبان‌شناسی اجتماعی مورد استقبال زیادی قرار گرفت. اما با وجود این استفاده‌ی گسترده، این سه رویکرد به اندازه کافی تنوع سیاست‌های زبانی و ایدئولوژی‌های زیربنایی آن‌ها را در تمام جوامع به خصوص در دنیای امروز نشان نمی‌دهند. من در مقاله‌ام به سه محدودیت استفاده از رویکردهای پیشنهادی روییز برای تحلیل پیچیدگی‌های زبانی در جامعه پرداختم:

برنامه‌ریزی زبانی انسان محور: فرصتی برای تامل و عمل

I. توزیع ناعادلانه قدرت در برنامه ریزی زبانی Inequitable distribution of power in language planning

II. عوامل جهانی موثر بر رویکردهای زبانی / سیاست‌های زبانی Global factors influencing orientations

III. برنامه‌ریزی زبانی در سطوح مختلف جامعه Multilayered nature of language planning and policy activities

به دلیل کمبود وقت جلسه‌ی امروز تنها دلیل اول و سوم را بیان می‌کنم.

I. خطرات بی‌توجهی به توزیع ناعادلانه‌ی قدرت در برنامه‌ریزی زبانی

یکی از مشکلاتی که برای سیاست‌های زبانی پیش می‌آید این است که اگر ما زبان‌ها را به عنوان یک معضل یا حق اولیه یا منفعت فردی و اجتماعی در نظر بگیریم، موجب نادیده گرفتن قدرت‌های زیربنایی می‌شوند که ارزش زبان‌ها را تعیین می‌کنند. برخی از این سیستم‌های قدرت مانند استعمار، نژاد پرستی سیستماتیک، مهاجرت، جهانی شدن، ناسیونالیسم و نئولیبرالیسم است. عدم توجه به این عوامل سه خطر اصلی را در پی دارد:

۱. استفاده‌ی ابزاری از زبان‌ها:

یک مثال از استفاده‌ی ابزاری از زبان‌ها، اعیان سازی (Gentrification) در مدارس دوزبانه‌ آمریکا و پرو است.[6] در آمریکا، تعداد زیادی از انگلیسی‌زبان‌هایی که بر ضد دوزبانگیِ اقلیت‌ها بودند در حال حاضر فرزندان خود را به همان مدارس دوزبانه می‌فرستند. در ایران نیز شروع این موضوع را در مدارس بین‌المللی شاهد هستیم که زبان‌های انگلیسی، فرانسوی و اسپانیایی را ترویج می‌کنند در حالی که زبان‌های غیرفارسی اقوام ایرانی همچنان سرکوب می‌شوند.

۲. تعیین تکلیف زبانی توسط گروه‌های اکثریت و برای حفظ منافع آن‌ها:

به عنوان نمونه، اگر در جامعه‌ی ایران درباره‌ی حقوق زبانی فارسی‌زبانان صحبت کنیم به آن تمامیت ارضی یا یکپارچگی گفته می‌شود اما همان حقوق برای اقلیت‌های زبانی برچسب جدایی‌طلبی می‌گیرد. در آمریکا نیز در برخی از ایالت‌های محافظه‌کار مانند ایالات آریزونا که من در آن کار می‌کنم، به زبان انگلیسی اولویت می‌دهند و آن را نشانی از ملّی‌گرایی می‌دانند.

۳. درک نادرست از حقوق زبانی اقلیّت‌ها در مقوله‌ی حقوق بشر:

---

[6] Cervantes-Soon, 2014; Zavala, 2019.

در این حالت، گروه‌های مترقی قشر اکثریت ممکن است با هدف مثبت اما با ناآگاهی و بدون مشورت با اقلیّت‌ها برای تمام افراد منشور حقوق زبانی تعریف کنند. این اقدامات به ظاهر بی‌خطر هستند و شاید به نفع اقلیّت‌ها به نظر برسد اما باعث می‌شوند که مجدداً قشر اکثریت برای اقلیت تعیین تکلیف کنند. در مثالی دیگر، نهادهایی مثل سازمان ملل اعلام می‌کنند که هر دو هفته یکبار یک زبان در دنیا منقرض می‌شود. مشکل استفاده از این پیام‌های شورانگیز برای حفظ حقوق زبان این است که زبان‌ها را به عنوان شیء در نظر می‌گیرند و نه مکانیسم‌های زنده با گویشورانی که می‌توانند هرروز آن زبان‌ها را نوسازی کنند.[۷]

III. پیچیدگی برنامه‌ریزی زبانی در سطوح مختلف جامعه

حوزه‌ی دیگر حائز اهمیت در مباحث برنامه‌ریزی‌های زبانی موضوع تنوع فعالیت‌های زبانی و اختیارات و تصمیمات فردی در لایه‌های مختلف اجتماعی است.[۸] تحقیقات زبانیِ مربوط به سیاست‌های زبانی خانواده‌ها نشان می‌دهد که ممکن است خانواده‌های دوزبانه، زبان غالب اجتماعی را به دلیل پتانسیل آن برای موفقیت اجتماعی ترجیح دهند در حالی که به اهمیت زبان‌های میراثی خودشان نیز برای هویت فرهنگی فرزندان‌شان معتقد باشند.[۹]

من در تحقیقاتم نشان داده‌ام که رویکردهای زبانی والدین دو یا چندزبانه بویژه آنهایی که مهاجر هستند رابطه‌ی مستقیمی با ادراک آن‌ها

---

[7] Duchêne & Heller, 2007.
[8] Hornberger & Johnson, 2007.
[9] Curdt-Christiansen, 2018; Nandi, 2018.

از قدرت، ارزش و کاربرد زبان‌ها در موفقیت تحصیلی، حرفه‌ای و اجتماعی فرزندان‌شان دارد.[۱۰] همچنین تجربیات شخصی والدین به عنوان مهاجر یا اقلیت بر تصمیم‌گیری زبانی آن‌ها بسیار مؤثر است.

به عنوان جمع‌بندی این بخش باید عنوان کنم که سیاست‌های زبانی در سطوح کوچک اجتماعی مانند خانواده، کلاس، مدرسه با توجه به هدف (مثلاً حفظ فرهنگ، ارتباط عاطفی، موفقیت اجتماعی و اقتصادی، حفظ حریم خصوصی) به عنوان یک مشکل، حق یا منبع (در میان سایر احتمالات) در نظر گرفته شده و مرتباً با توجه به مخاطب و مکان بازنگری می‌شوند.

برنامه ریزی زبانی انسان‌محور: بازگشت به گویشوران زبان

به دلایل ذکر شده من ادعا می‌کنم اگر به جای تمرکز بر زبان‌ها بر گویشوران متمرکز شویم افق‌های تفکر ما برای برنامه‌ریزی زبانی گسترش پیدا می‌کنند. وقتی به گویشوران توجه می‌کنیم رویکردهای نامحدودی درباره‌ی تصمیمات زبانی کاربران زبان وجود دارد. من این رویکرد را "برنامه‌ریزی زبانی انسان- محور" نام‌گذاری کردم و توضیح خواهم داد که چگونه می‌توانیم این رویکرد را در هر سطحی از جامعه به کار ببریم.

---

[10] Kaveh, 2018, 2020; Kaveh & Lenz, 2022; Kaveh & Sandoval, 2020

من برنامه‌ریزی زبانی انسان‌محور را بر اساس سه تئوری دیگر تعریف می‌کنم.

۱. بازگشت به نقش گویشوران در تحقق زبان‌ها Embodiment of languages: Re-orienting back to language users

این موضوع به این معناست که به جای اینکه زبان‌ها و رویکرد به آن‌ها را به عنوان اجسام خارجی تصور کنیم، به این موضوع بپردازیم که زبان‌ها از طریق گفتن و شنیدن، خواندن و نوشتن، یا زبان اشاره برای ناشنوایان و کم‌شنوایان، یا قدرت لمس برای نابینایان معنا پیدا می‌کند. به این معنی که زبان‌ها به خودی خود مشکل، منفعت یا حق اولیه نیستند، بلکه ارزش‌شان براساس موقعیت اجتماعی گویشوران آن‌ها در هر موقعیتی تعیین می‌شود.[۱۱] تنها زمانی که چنین نگاه انسان‌محورانه‌ای به زبان داشته باشیم متوجه می‌شویم که وقتی گویش زبانی یا لهجه‌ی یک مهاجر افغان، یا گویشور دوزبانه‌ی ترک به گوشِ فارسی‌زبان ما عجیب یا ناآشنا می‌آید، مشکل از گویشِ زبانیِ سخنگو نیست؛ بلکه این گیرنده‌ی ماست که استفاده‌ی زبانیِ آن‌ها را مشکل تلقی می‌کند. همین گویشور دوزبانه‌ی افغان یا ترک با هم‌زبان خودش امکان مکالمه‌ی متفاوتی خواهد داشت. در تمام این موارد زبان از طریق جهان‌بینی گوینده و شنونده و نه به صورت بی‌طرفانه ارزش پیدا می‌کند.[۱۲] این نکته مرا به تئوری دوم می‌رساند.

---

[11] Heller & McElhinny, 2017.
[12] Flores & Rosa, 2015; Rosa & Flores, 2017.

۲. *درهم‌تنیدگی روابط اجتماعی از لحاظ جنسیتی، طبقاتی، قومی، مذهبی یا اینترسکشنالیتی Intersectionality*

اینترسکشنالیتی تنها یک نظریه نیست بلکه یک روش شناخت‌شناسانه و همینطور یک استراتژی برای رسیدن به یک سیاست زبانی انسان‌محور و عدالت اجتماعی است.[۱۳] در همین راستا من چند مثال ارائه می‌کنم تا استدلال کنم ما در هر جامعه‌ای از جمله جامعه‌ی ایران به لنز اینترسکشنالیتی برای تحلیل و تشکیل سیاست‌های زبانی نیاز داریم. به دلیل کمبود وقت تنها این سؤال‌ها را نام می‌برم اما بعداً می‌توانیم به سؤالاتی که پیش می‌آید بپردازیم. سیاست‌های زبانی به دلیل قدرت درهم‌تنیدگی‌شان با قدرت‌های اجتماعی به عوامل مختلفی بستگی دارند که تجربیات گویشوران را شکل می‌دهند.

- نژاد و زبان: به عنوان مثال دید منفی به گویش سیاه‌پوستان انگلیسی‌زبان در ایالات متحده.[۱۴]
- رابطه‌ی قومیت و فرهنگ با زبان: مانند نقض حقوق زبانی مردم کرد در ایران و ترکیه، که خواندن کتاب دکتر کلان در این زمینه را توصیه می‌کنم.[۱۵]
- مذهب و زبان: مانند تبعیض علیه مسلمانان عرب‌زبان در اسرائیل.[۱۶]

---

13 Crenshaw, 1989; Collins, 2015.
14 Alim et al., 2016; Baker-Bell, 2020; Lippi- Green, 2012.
15 Kalan, 2016.
16 Hawker, 2019; Or & Shohamy, 2016.

- موقعیت اجتماعی و اقتصادی و زبان: به عنوان مثال گروه‌های قبیله‌ای که از نظر اقتصادی در هند اقلیت شناخته می‌شوند.[۱۷]
- تلاقی زبان با مذهب، نژاد و جایگاه اجتماعی: مانند تبعیض علیه یهودیان اتیوپیایی آمهری‌زبان در اسرائیل.[۱۸]
- تلاقی جنسیت، نژاد و زبان: این موضوع نیز یکی دیگر از ملاحظات ضروری در رویکردهای گویشوران است.[۱۹]

علاوه بر درنظر گرفتن درهم‌تنیدگی روابط اجتماعی با زبان، برنامه‌ریزی زبانی برای هر گروه باید با همراهی و مشورت خود گویشوران به‌ویژه اقلیت‌ها انجام شود.

۳. *تحقق سیاست زبانی انسانی: جهت‌گیری به عنوان پراکسیس*[۲۰]

برای سومین و آخرین بخش از نظریه‌ی سیاست زبانی انسان‌محور به آثار انتقادی Freire می‌پردازم. فرره یک فیلسوف برزیلی از قشر کارگر بود که در کتاب *آموزش ستم‌دیدگان* که کتابی فلسفی، آموزشی و انقلابی است، ادعا می‌کند که ستم‌دیدگان تنها کسانی هستند که می‌توانند هم خودشان و هم ستمگران را آزاد کنند. اما این آزادی از زمانی آغاز می‌شود که ستم‌دیدگان ابتدا تشخیص دهند که ستمگران آنها را به عنوان انسان کامل نمی‌شناسند و بدون چنین شناختی چیزی برای رهایی وجود

---

17 Mohanty, 2018.
18 Mizarchi & Zawdu, 2012 : Raijman, 2013.
19 McElhinney, 2010.
20 Freire, 1970.

ندارد. فرره این پروسه را تأمل و عمل و یا همان پراکسیس نام‌گذاری می‌کند.

دومین نکته در تکامل انسانیِ قشر ستم‌دیده‌ی این است که عدالت با همکاری با ستم‌دیدگان تحقق پیدا می‌کند. وقتی قشر اکثریت رهبری یک جنبش را بر عهده بگیرند این خطر احساس می‌شود که مسائل را به روشی هدایت کنند که در نهایت منافع زبانیِ خودشان را تأمین کند. البته باید این نکته را نیز اضافه کنم که ممکن است تمام افراد اقلیت آگاه به تبعیضات زبانی و آماده برای مبارزه با عدالت اجتماعی نباشند. گاهی ایدئولوژی‌های زبانی اکثریت‌محور به اندازه‌ای درونی شده‌اند که خود را در قالب پلیس زبانی از درون جوامع اقلیتی نشان می‌دهند. به عنوان مثال ممکن است جامعه‌ی فارسی‌زبان ایرانی در آمریکا لهجه‌ی انگلیسی صحبت کردن یکدیگر را مورد تمسخر قرار دهند و در مقابل استفاده از کلمات انگلیسی یا گویش‌های محلی ایرانی را هنگام فارسی صحبت کردن مورد سرزنش قرار دهند. به عبارت دیگر استفاده‌ی سیال از زبان‌ها یا translanguaging که امری طبیعی در مطالعات زبان‌شناسی مدرن هستند، امری غیرطبیعی انگاشته می‌شود و انسانیت افراد هنجارشکن زیر سؤال برده می‌شود. برعکس زمانی که یک سفیدپوست آمریکایی، اروپایی یا استرالیایی سعی می‌کند چند کلمه فارسی صحبت کند ما فارسی‌زبانان به وجد می‌آییم. من این موضوع را به وضوح در استقبال از صفحات اینستاگرام مشاهده کرده‌ام، که اشخاص ایرانی به همسر انگلیسی‌زبان خود فارسی یاد می‌دهند اما متأسفانه در همین پلتفرم بحث‌های زیادی ضد اقلیت‌های قومی، زبانی، نژادی در میان فارسی‌زبانان وجود دارد.

کاربرد برنامه‌ریزی زبانی انسان‌محور در سیاست‌های زبانی

برنامه‌ریزی زبانی انسان‌محور انسانیت گوینده و شنونده و رویکردهای متقاطع آن‌ها در اولویت قرار می‌دهد. در راستای این دیدگاه انسان‌محور به برنامه‌ریزی زبانی، پیشنهاد می‌کنم که مطالعات انتقادیِ سیاست‌های زبانی در هر موقعیت و یا سطحی از اجتماع، باید سؤالاتی اساسی را مطرح کنند تا اهداف‌شان شفاف‌سازی شود. از جمله اینکه:

۱. چه کسی/ کسانی سیاست‌های زبانی را تعیین می‌کنند وآن افراد منافع چه کسانی را تضمین می‌کنند؟

۲. افراد شنونده و گوینده در این سیاست زبانی چه کسانی هستند؟

۳. جایگاه اجتماعی شنونده و گوینده (در زمان حال و در طول تاریخ) در شکل‌گیری رویکردهای آن‌ها نسبت به برنامه‌ریزی زبانی چیست؟

این پرسش‌های راهنما می‌توانند به تحلیل محققان از رویکردهای سخنوران زبان از سطح جهانی تا محلی و خانوادگی کمک کند. من در این مقاله تغییر پارادایم یا جهت‌گیری مجدد را پیشنهاد کردم. این تغییر ما را از تعریف رویکردهای زبانی در قالب سیاست‌های از پیش تعیین شده به سمت رویکردهای پویای انسان‌ها به زبان‌ها پیش می‌برد.

من از محققین و گویشوران زبان‌ها دعوت می‌کنم که این تعریف معرفت‌شناختی در جهت‌گیری زبانی را درنظر بگیرند. بدون شک این موضوع کار ما را به عنوان اعضای جامعه و محققانی که نقش زبان را در جامعه مطالعه می‌کنند پیچیده خواهد کرد . با این حال این پیچیدگی

ضروری است. زندگی انسان‌ها و روش‌های استفاده‌ی آن‌ها از زبان‌ها هرگز ساده نیست. بنابراین درک رویکردهای زبانی مستلزم آگاهی انتقادی است که ریشه در تحلیل تاریخی دارد که نشان می‌دهد چرا و چگونه گویشوران خاصی ناقص یا به عنوان دگر انسان تلقی می‌شوند،[۲۱] در حالی که دیگران برای استفاده‌ی مشابه از زبان تجلیل می‌شوند؟ این نگاه به گذشته در جستجوی امید برای آینده است. مبارزه برای عدالت زبانی از طریق برنامه‌ریزی زبان با (۱) تصور امکان تغییر، (۲) شناخت چالش‌های پیش‌رو و (۳) تعهد به مشارکت با اقشار اقلیت در هر اجتماعی آغاز می‌شود.

References

Alim, H. S., Rickford, J. R., & Ball, A. F. (2016). Introducing raciolinguistics. *Raciolinguistics: How language shapes our ideas about race*, 1-30. Oxford University Press.

Baker-Bell, A. (2020). Dismantling anti-black linguistic racism in English language arts classrooms: Toward an antiracist black language pedagogy. *Theory into Practice*, *59*(1), 8-21.

Cervantes-Soon, C. G. (2014). A critical look at dual language immersion in the new Latin@ diaspora. *Bilingual Research Journal*, *37*(1), 64-82.

Collins, P. H. (2015). Intersectionality's definitional dilemmas. *Annual review of sociology*, *41*, 1-20.

Crenshaw, K. (1989) Demarginalizing the intersection of race and sex: A black feminist critique of antidiscrimination doctrine, feminist theory and antiracist politics. *University of Chicago Legal Forum*: *1989* (8). 139-167.

[21] Wynter, 2003

برنامه‌ریزی زبانی انسان محور: فرصتی برای تامل و عمل

Curdt-Christiansen, X. L. (2018). Family language policy. In J. W. Tollefson & M. Pérez- Milans (Eds.), *The Oxford handbook of language policy and planning* (pp. 420–441). Oxford, U.K.: Oxford University Press.

Duchêne, A., & Heller, M. (Eds.). (2007). *Discourses of endangerment: Ideology and interest in the defence of languages.* London: Bloomsbury Publishing.

Flores, N., & Rosa, J. (2015). Undoing appropriateness: Raciolinguistic ideologies and language diversity in education. *Harvard Educational Review, 85*(2), 149-171.

Freire, P. (1970). *Pedagogy of the oppressed.* New York, NY: Routledge.

Hawker, N. (2019). *The politics of Palestinian multilingualism: Speaking for citizenship.* Routledge.

Heller, M., & McElhinny, B. (2017). *Language, capitalism, colonialism: Toward a critical history.* University of Toronto Press.

Hornberger, N. H., & Johnson, D. C. (2007). Slicing the onion ethnographically: Layers and spaces in multilingual language education policy and practice. *Tesol Quarterly, 41*(3), 509-532.

Johnson, D. C. (2013). *Language policy.* Palgrave Macmillan, London.

Kalan, A. (2016). *Whos Afraid of Multilingual Education?* Multilingual Matters.

Kaveh, Y. M. (2023). Re-orienting to language users: humanizing orientations in language planning as praxis. *Language policy, 22*(1), 1-23.

Kaveh, Y.M. (2020). Unspoken Dialogues between Educational and Family Language Policies: Language Policy Beyond Legislations. *Linguistics & Education. 60.* 100876.

Kaveh, Y. M. (2018). Family language policy and maintenance of Persian: the stories of Iranian immigrant families in the northeast, USA. *Language Policy, 17*(4), 443-477.

Kaveh, Y. M. & Lenz, A. (2022). "I'm embarrassed and scared to speak a different language": The complex emotions of bi/multilingual children of immigrants in monolingual U.S. schools. *Journal of Multilingual and Multicultural*

Kaveh, Y. M. & Sandoval, J. (2020). 'No! I'm going to school, I need to speak English!': Who Makes Family Language Decisions? *Bilingual Research Journal, 43*(4). 362-383.

Lippi-Green, R. (2012). Teaching children how to discriminate. *Rosina Lippi-Green, English with an accent*, 101-129.

McCarty, T.L. (Ed.). (2011). Introducing ethnography and language policy. In T.L. McCarty (Ed.). *Ethnography and language policy* (pp. 1-28). New York, NY: Routledge.

McElhinny, B. (2010). The audacity of affect: Gender, race, and history in linguistic accounts of legitimacy and belonging. *Annual Review of Anthropology, 39*, 309-328.

Mizrachi, N., & Zawdu, A. (2012). Between global racial and bounded identity: Choice of destigmatization strategies among Ethiopian Jews in Israel. *Ethnic and Racial Studies, 35*(3), 436-452.

Mohanty, A. (2018). Perpetuating Inequality: Language Disadvantage and Capability Deprivation of Tribal Mother Tongue Speakers in India. In W. Harbert & S. McConnell- Ginet (Eds.), *Language and Poverty* (pp. 102–124). Multilingual Matters.

Nandi, A. (2018). Parents as stakeholders: Language management in urban Galician homes. *Multilingua, 37*(2), 201-223.

Or, I. G., & Shohamy, E. (2016). Asymmetries and inequalities in the teaching of Arabic and Hebrew in the Israeli educational system. *Journal of Language and Politics, 15*(1), 25-44.

Raijman, R. (2013). Linguistic assimilation of first-generation Jewish South African immigrants in Israel. *Journal of International Migration and Integration, 14*(4), 615-636.

Rosa, J., & Flores, N. (2017). Unsettling race and language: Toward a raciolinguistic perspective. *Language in Society, 46*(5), 621-647.

Ruiz, R. (1984). Orientations in language planning. *NABE Journal, 8*(2), 15-34.

Zavala, V. (2019). Youth and the repoliticization of Quechua. *Language, Culture and Society, 1*(1), 59-82.

Wynter, S. (2003). Unsettling the coloniality of being/power/truth/freedom: Towards the human, after man, its overrepresentation—An Argument. *The New Centennial Review, 3*(3), 257-337.

یک کلمه: از مستشارالدوله تا دانشجویان هنر

سیما حسن‌دخت فیروز[1]
دانشگاه شهید بهشتی تهران

درآمد: تداعی‌ها و ریشه‌ها

در تاریخ معاصر ایران و در رخدادهای بسیار مهم سیاسی واژه‌ی "کلمه" رخ نمایانده است. این واژه هم مفهوم‌هایی را از دل تاریخ در خود انباشته است و به ما رسانده است و هم در ترکیب با دیگر واژه‌ها معناهایی جدید در دل گفتمان‌هایی جدید یافته است. در عصر ناصری، مستشارالدوله از کلمه‌ی واحده سخن گفت و همچنین از یک کلمه‌ی قانون که آن را چاره‌ی همه‌ی دردها و نابسامانی‌های ایران می‌دانست؛ در سال‌های انقلاب ۵۷ آیت‌الله خمینی از وحدت کلمه گفت تا بلکه نیروهای متکثری که انقلاب را به ثمر نشانده بودند زیر یک رأی و نظر جمع کند؛ رفراندوم سال ۱۳۵۸ انتخاب یک کلمه‌ی آری یا نه به نظام جمهوری اسلامی بود؛ در دهه‌ی شصت زندگی زندانیان سیاسی بسیاری و رفتن به پای چوبه‌ی دار را هم اجبار به انتخاب همین یک کلمه در بازجویی‌ها رقم زد که توبه می‌کنند یا نه؛ در سال ۱۳۸۸، کلمه پیوند

---

[1] دکتری زبان‌شناسی و دانشجوی مطالعات اجتماعی.
s.hassandokht@gmail.com

خورد با جنبش سبز ایران و نشریه‌ی *کلمه سبز*؛ و در سال ۱۴۰۱ و در پس رخدادهای جنبش "ژینا" دانشجویان هنر در بیانیه‌شان از این گفتند که حرف دیگری با سرکوبگران‌شان ندارند، الّا یک کلمه: نه. این بیانیه‌ی آخر به‌شکل معناداری تداعی‌گر کتاب مستشارالدوله بود. در هر دو متن سخن از "یک کلمه"ی تعیین‌کننده در میان است که مورد تأکید گویندگانش قرار می‌گیرد.

در فرهنگ دهخدا[۲] در مدخل "کلمه" چندین معنی برای این واژه آمده است. از آن جمله‌اند سخن، گفتار؛ یک جزء از کلام، لفظ معنی‌دار؛ آواز یا مجموعه‌آوازهایی حاکی از اندیشه‌ای؛ (در اصطلاح منطق) فعل است در مقابل اسم و آن هر لفظ مفردی است که دلالت کند بر معنایی با زمان محدود آن معنی مانند رفت و می‌رود و خواهد رفت؛ در اصطلاح فلسفه، روح انسانی را به اعتبار ظهور آن در نفس رحمانی مانند ظهور کلمه در نفس انسانی کلمه گویند؛ در اصطلاح فلسفه، روح‌القدس. یکی از نزدیک‌ترین معادل‌های کلمه در لاتین لوگوس است و در آغازِ انجیل به روایت یوحنا می‌خوانیم: "در آغاز کلمه بود، و آن کلمه نزد خدا بود، و آن کلمه خدا بود." لوگوس را در انگلیسی کلمه، خرد یا طرح معنی کرده‌اند و در مسیحیت به خرد الهی مستتر در جهان گفته می‌شود که به جهان شکل و معنا و نظم می‌بخشد.[۳] در فرهنگ لغات عربی به فارسی هم در برابر کلمه این معانی آمده است: لغت، لفظ، گفتار، واژه، سخن، حرف، عبارت، پیغام، خبر، قول، عهد، فرمان. نزدیک همین معادل برای word انگلیسی هم آمده است و در

---

[2] https://dehkhoda.ut.ac.ir/fa/dictionary/detail/261645?title=%DA%A9%D9%84%D9%85%D9%87

[3] https://www.britannica.com/topic/logos

فرهنگ ریشه‌شناسی انگلیسی جان آیتو می‌خوانیم که word (کلمه، واژه، لغت، کلام، سخن، خبر، قول، دستور) و verb (فعل، کارواژه) خویشاوندانی نزدیک و صمیمی‌اند. هر دوی این لغات در نهایت از پایه‌ی هند و اروپایی -wer به معنی speak (سخن‌گفتن، حرف‌زدن، خوش‌وبش‌کردن) و say (گفتن، اظهارداشتن، نشان‌دادن) سرچشمه گرفته‌اند و پایه‌ی مذکور همچنین rhetor یونانی (منشأ rhetoric [معانی و بیان، بلاغت، لفاظی] انگلیسی) به معنی "سخنران مردم" را به وجود آورده است.[۴]

در این مرور بر فرهنگ‌ها و زبان‌های مختلف آشکار می‌شود که چرا "کلمه" این‌همه رازآلود، تداعی‌گر و پرتوان است. در واقع، ما با یک سیالیت ویژه‌ی مفهومی مواجه‌ایم که از دل تاریخ و از سرزمین‌های مختلف معناهایی را در خود انباشته و تا روزگار ما حفظ کرده است؛ سیالیتی که هم به خیال میدانی فراخ می‌دهد و هم در واقعیت، رابطه‌ی کمابیش پنهان چیزها را آشکار می‌کند. کلمه از یک سو با اندیشه و خرد و روح انسان در پیوند است و از سویی دیگر با فعل و کنش‌مندی او؛ نیز کلمه می‌تواند جایگاهی والا و خداگون بیابد به این معنا که بیافریند و دگرگون سازد. هماوردی کلمه (زبان) و فعل (کنش) تداعی‌گر یک نظریه‌ی مهم در فلسفه‌ی زبان است. در بخش بعد مروری بر این نظریه خواهیم داشت تا بتوانیم در بخش‌های بعدی به مددِ آن، پاسخی به این پرسش بدهیم که دو متن مورد نظر ما، در مقام یک کارگفت، چه کنش‌هایی را به انجام رسانده‌اند و چرا یکدیگر را تداعی می‌کنند.

---

[۴] آیتو، ۱۳۸۶.

کارگفت‌ها

در نیمه‌ی دوم قرن بیستم و به‌ویژه در فضای فکری و سیاسی پس از جنگ جهانی دوم که مباحثی چون قدرت و هویت ملی و ارتباطات میان افراد یک جامعه و میان ملت‌ها با یکدیگر اهمیتی روزافزون می‌یافت، رویکردی به زبان شکل گرفت که به کاربرد عملی آن توجه ویژه‌ای نشان داد. برای ویتگنشتاین معنای زبان را کاربرد زبان تعیین می‌کرد و این کاربرد می‌بایستی در زمینه و موقعیت خودش فهم می‌شد. این رویکرد به زبان متعلق به فلسفه‌ای است که آن را تحلیلی می‌نامند و عمدتاً در جهان انگلیسی‌زبان رشد یافت. در همین سنت بود که جان آستین (۱۹۱۱-۱۹۶۰م)، فیلسوف انگلیسی، در مجموعه‌سخنرانی‌هایی که در آکسفورد ایراد کرد و بعدها دانشجویانش در کتابی با نام *How To Do Things With Words* منتشر کردند، از کارگفت‌ها[۵] سخن گفت و به ما نشان داد که کلمات کار انجام می‌دهند.

به باور آستین گزاره‌هایی هستند که نه صرفاً گزارشی از جهان ارائه می‌دهند و نه مشمول صدق و کذب‌اند؛ بلکه در لحظه‌ی گفتن‌شان چیزهایی از جهان‌مان را تغییر می‌دهند و ازاین‌رو، گفتن همانا انجام‌دادن است. او ایده‌اش را با فعل‌هایی مثل ضمانت‌کردن، سوگندخوردن، عذرخواهی‌کردن، قول‌دادن، اعلام‌کردن، استعفاکردن، بخشیدن، انکارکردن، هشداردادن، دعوت‌کردن و مانند آن تشریح کرد و نشان داد وقتی کسی از این فعل‌ها استفاده می‌کند و مثلاً می‌گوید "سوگند می‌خورم که جز حقیقت نگویم" یا "امروز را روز جشن آزادی

---

[5] speech acts

اعلام می‌کنم" در کار توصیف جهان نیست. ازسوی‌دیگر، گزاره‌ی او را نمی‌توان مشمول صدق و کذب دانست. پس آنچه در این میان رخ می‌دهد، "کار"ی است که او به‌محض بر زبان آوردن این گزاره به انجام می‌رساند.

آستین درباره‌ی شرایطی که باید فراهم باشد تا کنشی کارگر بیفتد و عمل کند هم صحبت کرد.[6] اینکه باید روند قراردادی پذیرفته‌شده‌ای وجود داشته باشد که اثر قراردادی مشخصی داشته باشد و این روند شامل به‌زبان‌آوردن کلماتی مشخص از سوی افرادی مشخص در شرایط‌محیطی مشخص باشد و افزون‌بر این، آن افراد و شرایط‌محیط خاص در یک مورد مفروض باید برای مطالبه‌ی روند خاص مطالبه‌شده مناسب باشند و اجرای روند هم باید از سوی تمامی شرکت‌کنندگان به‌درستی و به‌طور کامل صورت بگیرد. مثلاً برای کارگرافتادن گزاره‌ی "من این کالا را ضمانت می‌کنم"، گوینده باید فروشنده باشد و در مقابلش خریداری وجود داشته باشد که قرار است کالایی را به او بفروشد و ضمانت‌نامه‌ای هم فراهم باشد و مخاطب این گزاره هم شرایط را بپذیرد و هزینه‌ای را پرداخت کند. آستین سپس انواعی از موقعیت‌هایی را توضیح داد که در آن‌ها گوینده یا مخاطب یا وضعیتی خاص واجدِ شرط یا مجموعه‌شرایط لازم نیست و گفتار ناکامیاب می‌افتد، یعنی غیرمجاز یا بدساز یا بی‌اعتبار و بی‌اثر است. با این‌همه، او در پایان این ارزیابی‌هایش اعلام داشت که برشمردنِ تمامی این شرایط امکان‌پذیر نیست و حتا گاهی در شرایطی که به نظر کافی و وافی نمی‌رسد هم کنشی کارگر می‌افتد و عمل می‌کند، هرچند به تشریح چندوچون چنین

---

[6] Austin, 1962, p. 14.

وضعیتی نمی‌پردازد و بحث در مورد شرایط بجایی[7] را رها می‌کند. در عوض پیشنهاد می‌کند که به‌جای درگیرشدن مفرط با این شرایط، در کنار اهمیت‌دادن به "معنا" درباره‌ی توان یا "نیرو"ی گزاره‌ها بحث کنیم. او سپس سه دسته نیرو را در یک رخداد کارگفتی از هم متمایز می‌کند. نخست نیروی کنش بیانی[8] است یعنی نیروی کلماتی که با کنار هم قرارگرفتن بناست چیزی را بیان کنند؛ دوم، نیروی کنش پیش‌بیانی[9] است که به معنای نیرویی است که گوینده قصد می‌کند با گفتن آن کلمات چینش‌شده بر مخاطب اعمال کند و سرانجام نیروی کنش پس‌بیانی[10] است، یعنی نیرویی که آن کلمات بر مخاطب وارد می‌آورند و او را متأثر می‌سازند.

اکنون با توجه به این نظریه و موضوع مورد بحث‌مان، بناست در گام نخست به این مسئله بپردازیم که یک کلمه‌ی مستشارالدوله چه کاری انجام داد و چگونه آن را انجام داد و یک کلمه‌ی دانشجویان چه کاری انجام می‌دهد و چگونه آن را انجام می‌دهد. در این مرحله، به‌اقتضای محدودیت‌های پژوهش موجود، تمرکز اصلی بر نیروی کنش پیش‌بیانی خواهد بود. در گام بعد تلاش می‌کنیم به وجوه تشابهِ این دو کارگفت در دو مقطع تاریخی متفاوت در فضای سیاسی ـ اجتماعی ایران معاصر بپردازیم.

---

[7] felicity conditions.
[8] locutionary force.
[9] illocutionary force.
[10] perlocutionary force.

یک کلمه: قانون

مستشارالدوله (۱۲۰۲ـ۱۲۷۴ ش) در زمانه‌ای می‌زیست که اوضاع ایران از هر جهت وخیم بود. وجود حاکمی مستبد، شکست در جنگ‌های طولانی‌مدت و از دست رفتن بخش‌هایی از ایران، فساد گسترده، ناامنی، فقر، بیماری و قحطی مردم را به ستوه آورده بود. در سوی دیگر جهان، در اروپا، اما امور بسامان بود و این از چشم سیاستمداران و نخبگان و نیز دانشجویانی که در عهد ناصری به فرنگ فرستاده می‌شدند پنهان نماند. پرسش اصلی این بود که چرا غرب به این نظم و پیشرفت رسیده است و ما این‌گونه عقب مانده‌ایم و پاسخ نخبگان سیاسی آن روزگار اعم از آخوندزاده، طالبوف، سپهسالار، مستشارالدوله و ملکم‌خان عموماً این بود که اروپا بر مدار نظمی اداره می‌شود که ما فاقد آن‌ایم. پس کارها باید نظم بگیرد، امور تنظیم شود و برای این نظم‌گیری نیازمند قانون‌ایم.[۱۱] از اینجاست که نخبگان سیاسی شروع می‌کنند به قانون‌نویسی درباره‌ی موضوعات مختلفی مانند آموزش و بهداشت و سامان‌دهی ارتش و قوانین بازرگانی و تجارت و تأسیس بانک و عدالتخانه و مسائل ارضی تا امور مملکت را تنظیم کنند. به این اعتبار است که به آن دوره‌ی حکومت ناصرالدین‌شاه عصر تنظیمات هم گفته می‌شود.

مستشارالدوله نیز به این قوانین موضوعه بی‌توجه نبود. بخشی از کتاب او، *یک کلمه*، که چاره‌ی درد ویرانی‌های مملکت را در یک کلمه ـ قانون ـ می‌دانست، به همین دست قوانین اختصاص داشت که بنا بود

[۱۱] عامری‌گلستانی، ۱۴۰۲.

رابطه‌ی مردم با مردم و مردم با حاکم را تنظیم کند، اما او در این قوانین متوقف نماند و بیش و پیش از این‌ها به مفهوم قانون و مؤلفه‌های برسازنده‌ی آن فکر می‌کرد. تأمل در همین مفهوم پشتوانه‌ی کارهای او در راه رسیدن به یک ساختار و فاصله‌گیری از اراده‌ی فردی شخص حاکم شد. او پیش‌تر در تلاش‌هایش به همراه میرزا حسین‌خان سپهسالار اولین طرح قانون اساسی را به شاه ارائه داده بود که می‌توانست متضمن آزادی مذهب و جدایی دین از سیاست و تفکیک قانون‌گذاری از اجرای قانون باشد که البته مورد تأیید شاه واقع نشد و بعدتر لایحه‌ی تشکیل دربار اعظم در سال ۱۲۵۱ به تصویب شاه رسید که بر اساس آن دستگاه سنتی صدارت بدل به هیئت وزرای مسئول می‌شد که در برابر صدراعظم (رئیس دولت) مسئول بودند و صدراعظم هم در برابر شاه مسئول بود. هیئت وزیران اختیار قانون‌گذاری بر اساس رأی اکثریت را داشت. این اولین قدم‌ها در راه "کنستیتوسیون" بود که روزگاری امیرکبیر هم خیالی از آن در سر داشت.[۱۲]

در بحث‌های زبان‌شناختی تغییرات معنایی واژه‌ها یا مفاهیم، چندین دسته از این دگرگونی‌ها و چرخش‌ها در قالب اصطلاحاتی چون ابداع، تخصیص معنایی، توسیع معنایی و مانند آن مطرح می‌شود که ازجمله‌ی آن حفظ صورت واژه با تغییراتی در مؤلفه‌های معنایی برسازنده‌ی آن است. راینهارت کوزلک هم در بحث تاریخ مفاهیم خود به این تمایزات ظریف زبانی در لایه‌های مختلف زمانی اشاره می‌کند.[۱۳] آنچه درباره‌ی واژه‌ی "قانون" در ایران معاصر به چشم می‌آید، حفظ صورت این واژه

---

[۱۲] راسخ و بخشی‌زاده، ۱۳۹۲، ص ۳۹.

[13] Koselleck, 2018.

در عین چرخش‌های مفهومی آن است که از خلال تغییراتی در مؤلفه‌های برسازنده‌ی آن صورت می‌گیرد؛ مؤلفه‌هایی که تا پیش از آغاز این دگرگونی‌ها، دوگانه‌ی "امر عرفی" به نمایندگی اراده‌ی حاکم و «امر شرع" به نمایندگی اجتهاد فقیه بود اما آرام‌آرام به مدد تلاش‌های نخبگان سیاسی پیشروی آن روزگار و در رأس‌شان مستشارالدوله راه را برای مؤلفه‌ی سوم یعنی "خواست عمومی" هموار می‌کرد.[۱۴] او تا بدان‌جا پیش رفت که آشکارا بگوید "اختیار و قبول ملت، اساسِ همه‌ی تدابیر حکومت است و این از جوامع‌الکلام است."[۱۵] در واقع، هدف مستشارالدوله در نهایت کانون قدرت سیاسی و ساختار قدرت و توزیع قدرت بود. آنچه که در نهایت به پایه‌گذاری نظریه‌ی دولت مشروطه، تأسیس پارلمان و تلاش برای مهار نظامی استبدادی می‌انجامید؛ نظامی که امورات در آن بر مدار ذائقه و مزاج شخص حاکم نگردد.

بدیهی است که تلنگرِ این تأمل در مفهوم قانون به‌واسطه‌ی رویارویی با قانون اساسی اروپای غربی و به‌ویژه کشوری مثل فرانسه ممکن شده بود، اما شکاف عظیمی میان آن جهان و جهان ایرانی وجود داشت که هم طرح مسئله و هم اجرای آن را با دشواری‌های پرشماری همراه می‌کرد که مستشارالدوله نیک از آن آگاه بود. از همین رو بود که تلاشی عظیم به خرج داد تا برای مفاد و بندهایی که از قانون فرانسه برگرفته بود آیاتی پشتیبان از قرآن بیابد تا نشان دهد آنچه از اراده‌ی جمهور و قرارداد اجتماعی و پارلمان می‌گوید از پیش نزد خودمان بوده است و همان اجماع و همان بیعت و همان شوراست. او البته با این کار

---

[۱۴] عباسی و یعقوبی، ۱۳۹۹، ص.۵۰.

[۱۵] مستشارالدوله، ۱۳۸۶، ص. ۵۱.

هوشمندانه نشان داد که به مسئله‌ی بحران انتقال هم بی‌اعتنا نیست. با این‌همه، صحبت از اراده‌ی عمومی و خواست مردم و تقابل‌هایی که این خواست با رأی حاکم و حکم شرع پیدا می‌کرد در نهایت هر دو گروه ذی‌نفع شریعتمداران و هواداران سلطنت را سخت برآشفت و هم خود و هم کتابش مورد غضب بسیار واقع شدند.

یک *کلمه* کتابی به‌غایت سیاسی است که سعی در گسست از مؤلفه‌های معنایی پیشین قانون دارد تا مؤلفه‌ی جدیدی معرفی کند. کارگفت متن مستشارالدوله رخنه به درون مفهوم صُلب و مستقر قانون و گنجاندن اراده‌ی عمومی در آن، فراتر از دو مؤلفه‌ی امر حاکم و امر شرع بود و این نقطه‌ی گسست مستشارالدوله از گفتمان تنظیماتی عصرش است و نیروی پیش‌بیانی او نیز از همین گسست زاده می‌شود. او با الهام از قانون اساسی فرانسه، اگرچه به قوانین تنظیماتی جزایی و مدنی بی‌اعتنا نبود، اما در قلب کلامش جایگزینی اراده‌ی شاه با اراده‌ی جمهور مردم بود. به باور آدمیت "او در ایران نخستین نویسنده‌ای است که گفت منشأ قدرتِ دولتْ اراده‌ی جمهور ملت است."[۱۶] آنچه او با نوشتن یک *کلمه* در سر داشت فراهم آوردن زمینه‌هایی بود که تمهیدات نوعی سوژه‌ی جمعی را مهیا سازد؛ و تنها اگر به یاد بیاوریم در زمانه‌ی مستشارالدوله مردم به معنایی که امروزه می‌فهمیم وجود نداشت و تنها "رعیت" بود که می‌بایست تابع بی‌چون‌وچرایی فرامین پادشاه و دربارش باشد، آن‌وقت درخواهیم یافت که فکرکردن به این سوژه‌ی جمعی در آن روزگار چه میزان انقلابی و پیشرو بوده است. اگر بپذیریم که کنش بازشناسی کنشی

[۱۶] آدمیت، ۱۳۴۰، ص. ۱۸۶.

برسازنده است[17] بیراه نیست بگوییم که مستشارالدوله در یک کلمه مردمی را تخیل می‌کند که از صغارت و بندگی خارج و بدل به سوژه‌هایی می‌شوند دارای رأی و خواست و اراده.

یک کلمه: نه

در شهریور ۱۴۰۱ خورشیدی، به دنبال کشته‌شدن ژینا (مهسا) امینی پس از بازداشت از سوی گشت ارشاد در تهران به بهانه‌ی حجاب اجباری، جنبشی با نام او و با شعار "زن، زندگی، آزادی" در سراسر ایران پا گرفت. این جنبش را باید هم در ادامه‌ی جنبش‌ها و اعتراض‌های مردمی در دوره‌ی حکمرانی جمهوری اسلامی در ایران دید و هم در سطحی به‌وضوح بلوغ‌یافته‌تر و گسترده‌تر و متمایزتر. برشمردن این تمایزات موضوع متن حاضر نیست، اما یکی از این موارد شایان‌توجه نقش برجسته‌ی دانشگاه و رخدادی کوچک اما تأمل‌برانگیز بود که در عین خُردبودن معرف وجهی بنیادین از سلسله‌اعتراضات دهه‌ی ۹۰ خورشیدی در ایران است. ایفای چنین نقش برجسته‌ای منجر به فشاری بی‌امان و گسترده به دانشجویان و برخی اساتید با انواع احکام تعلیق و اخراج و زندان شد. در پاسخی به این تعدی‌های پرشمار و برای مقاومت علیه تهدیداتی که به‌شکل پیامک از سوی حکومت به دانشجویان فرستاده می‌شد، دانشجویان دانشگاه هنر دست به تحصن زدند و به‌دنبال برخوردهای توهین‌آمیز و خشونت‌بار و امنیتی مسئولین دانشگاه بیانیه‌ای را منتشر ساختند و در آن ضمن تشریح وضعیت خطاب به

---

[17] Butler, 2021, p. 25.

یک کلمه: از مستشارالدوله تا دانشجویان هنر

سرکوبگران‌شان نوشتند "ما که حالا نزدیک یک سالی می‌شود که ما شده‌ایم، هیچ حرفی با شما نداریم، الّا یک کلمه: نه." این "نه" در میان این جمع کوچک باقی نماند. به دانشگاه‌های دیگر و بیانیه‌های دیگر و متن‌ها و آثار هنری راه یافت و با استقبال گسترده‌ای در میان مردم نیز روبه‌رو شد. پرسش اینجاست که چرا به‌یکباره این‌گونه شد و این متن کوتاه در مقام یک کارگفت چه کرد.

می‌توان پذیرفت که اگر در یک کلمه‌ی مستشارالدوله و دیگر رسائلِ آن زمان این نخبگان بودند که تلاش می‌کردند با افسارزدن به قدرت شاه آن را به مددِ قانون و مجلس مهار کنند و رعیت را از صغارت دربیاورند و از آرای عمومی حرف بزنند، در قرن نو، این خودِ مردم و به‌ویژه دانشجویانند که هم در مقام عضوی از نهاد دانشگاه و هم در مقام شهروند از حقوق خود حرف می‌زنند و تمامیت‌خواهی‌ها را به پرسش می‌کشند و این به‌خودی‌خود چنان شوق‌برانگیز است که تکثیر می‌شود و مخاطب خودش را پیدا می‌کند. اما پرسش اصلی اینجاست که این "نه" چگونه به این مهم رسیده است، آن هم در موقعیتی که به نظر نمی‌رسد گویندگانش از قدرتی برخوردار باشند و یا به بیان آستین، شرایط بجایی گفتارشان فراهم باشد.

از چند منظر می‌توان به کنشی که دانشجویان با گفتن "نه" انجام دادند و می‌دهند نزدیک شد و تکثیر آن را فهم‌پذیر کرد: نخست، منظری است که به تاریخیت این "نه" می‌پردازد و به یادمان می‌آورد که زبان چگونه بر شانه‌ی تداعی‌ها می‌نشیند، درگذشته را فرامی‌خواند، با آن گفت‌وگو می‌کند و اکنونش را ملتهب می‌سازد. دوم، منظری است که از خلال این تاریخیت به سوژگی نه‌گویان نظر می‌کند و لحظه‌ی این سوژگی را در

همان رخداد گفتن بازمی‌شناسد. و سوم، منظری است که در آن این سوژه‌ی تاریخ‌مند دست به دعوت و مقاومت می‌زند.

برای ارجاع به تاریخیت به نقدی که باتلر بر آرای آستین وارد دانسته است اشاره می‌کنیم. باتلر می‌پرسد آیا زبان یک ساختار صُلب‌وسخت است که جبر خودش را به دارندگانش تحمیل می‌کند و آنان را منقاد خود می‌سازد یا یک فرایندِ تاریخی و متشکل از انواع نیروهاست که در هر لحظه امکان دگرگون‌شدن و دگرگون‌کردن دارد؟ به باور باتلر اِشکال بزرگ کار آستین این‌جاست که التفاتی به تاریخ ندارد و در نظر نمی‌گیرد که چه میزانی از معنا در تاریخ هر واژه و عبارتی انباشته شده است. به این اعتبار، توانش این "نه" نه از قدرت گویندگان به‌ظاهر بی‌قدرت و فرودست‌شده‌اش، بلکه از جمعی می‌آید که پیش‌تر این "نه" را بارها بر زبان آورده بودند و این انباشت است که فراتر از قصد و نیت گوینده قدرت خود را نشان می‌دهد، زیرا زبان فرایندی است که در آن رابطه‌ی دال و مدلول رابطه‌ای است همیشه زنده و دگرگون‌شونده. هر واژه پژواکی است از مجموعه‌واژه‌های به‌میراث‌مانده، از واژه‌هایی دیگر و معناهایی دیگر در دوره‌هایی دیگر و به این اعتبار، رسوبات و ردپاهایی از تاریخ دارد. هر آری/نه می‌تواند آری/نه‌های قبلی را احضار کند و همان‌طور که پیش‌تر آمد، در تاریخ معاصر ایران این آری/نه‌های سرنوشت‌ساز، این آری/نه‌های زندگی‌بخش یا زندگی‌کُش کم نبوده‌اند. پس تاریخیت "نه" دانشجویان هنر یعنی شنیده‌شدن پژواک "نه"های دیگری که تداعی‌گر است و از خلال این تداعی‌گری است که توان سوژه‌سازی دارد. در این سوژه‌شدن، دانشجویان تنها به سرکوبگران‌شان "نه" نمی‌گویند. آن‌ها تاریخی از این کلمه و حتا بدیل آن را احضار می‌کنند و در اکنون پیش چشم ما می‌گذارند و از ما می‌خواهند دوباره به

لحظه‌های گفته‌شدن‌شان فکر کنیم و آن لحظه‌ها را به داوری دوباره بنشینیم: چه شد که گفتیم نه و چه شد که گفتیم آری؛ و چه‌ها از پی‌اش آمد.

این مفهوم از سوژگی و به‌ویژه سوژگی جمعی را می‌توان با نظر به آرای دریدا بهتر درک کرد. دریدا در مقاله‌ای با عنوان "اعلامیه استقلال آمریکا" بر همین لحظه‌ی سوژه‌شدن می‌ایستد. متن اعلامیهٔ استقلال سیزده مستعمره‌نشینی را اعلام می‌دارم که بیشترشان در حال جنگ با بریتانیای‌کبیر بودند و به‌صراحت از تصمیم این مستعمره‌نشین‌ها به جدایی از امپراتوری بریتانیا سخن می‌گوید چرا که ظلم جورج سوم، پادشاه بریتانیا، چنان از حد گذشته است که او دیگر شایستگی حکمرانی بر مردمی آزاد را ندارد. در آغاز اعلامیه می‌خوانیم:

> ما این حقایق را بدیهی می‌دانیم که همه‌ی انسان‌ها برابر آفریده شده‌اند و آفریدگارشان حقوق سلب‌ناشدنی معینی به آن‌ها اعطا کرده است، که حق زندگی، آزادی، و جست‌وجوی خوشبختی از جمله‌ی آن‌هاست — و اینکه برای تضمین این حقوق، حکومت‌هایی در میان انسان‌ها برپا می‌شوند که اختیاراتِ به‌حقِ خود را از رضایت حکومت‌شوندگان کسب می‌کنند ـ و اینکه هرگاه هر شکلی از حکومت پایمال‌کننده‌ی این هدف‌ها شود، حق مردم است که آن را تغییر دهند یا براندازند و حکومت تازه‌ای برپا دارند و بنیان آن را بر چنان اصولی بگذارند و قوای آن را به چنان صورتی سازمان دهند

که بیش‌تر از همه به نظرشان محتمل می‌رسد که به امنیت و سعادتشان بینجامد.[۱۸]

نمایندگان مردم آمریکا در این بیانیه از حقوق مردم و برابری و آزادی حرف می‌زنند[۱۹] و رضایت حکومت‌شوندگان در پذیرش و شیوه‌ی حکمرانی حاکم را معیار می‌دانند و با تأکید بر حق آنان برای اصلاح یا براندازی حکومتی که تن به اصلاح نمی‌دهد می‌گویند "رسماً اعلام می‌داریم که این مهاجرنشین‌های متحد، دولت‌های آزاد و مستقل‌اند و حق دارند که باشند." دریدا با نظر به آرای آستین که "اعلام‌کردن" را کارگفت می‌داند، پرسش مهمی با تأمل بر متن و سوژه مطرح می‌کند: آیا مفهوم "استقلال" در این متن صرفاً "بیان" (state) می‌شود یا "تولید" (produce) می‌شود؟ آیا رخدادی که به‌اتمام‌رسیده صرفاً اعلام می‌شود، یا مطلبی بیان می‌شود تا به‌جریان‌افتادنِ رخدادی را اعلام کند؟ دریدا در پایان به این نکته‌ی مهم می‌رسد که گویی امضا، خود، امضاکننده را خلق می‌کند، ابداع می‌کند؛ چراکه تا پیش از این اعلامیه چنین مردمی موجودیت ندارند؛ یعنی آن‌گونه که اعلامیه می‌گوید "آزاد" و "مستقل" وجود ندارند و آن امضاست که موجودشان می‌کند.

---

18 https://www.archives.gov/founding-docs/declaration-transcript

۱۹ با یادآوری این نکته‌ی مهم که نامی از زنان و بردگان در این اعلامیه به میان نیامده است.

این همان لحظه‌ی سوژگی است که در بیانیه‌ی دانشجویان خطاب به سرکوبگران‌شان هم به چشم می‌خورد. در این بیانیه دانشجویان از بی‌حرمتی‌ها و توهین‌هایی که به ساحت دانشگاه و به دانشجویان شده است می‌گویند، به این روندها اعتراض می‌کنند و در پایان "اعلام" می‌دارند که حاضر به مصالحه‌ای نیستند و البته که به مقاومت‌شان ادامه خواهند داد و مطیع اوامر سلطه‌گر نخواهند بود. یادآوری این نکته ضروری است که باید بین کسانی که دانشجویان به آن‌ها معترض بوده‌اند و مخاطبین این اعتراض فرق بگذاریم و توانِ این نیروی کارگفتی نیز در همین نکته نهفته است. نیروی این کارگفت تغییر ظالم نیست، و خود دانشجویان به‌خوبی به آن واقف‌اند و از همین روست که مؤکد می‌کنند که حرفی با سرکوبگران‌شان ندارند. نیروی این کنش پس‌بیانی و مخاطب آن آگاهی‌بخشی درباره‌ی این ظلم برای دیگرانی است که هنوز به صرافت‌اش نیفتاده‌اند. به این معناست که متن کاری انجام می‌دهد و کارش را به اتمام می‌رساند چراکه همان‌گونه که دیدیم، این "نه" در درون دانشگاه هنر باقی نماند و فراتر از قصد و اراده‌ی گویندگانش که با این نه‌گویی سوژگی‌شان را نشان داده بودند، به دانشگاه‌های دیگر و محیط‌هایی خارج از دانشگاه کشیده شد و این بار نشان داد نیروی کارگفتی بیش از آنکه برای شرایط بجایی و کارگرافتادنش محتاج گوینده‌اش باشد، نیازمند یک انباشتِ تاریخی است که به اتکای آن پرورانده می‌شود و مخاطب خودش را پیدا می‌کند.

فرارفتن و سرریزِ "نه" دانشجویان از حصارهای دانشگاه و حدودی از عمومیت‌یابی و جاری‌شدن در کلام دیگران در گام آخر یادآور تمایزی است که هابرماس میان قانون (legal) و مشروعیت (legitimacy) می‌گذارد و آن را با نافرمانی مدنی مرتبط می‌کند. در نافرمانی مدنی این

ادعا وجود دارد که برخی قوانین مشروعیت ندارند و اگر بناست نظامی جمهوری و دموکراتیک باشد، فهم این مهم دشوار نیست. استفان وایت (۲۰۱۲) معتقد است هابرماس "نه‌گویی" را در درونِ همان کنش ارتباطی می‌دید و در جهت تحکیم دموکراسی. به باور او "کنش" مقاومت و نه‌گویی را باید بیان مخالفت با شکل‌های هژمون‌شده‌ای از زندگی و آغازگرِ بحث‌های عمومی در خصوص مفهوم قانون فهمید. یک کنش نافرمانی مدنی می‌تواند حاملِ کثرتی از "نه"ها باشد و قانون و نظم مستقر را به چالش بکشد. چرا که پایه‌ی مهم مشروعیت از مردم می‌آید و نافرمانی مدنی مردم است که به ما شکاف میان قانون و مشروعیت‌اش را نشان خواهد داد.

پایان و پرسشی برای پژوهش‌های آینده

در یک بازه‌ی صدوپنجاه‌ساله، دو متن از تاریخ معاصر ایران را مرور کردیم. متن‌ها را در مقام "کنش" دیدیم، نه در مقام تولیداتی زبانی در خدمت توصیف جهان و مشمول صدق و کذب واقعیت آن. اکنون در نقطه‌ای قرار داریم که می‌توانیم کنش‌های هر دو متن را داوری کنیم. پرسش‌های محرک پژوهش را تکرار می‌کنیم: "یک کلمه: قانون" مستشارالدوله چه کاری انجام داد و آن کار را چطور انجام داد و "یک کلمه: نه" دانشجویان چه کاری انجام داد و آن کار را چطور انجام داد. کاری که مستشارالدوله کرد صحبت از جمهور مردم و نشاندن خواست عمومی به‌جای خواست حاکم بود و او این کار را با نوشتن کتاب یک کلمه انجام داد. او در دوران حیاتش بابت این کار رنج‌های بسیاری

متحمل شد و پیش از آنکه ثمری از آن رنج‌ها ببرد جهان را ترک گفت، با این‌همه چند سال بعد، انقلاب مشروطه‌ای از راه رسید که بی‌شک وامدار تلاش‌های معدود کسانی چون او بود. کاری که دانشجویان به انجام رساندند اثبات سوژگی‌شان و نافرمانی مدنی بود و آن‌ها این کار را با روی‌گردانی از زورگویی‌های حاکمیت و یادآوری اراده‌ی عموم به انجام رساندند.

در مروری بر این دو متن در مقام کنش می‌بینیم که برخلاف نظر جان آستین که بجایی را در شرایط پیرامونی بلافصل رخداد زبان می‌جست، نیروی کارگفتی به‌شکلی ظاهراً متناقض در گسست، تاریخیت و عمومیت‌یابی است که پدیدار شده است. هنگام صحبت از مستشارالدوله گفتیم که نیروی کارگفتی او از گسستی مایه می‌گرفت که از گفتمان غالب تنظیماتی عصرش پیدا کرد. نیرویی خلاف‌آمد که در نقد باتلر به آستین هم دیده می‌شود. به باور باتلر نیروی کارگفتی ازقضا می‌تواند از نابجایی یا استفاده‌ی نامناسب از زبان پدیدار شود. کسی مرجع اعلام چیزی نیست، اما آن را اعلام می‌کند و با این کار درواقع، مرجع اصلی اعلام‌گر را نفی می‌کند یا دست‌کم جایگاهش را برای آناتی مصادره و از آنِ خود می‌کند. این اتفاق اگر اقبال بیابد یا به زبان آستین، با نیروی پس‌بیانی متناظرش برخورد کند کار خود را به‌تمامی به انجام رسانده است؛ و این همان اتفاقی است که در نافرمانی مدنی می‌افتد. نیروی این کارگفت در عمومیت‌یابی آن است، آن‌هنگام که در بدن‌های دیگری دیده می‌شود و از دهان‌های دیگری به‌تکرار شنیده می‌شود؛ و در نهایت تاریخیتی را به یادمان می‌آورد: فشردگی لحظه‌ای که به‌مانند یک آیین از گذشته می‌آید و خود را به آینده فرامی‌گسترد و در این سیر خود نیز دگرگون می‌شود. مثل بسا بارها که در تاریخ معاصر ایران "نه"هایی

گفته شدند و شنیده شدند یا گفته نشدند و گفتن‌شان تا به امروز به تعویق افتاد.

یکی از راه‌های فهمیدن زمانه‌ی نو، فهمِ رخدادهای نوی زبانی‌اش است؛ فهم توافق‌هایی زبانی که هنوز باید در مجموعه‌شرایطی لازم و کافی قرار بگیرند تا بدل به پیمان و قرارداد شوند و نهاد بسازند. در ایران ۱۴۰۱ خورشیدی بدین سو ما شاهد شیوه‌ی ویژه‌ای از "نه"گفتن بوده‌ایم. جمعی در آنِ مشخصی به این توافق رسید که چیزهایی را برنتابد و دیگر دل به بازی حاکم ندهد. آن "نه" تکثیر شد و سوژه‌ی جمعی پدید آمد. سوژه‌ای که از سطح آن توافق صرف فراتر رفت و وجهی تکرارشونده و حتا آیینی یافت که دیگر در لحظه‌ی نخستین وقوع‌اش باقی نماند. اما آیا می‌توان گفت که این توافق بدل به نوعی پیمان جمعی نیز شده است؟ بی‌شک در اعلامیه‌ها و بیانیه‌هایی که در خلال جنبش ژینا منتشر شد و هنوز هم گاهی به مناسبت‌هایی منتشر می‌شود می‌توانیم از یک قصدمندی جمعی (collective intentionality) حرف بزنیم. قصدمندی‌ای که گویی میل دارد فراتر از توافقی صرف، به سمت یک پیمان برود و در نهایت به یک قرارداد اجتماعی بدل شود که قادر به تأسیس نهاد باشد. با این‌همه این مهم هنوز محقق نشده است. بازی زبانی داور ندارد و قراردادهایی که شرایط گفتار را تعیین می‌کنند به‌آسانی قابل‌شناسایی نیستند. یک پرسش برای پژوهش‌های آتی می‌تواند مطالعه‌ی چنین روندی باشد که یک توافق زبانی چگونه تکثیر می‌شود و به سطحی بالاتر که یک پیمان زبانی است فرامی‌رود و این پیمان چطور می‌تواند به قراردادی زبانی که در نهایت یک قرارداد اجتماعی است بدل شود.

یک کلمه: از مستشارالدوله تا دانشجویان هنر

منابع

آدمیت، فریدون (۱۳۴۰). *فکر آزادی و مقدمه‌ی نهضت مشروطیت*. تهران: سخن.

آیتو، جان (۱۳۸۶). *فرهنگ ریشه‌شناسی انگلیسی*. ترجمه‌ی حمید کاشانیان، تهران: نشر نو.

دهخدا، علی‌اکبر، لغت‌نامه‌ی دهخدا (نسخه دیجیتال، https://dehkhoda.ut.ac.ir) براساس نسخه فیزیکی ۱۵ جلدی انتشار سال ۱۳۷۷. موسسه‌ی لغت‌نامه‌ی دهخدا و مرکز بین‌المللی آموزش زبان فارسی دانشگاه تهران، ۱۳۹۹.

راسخ، محمد؛ بخشی‌زاده، فاطمه (۱۳۹۲). پیش‌زمینه‌ی مفهوم قانون در عصر مشروطه: از مالک‌الرقابی تا تنظیمات، *مجله‌ی حقوقی دادگستری*، پاییز، ۸۳: ۶۱-۳۷.

عامری‌گلستانی، حامد (۱۴۰۲). تجربه‌ی قانون‌نویسی سیاسی در عصر ناصری: تحلیلی گفتمانی، *مطالعات کشورها*، ۱ (۱): ۳۱ـ۶۶

عباسی، بیژن؛ یعقوبی، رضا (۱۳۹۹). مفهوم قانون در اندیشه‌های مستشارالدوله، *فصلنامه‌ی مطالعات حقوق عمومی*، ۵۰ (۱): ۳۹ـ۵۶.

مستشارالدوله، میرزا یوسف‌خان (۱۳۸۶). *یک کلمه*. به کوشش باقر مؤمنی.

ناردو، دان (۱۳۹۲) *اعلامیه استقلال آمریکا*، ترجمه‌ی مهدی حقیقت‌خواه، تهران: ققنوس.

Austin, J. L. (1961). *Philosophical papers* (J. O. Urmson & G. J. Warnock, Eds.). Oxford: Oxford University Press.

Austin, J. L. (1962). *How to do things with words*. Oxford: Oxford University Press.

Butler, J. (2021). *Excitable speech: A politics of performatives*. New York: Routledge.

Derrida, J. (1986). Declarations of independence. *New Political Science, 7*(1), 7–15.

Koselleck, R. (2018). *Sediments of time* (S. Franzel & S.-L. Hoffmann, Trans. & Eds.). Stanford, CA: Stanford University Press.

White, S. K., & Farr, E. R. (2012). No-saying in Habermas. *Political Theory, 40*(1), 32–57. https://doi.org/10.1177/0090591711427712

وبسایت‌ها

https://www.archives.gov/founding-docs/declaration-transcript
https://www.britannica.com/topic/logos

زبان اشاره ایرانی در میانه‌ی سرکوب‌های چندگانه

سارا سیاوشی
زبانشناس و پژوهشگر زبان‌های اشاره و فرهنگ ناشنوا در دانشگاه ایالت آزاد آفریقای جنوبی

مقدمه– از دهه ۶۰ میلادی که زبانشناسی زبان اشاره به مرور گسترش یافت، زبانشناسان در نقاط مختلف دنیا به اهمیت زبان‌های اشاره در جوامع خود پی برده و پژوهش‌های مختلف با موضوعات متنوع در این حوزه گسترش یافت. در نتیجه‌ی این پژوهش‌ها، زبانشناسان ارزش‌های ارتباطی، اجتماعی و هویتی زبان‌های اشاره را روز به روز بیشتر نمایان کردند. زبان‌های اشاره زبان‌های طبیعی انسانی هستند که از طریق فرایندهای تاریخی و اجتماعی – که درمورد همه‌ی زبان‌های دنیا رایج است– پدید می‌آیند و برخلاف تصور رایج کسی یا کسانی این زبان‌ها را به صورت مصنوعی ابداع نکرده است. این زبان‌ها با زبان‌های گفتاری مورد استفاده در جوامع گفتاری پیرامون خود ارتباط مستقیمی نداشته و روابط تاریخی خود را دارند. همچنین، برخلاف تصورات رایج، زبان‌های اشاره تاریخ کهن دارند.[1] تا پیش از دهه‌ی ۶۰ میلادی، زبان‌های اشاره اصولاً زبان در نظر گرفته نمی‌شدند. بلکه زبان‌های اشاره را حرکاتی توصیفی بدون ویژگی‌های زبان مانند واج‌شناسی، ساخت واژه و نحو تلقی می‌کردند. اما وقتی سرانجام زبانشناسان، از محدوده‌ی

---

[1] Wilcox and Occhino, 2017, p.99.

زبان‌های گفتاری و نوشتاری خارج شدند و زبان‌های اشاره را بررسی کردند متوجه وجود ساختارهای پیچیده‌ی واجی، ساخت‌واژی و نحوی در این زبان‌ها شدند.

به موازات این بیداری زبانشناختی، بیداری فرهنگی در مطالعات مربوط به ناشنوایان و اغلب با پیشگامی خود ناشنوایان آغاز شد. حال که با استدلال‌های مورد قبول، نشان داده شده بود که زبان‌های اشاره نیز به مانند زبان‌های گفتاری ارزش اجتماعی و آموزشی دارند و خلاف آنچه تا آن زمان گمان می‌شد، صرفا حرکاتی تئاتری و نمایشی نیستند، بلکه ساختارهای نحوی، ساخت‌واژی و گفتمانی منحصر به فردی دارند، پس دلیلی ندارد کودکان و نوجوانان ناشنوا را از آموزش به این زبان‌ها و به طور کلی از دسترسی به این زبان‌ها محروم کنیم.

اما این مسیر در همه‌ی دنیا با موانع و مقاومت‌های زیادی همراه بوده است. مطالعه‌ی مسیرهای مقاومت و رشد جوامع ناشنوایان در نقاط مختلف جهان شباهت‌ها و تفاوت‌هایی را نشان می‌دهد. یکی از شباهت‌ها مرتبط است به دیدگاه‌های رایج گفتار_ برتری و نوشتار_ برتری در جوامع مختلف. ذهنیت انسان‌ها در جهان امروز به گونه‌ای هدایت شده است که به یک سلسله مراتب زبانی از نظر ارزشمندی نوع زبان قائل است. ذهنیت غالب مردمان عصر ما قائل به یک سلسله مراتب بر اساس کانال ارتباط انسانی است. به این ترتیب که بیشتر افراد بر این باورند که نوشتار ارزشی بالاتر از گفتار دارد و اشاره را در مقام سوم ارزش ارتباطی قرار می‌دهند. به همین جهت نظام‌های آموزشی همچنان در مقابل رویکرد پذیرش زبان اشاره در آموزش در نقاط مختلف دنیا مقاومت می‌کنند و زبانی را که پایه‌اش نه آوا بلکه حرکات

دست و صورت باشد، شایسته‌ی زبان آموزش و حتی دیگر ارتباطات انسانی نمی‌دانند.

در کشورهایی که مطالعات زبانشناسی بیشتری درباره زبان اشاره (یا زبان‌های اشاره) رایج در آن کشور انجام شده باشد، بودجه‌های دولتی و غیردولتی برای تربیت مترجم زبان اشاره در نظر گرفته شده باشد و زبان اشاره در آموزش پذیرفته شده باشد، رویکرد دوزبانگی در آموزش رواج یافته است.[۲] در این رویکرد، از زبان اشاره برای ارتباط معلم و دانش‌آموز و برای آموزش علوم و فنون و هنرهای مختلف استفاده می‌شود و تاکیدی بر گفتار برای این نوع ارتباط و آموزش نیست. از سویی، گونه‌ی نوشتاری زبان رایج در کشور را نیز به عنوان یک ضرورت آموزشی برای تقویت خواندن و نوشتن به طور جداگانه و به عنوان زبان دوم در مدارس به ناشنوایان آموزش می‌دهند. در این رویکرد، ناشنوایان را یک اقلیت فرهنگی در نظر می‌گیرند و آنان را افرادی دوزبانه-دوفرهنگی می‌دانند که علاوه بر فرهنگ و زبان رایج در کشور، یک فرهنگ و زبان منحصر به خود را نیز دارا هستند. همانطور که گفته شد برای خدمات شهروندی نیز تاکید بر پرورش مترجمان حرفه‌ای زبان اشاره است. البته این رویکرد در آموزش و حقوق شهروندی که رویکرد ایده‌آل برای جامعه‌ی ناشنواست، فقط در بعضی کشورها رواج یافته و تعداد بسیار بیشتری از کشورهای جهان همچنان رویکرد تاکید بر گفتار که به آن روش شفاهی گفته می‌شود را پیش می‌گیرند و زبان اشاره هنوز جایگاهی نه در آموزش و نه در دیگر حقوق شهروندی ناشنوایان ندارد.

[2] Jones, 2021.

بر این اساس زبان‌های اشاره در جوامع مختلف درجات مختلفی از سرکوب را تجربه می‌کنند.

وضعیت ایران یک وضعیت بینابینی است. از این جهت که با وجود کم بودن مطالعات زبانشناختی و با وجود مقاومت‌های شدید سازمان‌های آموزش و پرورش در به رسمیت شناختن زبان اشاره در آموزش، اما جامعه‌ی ناشنوای ایران یک جامعه‌ی پویاست و با ارتباطات زیادی که با جهان و با جدیدترین رویکردهای اجتماعی و آموزشی به ناشنوایان دارند، همواره در حال آگاهی‌سازی برای بهبود جایگاه زبان اشاره در آموزش و در حقوق شهروندی است. در این میان دو چالش بزرگ را می‌توان برشمرد: سرکوب نظام‌مند فرهنگ ناشنوا و زبان اشاره در نهادهای پزشکی و دوم سرکوب نظام‌مند زبان اشاره‌ی طبیعی ناشنوایان در نهادهای آموزشی. ناشنوایان ایران برای بهبود وضعیت زیستی خود که شامل آموزش، بهداشت، اشتغال و مشارکت سیاسی اجتماعی است همواره درگیر با این دو چالش هستند که در ادامه‌ی این مقاله این دو چالش تشریح می‌شوند.

نظام پزشکی

به طور کلی نظام پزشکی در بیشتر نقاط جهان در جهت "درمان" ناشنوایی گام برداشته است و پیش‌فرض غالب پزشکان و سایر مشاغل در این حوزه منفی‌انگاری و بیماری‌انگاری ناشنوایی بوده است. مهمترین راهکارها و خدماتی که از طرف نظام درمانی و توانبخشی در

ایران به ناشنوایان تا پیش از دهه ۸۰ ارائه می‌شد، خدمات گفتاردرمانی و سمعک بود. پس از آن با پیشرفت‌های روزافزون جراحی کاشت حلزون مصنوعی در گوش، خدمات این نوع جراحی هم اضافه شد. عمل جراحی کاشت حلزون یکی از موضوعات پر مناقشه در میان ناشنوایان و خانواده‌های آنان است. بعضی مخالف و بسیاری موافق انجام این جراحی هستند و هرکدام از این دو گروه دلایل خود را دارند. در این مقاله قصد این نیست که به مزایا یا معایب این جراحی بپردازیم. اما نکات حاشیه‌ای این جراحی به اندازه‌ی خود آن حائز اهمیت هستند.

بنا به گفته مسئولان سازمان بهزیستی کشور، انجام این عمل برای خانواده‌ها رایگان است، اما مبلغ فعلی عمل به ۶۵ میلیون تومان رسیده است (سال ۱۴۰۲) و بیمه آن را پرداخت می‌کند. قطعات به‌کاررفته در کاشت حلزون هم دارای هزینه است که سازمان بهزیستی تا سقف ۸ میلیون تومان آن را به خانواده‌ها پرداخت می‌کند.[۳] تعداد بیمارستان‌هایی که مجهز به پزشکان متخصص و دستگاه‌های مورد نیاز برای این جراحی می‌شوند روز به روز در کشور رو به افزایش است و این‌ها در حالی است که جامعه‌ی پزشکی ایران، این عمل را تنها راه ممکن برای خانواده‌های کودک ناشنوا اعلام می‌کند. در جلسات مشاوره هرگز به وجود جامعه ناشنوا و زبان اشاره به عنوان راه دیگر پیش روی کودک ناشنوا اشاره نمی‌شود. سخنان متخصصان این حوزه در کارگاههای آموزشی پزشکی در مورد این جراحی نشان می‌دهد که پزشکان علاقه‌ای ندارند این حقیقت بزرگ را که افراد ناشنوا هم می‌توانند با وجود

---

[۳] هزینه عمل «کاشت حلزون» ۶۵ میلیون تومان شد (۱۸ دی ۱۴۰۲) | شهرآرانیوز (shahraranews.ir)

ناشنوایی درس بخوانند، زندگی مستقل و شغل داشته باشند، بپذیرند. در این اجتماعات آموزشی و پزشکی همواره از "بی‌زبانی" ناشنوا صحبت می‌شود زیرا که زبان را معادل گفتار می‌دانند و زبان اشاره را در درجه‌ی ارزشمندی برای زندگی شهروندی نمی‌دانند. این پزشکان، دستیاران، گفتاردرمانگرها و شنوایی‌سنج‌ها متحیر می‌شوند وقتی می‌بینند ناشنوایانی وجود دارند که با این عمل جراحی مخالفند و از زندگی خود رضایت دارند. گاهی این رضایت از ناشنوایی را با بحران‌های روانی و ضداجتماعی بودن توجیه و تشریح می‌کنند.

در یک فیلم سینمایی که در ظاهر برای آگاهی‌سازی و توجه به مشکلات ناشنوایان ساخته شده بود، دو شخصیت ناشنوای فیلم که یکی موافق و دیگری مخالف با عمل کاشت حلزون بود، به گونه‌ای نمایانده شده بودند که شخصیت مخالف با کاشت حلزون، فردی دچار بحران‌های روحی شدید و دیگری که طرفدار عمل کاشت برای فرزند ناشنوای خود بود، فردی منطقی، ازخودگذشته و فعال و کاری بود. سرمایه‌گذار این فیلم یکی از شرکت‌های واردکننده‌ی تجهیزات شنوایی‌سنجی و کاشت حلزون و سمعک بود. شرکت واردکننده‌ی ایرانی پروتزهای حلزون[4] و شرکت اتریشی که تولیدکننده پروتزهای حلزون گوش است، حامیان دیگر این فیلم بودند. در جلسه‌ای که خرداد سال ۱۴۰۱ با حضور عوامل فیلم و نمایندگان ناشنوای سازمان‌های غیردولتی ناشنوایان برای بررسی این فیلم در محل دانشگاه آزاد، واحد فرشتگان در تهران برگزار شد، علاوه بر فیلمساز و ناشنوایان، دو دکتر متخصص شنوایی‌شناسی، و سرپرست بخش رادیولوژی کاشت حلزون یکی از بیمارستان‌های تهران

---

[4] شرکت ایرانی آلتون شنوا و شرکت اتریشی MED EL

هم حضور داشتند و همگی از شدت انتقادهای ناشنوایان به فیلم متعجب شده بودند.

متخصصان و پزشکان شاید نمی‌دانند که مهرماه هرسال در هفته بین‌المللی ناشنوایان در سراسر کشور جشن‌هایی برگزار می‌شود، ناشنوایان تئاتر و سخنرانی و شعرخوانی به زبان اشاره برپا می‌کنند و موفقیت‌های جامعه خود را گرامی می‌دارند. بسیاری از افراد ناشنوا در سازمان‌های مربوط به امور ناشنوایان فعالیت می‌کنند و از شغل و پیشرفت خود در جامعه‌ی ناشنوا راضی و خشنودند و هیچ تلاشی برای تبدیل شدن به یک فرد شنوا (با عمل جراحی) نمی‌کنند. بلکه تلاش و فعالیتشان را در جامعه ناشنوا پیش می‌برند.[۵] هفته بین‌المللی ناشنوایان هفته‌ی آخر سپتامبر است که به ابتکار فدراسیون جهانی ناشنوایان اولین بار در سال ۱۹۵۸ در رم ایتالیا راه اندازی شد. هر ساله ناشنوایان دنیا، هفته بین‌المللی ناشنوایان را در سراسر جهان جشن می‌گیرند. نکته جالب اینجاست که همیشه در این روز و به این مناسبت پوسترهایی از سازمان بهزیستی یا بیمارستانها و مراکز بهداشتی ایران می‌بینیم که درباره‌ی گرامیداشت طرحهای غربالگری ژنتیک و پیشگیری از ناشنوایی است، در حالیکه در همان روز در سازمان‌های غیردولتی ناشنوایان جشن‌هایی برای زبان اشاره و کمپین‌های مطالبه‌ی مترجم زبان اشاره در جریان است. گروه اول از گروه دوم یا بی خبر است یا علاقه‌ای به آن ندارد. آنچه جامعه‌ی پزشکی به آن علاقمند است تقویت این تصویر است که بدون شنیدن، رشد اجتماعی محدود می‌شود.

---

[۵] گیتی و سیاوشی، ۱۳۹۸، ص. ۱۹ ـ ۲۰.

زبان اشاره ایرانی در میانه‌ی سرکوب‌های چندگانه

تفاوت بزرگ دیگر در واژگانی است که در مجامع پزشکی به کار می‌رود: ناشنوایان سال‌هاست که خود را ناشنوا می‌نامند، اما در مجامع پزشکی یا واژه‌ی آزارنده‌ی "کرولال" استفاده می‌شود و یا با دیدگاهی دیگر از اصطلاح "آسیب‌دیده‌ی شنوایی" برای نامیدن ناشنوایان استفاده می‌شود. در حقیقت یک گروه اجتماعی را با نامی به جز نام مورد قبول آن جامعه می‌خوانند که همین نشان دهنده‌ی نپذیرفتن هویت اجتماعی آن گروه است. در مجموع تاکید نظام پزشکی به روش‌های درمانی اعم از کاشت حلزون و تجویز سمعک و گفتاردرمانی، همگی در جهت نادیده گرفتن هویت اجتماعی ناشنوایان و اهمیت زبان اشاره در زندگی روزمره ناشنوایان و از آن مهم‌تر هویت فرهنگی ناشنوایان است. نظام پزشکی، ناشنوایان را افرادی مجزا از هم و نه یک جامعه‌ی دارای زبان و تاریخ و فرهنگ می‌بیند. افرادی که با روش‌های درمانی باید هرچه بیشتر شبیه افراد شنوا بشوند.

گروه دیگری که در نظام پزشکی و درمانی بر زیست روزمره‌ی ناشنوایان اثرگذار هستند، روان‌شناسان و روان‌درمانگران هستند. تمرکز این گروه بیشتر بر روان‌درمانی و بحران‌های روحی افراد و به خصوص کودکان و نوجوانان ناشنواست و تاکنون در اشاعه و تثبیت این تفکر که ناشنوایی همراه با اختلالات روانی است، نقش بسیاری داشته‌اند. حجم کتاب‌ها و مقالاتی که در آنها ناشنوایی با اختلالات یادگیری و روانی تداعی می‌شود به حد آزارنده‌ای زیاد است و در عوض هیچ‌گاه شیوه‌ی زیست اجتماعی ناشنوایان و فرهنگ بصری-حرکتی آنان در این پژوهش‌ها نمایانده نشده است. عدم تلاش پدران و مادران در برقراری ارتباط مؤثر با کودکان ناشنوا و انداختن بار سنگین گفتار، و درک شنیدار به دوش کودک ناشنوا از سویی، و محروم کردن کودک از جامعه‌ای که به زبان

طبیعی او سخن می‌گویند از سوی دیگر، او را وارد مرزهای افسردگی و پرخاش می‌کند. اما در پژوهش‌های مرتبط با این امر، تنها به فردیت و رفتارهای کودک پرداخته می‌شود و موضوع سرکوب فرهنگ و زبان ناشنوا نادیده گرفته می‌شود.[6]

نظام آموزشی

از سال ۱۳۷۰ با تاسیس سازمان آموزش و پرورش استثنایی، خدمات آموزشی به دانش‌آموزان ناشنوا ذیل فعالیت‌های این سازمان که وابسته به وزارت آموزش و پرورش است، قرار گرفت. تا پیش از آن اداره‌ای به نام دفتر آموزش و پرورش استثنایی و در تهران، مجتمع باغچه‌بان به طور جداگانه در این حوزه فعالیت می‌کردند. استفاده از زبان اشاره‌ی ایرانی، که زبان طبیعی ناشنوایان است، مورد حمایت معلمان و مسئولان آموزشی و حتی مادران و پدران ناشنوایان نیست. بسیاری از والدین حتی در مقابل یادگرفتن زبان اشاره برای ایجاد ارتباط با فرزندان ناشنوای خود مقاومت می‌کنند و اصرار دارند که کودکان خود را با گفتاردرمانی و استفاده از سمعک و یا عمل جراحی کاشت حلزون شبیه کودکان شنوا کنند. بیشتر معلمان و والدین ناشنوایان از زبان اشاره به عنوان آخرین ابزار ارتباط و آموزش استفاده می‌کنند، یعنی زمانی که درمی‌یابند فرد ناشنوا نمی‌تواند با کمک هیچ وسیله‌ای بشنود و در لب‌خوانی و گفتارخوانی هم پیشرفتی نشان نداده است، آن‌وقت به ناچار از زبان

---

[6] گیتی و سیاوشی، ۱۳۹۸، ص. ۵۹.

اشاره استفاده می‌کنند. از نظر آنان زبان اشاره زبانی ابتدایی و ناکارآمد است. تسلط به زبان اشاره جزء شرایط استخدام معلمان برای مدارس ناشنوا نیست. به همین دلیل اغلب معلمان و در بسیاری از مدارس، هیچ‌یک از معلمان زبان اشاره بلد نیستند یا حتی مخالف یادگیری آن هستند. معلمانی که زبان اشاره نمی‌دانند، مشکلات بسیاری در آموزش و ارتباط با ناشنوایان دارند. البته هستند بعضی معلمانی که انگیزه‌ی آموزش بیشتری دارند و به علاقه و هیجان کودکان ناشنوا نسبت به زبان اشاره آگاه می‌شوند و سعی در یادگیری زبان اشاره می‌کنند تا بتوانند ارتباط بهتری با دانش‌آموزان خود داشته باشند. اما تعداد این معلمان اندك است و همان‌ها هم با سرزنش همکاران و مدیران مدارس مواجه می‌شوند. عده دیگر روشهای ارتباطی خاص خود را ابداع می‌کنند و در یاد دادن بعضی دروس ممکن است به موفقیتهای مقطعی دست یابند. اما تعداد بسیار زیادی از معلمان به نوعی ناامیدی در امر آموزش به دانش‌آموزان ناشنوا رسیده‌اند و به سقفی محدود از یادگیری در ناشنوایان بسنده کرده‌اند.[۷]

وضعیت زبانی دانش‌آموزان ناشنوا در ایران از جهاتی بسیار شبیه دانش‌آموزان مناطق دوزبانه است. همانطور که ممکن است یک دانش‌آموز عرب، کورد یا بلوچ برای اولین بار در مدرسه در معرض زبان فارسی قرار بگیرد و زبان مدرسه و زبان مادری‌اش متفاوت باشد، دانش‌آموز ناشنوا نیز وضعیتی مشابه دارد ولی تفاوت‌هایی هم وجود دارد. مثلاً جامعه‌ی زبانی دانش‌آموز ناشنوا خانواده‌ی او نیست بلکه جمع ناشنوایان است که در هر شهر و روستایی این جامعه در فضایی

---

[۷] گیتی و سیاوشی، ۱۳۹۸، صص. ۲۸ ـ ۳۰.

خارج از خانواده‌ی کودک است. درواقع زبان اصلی و اول کودک ناشنوا در بسیاری مواقع مورد حمایت خانواده‌ی او نیست. تفاوت دیگر ناشنوایان با دانش‌آموزان دوزبانه و چندزبانه‌ی دیگر ایران در این است که گروه‌های غیرفارسی زبان به جز مدرسه، از طریق رادیو و تلویزیون و سینما و... در معرض زبان فارسی قرار می گیرند. درحالیکه در مورد ناشنوایان این مواجهه با فارسی همواره با تأخیر سنی و البته ناقص است. دوزبانه بودن ناشنوایان را از نوع نوشتار فارسی آنان تا حدی می‌توان دریافت.[۸] در واقع زبان فارسی، زبان دوم و یا سوم ناشنوایان است. ولی از آنجایی که این دیدگاه، یعنی دوزبانه دانستن ناشنوایان دیدگاه مورد نظر در نظام آموزشی ایران نیست، بسیاری از معلمان و مسئولان ناشنوایان و حتی کارشناسان زبان اشاره اغلب ادعا می‌کنند دایره لغات ناشنواها بسیار کم است، معنای واژه‌ها را نمی‌فهمند و جمله‌هایشان اغلب نادرست است. بنابراین در نظر گرفته نمی‌شود که بسیاری از ناشنوایان در زبان اول خود یعنی زبان اشاره، دایره لغات خوبی دارند و جملات فصیح و کاملی ادا می کنند اما، مانند بسیاری از افراد دوزبانه در زبان دوم خود، فارسی ضعیف هستند.

رویکردهای آموزشی همانطور که پیشتر گفته شد، تا به حال هیچکدام در راستای حمایت از زبان اشاره به عنوان زبان آموزش نبوده است. شیوه‌های آموزشی مختلفی که به روش‌های شفاهی معروفند، همواره در آموزش به کار گرفته شده تا ناشنوایان مجبور به درک گفتار فارسی شوند و از اشاره بپرهیزند. به طور کلی محروم کردن کودکان ناشنوا از آموزش به زبان اشاره رویکرد رایج حدود نیم‌قرن اخیر است. نکته‌ی تاریخی

---

[۸] سیاوشی، ۱۳۹۷.

جالب توجه اینجاست که در دهه‌های متقدم‌تر، یعنی دهه‌هایی که آموزش رسمی برای ناشنوایان قدمت چندانی نداشت، استخدام معلمان ناشنوا در مدارس ناشنوایان رایج بود و اگرچه بر گفتار و نوشتار فارسی در آموزش تاکید می‌شد، معلم و دانش‌آموز ناشنوا ارتباط مستقیم و روان باهم داشتند و در واقع هم‌زبان بودند ولی در دهه‌های اخیر حتی استخدام معلم ناشنوا محدود و در بسیاری مدارس ممنوع شد.

طرح تلفیقی

در دهه هفتاد خورشیدی، طرحی به نام آموزش تلفیقی کودکان استثنایی در مدارس کشور اجرا شد که هنوز هم ادامه دارد. بنیان‌گذاران این طرح اعلام کردند که تمامی امکانات آموزشی کشور باید برای همه دانش‌آموزان در دسترس باشد و هیچ کودکی به دلیل معلولیت نباید از شرکت در آموزش عمومی کشور محروم شود. هدف این طرح آن بود که با همگانی کردن آموزش و ادغام کودکان و نوجوانان دارای معلولیت در مدارس عمومی، به پذیرش آن‌ها در جامعه کمک کند. با توجه به محبوبیت این اهداف، انتقادها و ایرادات این طرح به ندرت مطرح شدند، و حقوق کودکان و نوجوانانی که نیازهای دیگری همچون زبان و ارتباط مناسب برای دسترسی به آموزش دارند، نادیده گرفته شد. حضور یک دانش‌آموز ناشنوا در یک مدرسه‌ی عمومی حق دسترسی روزمره‌ی او به زبان خود، یعنی زبان اشاره را به کل نادیده می‌گیرد. دانش‌آموز ناشنوا به صورت جزیره‌ای تنها در اقیانوس زبان گفتاری و غیرقابل درک، گرفتار می‌شود و تنها قدرت لبخوانی او پرورش پیدا

می‌کند که به هیچ‌وجه قابل قیاس با دریافت کامل زبانی نیست. همچنین از نظر احساسات مثبت و شادی و ارتباطات دوستانه نیز به دلیل سد زبانی با مشکلات زیادی روبرو می‌شود. درحالیکه در مدرسه ناشنوایان و در جمع هم‌زبانان خود تجربه‌ی اجتماعی کاملی را می‌تواند از سربگذراند. با این حال این طرح چون در راستای "شنوا_انگاری" فرد ناشنوا و نادیده گرفتن هویت فرهنگی و زبانی اوست مورد حمایت جامعه و خانواده و نظام آموزشی است.

به موازات این طرح، طرح دیگری با سروصدای کمتر به اجرا درآمد و آن تعطیل کردن مدارس ناشنوایان با تبلیغ به فرستادن آنها به مدارس شنوا بود. بنابراین به جای آنکه انتخاب نوع مدرسه به عهده خود افراد گذاشته شود، عملاً با از دسترس خارج کردن مدارس ناشنوا، به جای گسترش آنها، مسیر آموزشی ناشنوایان را محدودتر کردند. در حال حاضر تعداد کمی مدرسه ناشنوا در سراسر کشور وجود دارد که در آنها ناشنوایان اغلب با دانش‌اموزان دارای معلولیت‌های دیگر ادغام شده‌اند. در این مدارس، کودکان ناشنوا، کودکان دارای معلولیت‌های ذهنی، کودکان دارای اوتیسم و سایر معلولیت‌ها کنار هم در کلاس درس می‌نشینند و اغلب معلمان هیچ آشنایی با زبان اشاره ندارند.

زبان اشاره فارسی یا فارسی اشاره‌ای

همانطور که گفته شد، استفاده از زبان اشاره ایرانی در آموزش مورد حمایت نظام آموزشی نیست. با این حال اگر از مسئولان آموزش و

زبان اشاره ایرانی در میانه‌ی سرکوب‌های چندگانه

پرورش استثنایی کشور درباره این موضوع سوالی پرسیده شود، احتمال دارد بعضی از آنها اعلام کنند که مخالفتی با زبان اشاره ندارند و حتی حمایت خود را اعلام کنند. اما آنچه آنها به عنوان زبان اشاره در نظر دارند، نظامی اشاره‌ای متکی به دستور زبان فارسی است که با زبان طبیعی و روزمره‌ی ناشنوایان متفاوت است. در حقیقت بسیاری از افراد شنوا که با ناشنوایان کار می‌کنند، از جمله بعضی معلمان، تعدادی از اشارات زبان را یاد می‌گیرند و طبق دستور زبان فارسی جملات خود را با آن اشارات بیان می‌کنند. در این میان ناشنوایان و البته بیشتر نیمه‌شنوایانی که تا حدی به زبان فارسی مسلط هستند منظور آن افراد را درک می‌کنند. این موضوع باعث می‌شود که آن افراد شنوا گمان کنند که به زبان اشاره مسلط هستند و مشکلی در ارتباط با ناشنوایان ندارند. ماجرا به همین‌جا ختم نمی‌شود. این افراد که در زندگی ناشنوایان نقش‌های مهمی چون مشاور و معلم و والد دارند، گمان می‌کنند زبان اشاره‌ی طبیعی و روزمره‌ای که خود ناشنوایان به آن صحبت می‌کنند به دلیل اینکه از دستور زبان فارسی پیروی نمی‌کند پس ایراد دارد و کودک و نوجوان ناشنوا را مجبور می‌کنند که طبق نظام فارسی اشاره کند. در حقیقت این نظام "فارسی اشاره‌ای" تداعی کننده‌ی ناشنوای باسواد و با تحصیلات است و زبان اشاره‌ی طبیعی که زبان‌شناسان به نام "زبان اشاره ایرانی" نام‌گذاری کرده‌اند، برای بسیاری از افراد- حتی خود ناشنوایان- تداعی‌کننده‌ی بی‌سوادی و عدم مشارکت اجتماعی موثر است. این وضعیت زبانی- آموزشی حدود یک قرن است که بر زندگی ناشنوایان ایران حاکم است. به تازگی و تنها در دهه‌ی گذشته تلاش‌ها و کمپین‌هایی برای انگ‌زدایی از زبان اشاره‌ی طبیعی شکل گرفته است و

ناشنوایان آگاه‌تر تلاش می‌کنند جامعه ناشنوا را از سرکوب زبانی "فارسی اشاره‌ای" یا "زبان اشاره فارسی" آگاه کنند.

استانداردسازی

یکی دیگر از اقدامات زبانی که به صورت نهادینه در ایران شکل گرفت، تلاش برای استانداردسازی زبان اشاره بود. این اقدام از دهه‌ی ۱۳۵۰ آغاز شد و تاکنون ادامه دارد. کمیته‌ی گسترش و پژوهش زبان اشاره وابسته به دانشگاه بهزیستی و توانبخشی ایران، از سال ۱۳۵۲ با جمع‌آوری اشارات در قالب فرهنگ لغت کار خود را آغاز کرده است و این فعالیت تا سال ۱۳۸٤ ادامه داشت. سپس با وقفه‌ای چندساله بار دیگر در دهه‌ی ۹۰ ادامه یافت. تلاش این کمیته هماهنگ کردن و استانداردسازی واژگان زبان اشاره در قالب لغتنامه‌ی اشارات است. آنچه با نام "استانداردسازی" زبان اشاره در ایران و نقاط دیگر جهان شکل گرفته است، بر چند باور غیرواقعی بنا شده است. مثلاً این گمان رایج که زبان اشاره در یک کشور، گونه‌ی دستی و بدون کلام از زبان گفتاری است و از این رو تلاش می‌شود تناظری یک به یک بین واژگان زبان گفتاری با اشارات ایجاد شود که اغلب با شکست مواجه می‌شود. زیرا هیچ دو زبانی واژگان متناظر ندارند. باور نادرست دیگر اصرار به یکسان‌سازی اشارات است. در این دیدگاه، تنوع اشاره‌های زبان که بر اساس عوامل جامعه‌شناختی است سرکوب می‌شود و تلاش می‌شود برای هر مفهوم از بین اشارات متنوع رایج در زبان طبیعی ناشنوایان، یک اشاره را استاندارد و "درست" معرفی کنند و گونه‌های دیگر و

اشارات متنوع را تنها براساس سلیقه‌ی یک اقلیت بانفوذتر، اشاره‌های "نادرست" بخوانند.

تاکنون پنج جلد فرهنگ اشارات زبان اشاره در کمیته‌ی گسترش و پژوهش زبان اشاره و با بودجه‌ی دانشگاه علوم بهزیستی و توانبخشی به چاپ رسیده است. در این کتاب‌ها از میان چند اشاره‌ی رایج برای یک مفهوم تنها یکی به عنوان اشاره‌ی استاندارد برگزیده شده است. گونه‌های مختلف جغرافیایی یک اشاره معرفی نشده است و همچنین اشاره‌هایی برای مفاهیمی که در زبان اشاره وجود ندارد، به طور مصنوعی ابداع شده است. از دیگر سیاست‌های این کمیته جایگزین کردن بعضی از اشارات زبان اشاره امریکایی به جای اشارات ایرانی است که دلیل آن را می‌توان یا سلیقه‌ی مؤلفان یا اعتبار بالای زبان اشاره آمریکایی نزد مؤلفان دانست.

همانطور که گفته شد در این لغتنامه‌ها مؤلفان سعی داشته‌اند یك هم‌ارزی یك به یك میان اشارات و واژگان فارسی برقرار کنند. مثلاً بسیاری نشانگرهای دستوری فارسی معادلی در زبان اشاره‌ی ایرانی ندارند، ولی در این کتابها معادلهای ابداعی برای آنان در نظر گرفته شده است. از جمله اینکه برای نشانه‌ی جمع ـها، پسوند مکان ـگاه، پسوند فاعلی و همچنین حروف "از"، "به"، "که" و "را" اشاراتی ابداع شده است. همچنین در این کتابها قواعد ساختواژی زبان اشاره‌ی طبیعی دیده نمی‌شود و در عوض تلاش شده قواعد ساختواژی زبان فارسی رعایت شود.

دورنمای آینده

پیشرفت علمی و تکنولوژیکی از یک‌سو به ناشنوایان این امکان را داده که بسیار بیشتر از گذشته اخبار و اطلاعات را دریافت کنند و همچنین با ناشنوایان دیگر کشورها مراوده برقرار کنند و از وضعیت ناشنوایان در کشورهای دیگر مطلع شوند. اما از سوی دیگر پیشرفت‌های پزشکی با محوریت دیدگاه شنوا_برتری مشکلات و معضلات دیگری به وضعیت ناشنوایان افزوده است. مثلاً اگر خانواده‌ای برای عمل جراحی کودک ناشنوای خود اقدام نکنند، اولاً از نظر کارشناسان این اقدام آنان مردود است و ثانیاً راه‌های دیگر مرتبط با حقوق ناشنوایان روز به روز بسته‌تر می‌شود. کم شدن تعداد مدارس ناشنوا و همچنین کیفیت پایین آموزش در کلاس‌های ناشنوایان از جمله این مشکلات است. همچنین بعضی افراد، که تعدادشان کم نیست، پس از کاشت حلزون همچنان با صداهای زبانی بیگانه می‌مانند و وارد جامعه شنوا نمی‌شوند ولی به دلیل فشارهای اجتماعی از بودن در جامعه ناشنوا سرباز می‌زنند که همین امر مسائل و بحران‌های دیگری ایجاد می‌کند.

در مدارس ایران زبان اشاره نه تنها تقویت نمی‌شود، بلکه استفاده از آن تاکنون منع شده است. استدلال کارشناسان امر تاکنون این بوده است که استفاده از زبان اشاره ممکن است یادگیری زبان فارسی را تضعیف کند. درحالیکه این ادعا در حوزه‌های پژوهشی مختلف سال‌هاست که مورد نقد و چالش است. ولی همچنان به بهانه تقویت گفتار فارسی ناشنوایان، آموزش به زبان اشاره که آسان‌ترین شیوه درک و فهم دروس است در مدارس منع می‌شود. دانش‌آموزان ناشنوا پس از اتمام دوره تحصیل ممکن است لبخوانی و گفتار بهتری داشته باشند، اما کل

آموزش برای آنان ناقص و ناکارآمد طی شده است. از این رو نظام آموزش ایران از دو سو به ناشنوا آسیب وارد می‌کند. اول آنکه او را از زبان طبیعی و انسانی‌اش دور کرده و از تقویت و گسترش این زبان جلوگیری می‌کند و از سوی دیگر در مقایسه با افراد شنوا که علوم و فنون مختلف را در طول تحصیل ۱۲ ساله خود می‌آموزند، دانش‌آموزان ناشنوا، این آموزش را به سختی، به کندی و ناقص دریافت می‌کنند.

با این‌حال گروه‌های مختلفی از ناشنوایان بیش از پیش به حقوق زبانی خود واقف شده‌اند و برای اولین بار در تاریخ اجتماعی ناشنوایان، دو زبانشناس ناشنوا در دهه‌ی ۱۳۹۰ در ایران ظهور کرد (اردوان گیتی و فرزانه سلیمان‌بیگی) که علاوه بر فعالیت‌های علمی، در زمینه‌ی حقوق زبانی و آگاهی‌رسانی هم به جامعه‌ی ناشنوا و هم به سازمان‌های مرتبط تلاش فراوانی می‌کنند. فعالیت‌های این دو نفر از جمله ایجاد کمپین‌های مختلف برای بهبود جایگاه زبان اشاره‌ی ایرانی و احترام به فرهنگ بصری ناشنوایان نوید می‌دهد که سرکوب زبانی ناشنوایان به شکل امروز ادامه نخواهد داشت و ناشنوایان ایران نیز پا به پای جامعه‌ی جهانی ناشنوایان برای دسترسی به حقوق زبانی خود گام‌های موثری برخواهند داشت.

منابع

سیاوشی، سارا. (۱۳۹۷). نظام آموزش دوزبانه و لزوم تفکیک دو نیاز آموزشی متفاوت در دانش‌آموزان ناشنوا. *تعلیم و تربیت استثنایی،* ۳ (۱۵۲): ۲۱-۲۶.

گیتی، اردوان و سیاوشی، سارا. (۱۳۹۸). *کتاب ناشنوا: مقدمه‌ای بر زبان اشاره ایرانی و فرهنگ ناشنوا*. تهران: نشر نویسه پارسی.

Guity, A., & Siyavoshi, S. (2020). *The Deaf book: an introduction to Iranian Sign Language and Deaf culture in Iran*. Tehran: Neveeseh Parsi Publications.

Jones, G. (2021). Bicultural, bilingual, and bimodal deaf education. In *Oxford Research Encyclopedia of Education*.

Wilcox S, Occhino C. (2017). Signed Languages. In: Dancygier B, ed. *The Cambridge Handbook of Cognitive Linguistics*. Cambridge University Press; 2017:99-117.

پژوهشگران شنوا و زبان اشاره: مسئله‌ی اخلاق در مطالعات زبانشناسی اشاره

اردوان گیتی
کالج اوهلون و دانشگاه فرشتگان

پیش‌نوشت: دکتر اردوان گیتی این سخنرانی را به‌زبان اشاره‌ی ایرانی (اشارانی) ارائه کرده است. آنچه می‌خوانید پیاده‌سازی ویراسته‌ای است از ترجمه‌ی صوتی دو مترجم از ارائه‌ی دکتر گیتی که صحبت‌های ایشان را از زبان اشارانی به فارسی ترجمه کردند.[1] به خاطر داشته باشید که هم من، ویراستار متن، و هم مترجمان، در جایگاه واسطه‌های متخصص، برای انتقال دقیق محتوا تمام تلاشمان را کرده‌ایم. اما متن حاضر برای ارجاع مستقیم به جناب گیتی مطلوب نیست. لطفاً در خوانش و در ارجاع‌دهی وجود و اثرگذاری واسطان را در نظر داشته باشید. نوشته‌های درون پرانتز، گفت‌وگوهای خارج از موضوع سخنرانی اصلی هستند و نوشته‌های درون براکت، اطلاعاتی است که من در انتقال گفتار به نوشتار برای خوانندگان به متن افزوده‌ام.

---

[1] مترجم اول پریا مسکن و مترجم کمکی سارا سیاوشی

پژوهشگران شنوا و زبان اشاره: مسئلهٔ اخلاق در مطالعات زبانشناسی اشاره

سلام به همه. خوش‌حال هستم که همه‌ی شما را اینجا می‌بینم. مخصوصاً چون این سمپوزیوم به زبان‌های متفاوتی برگزار می‌شود که به‌نظرم بسیار مهم است. مخصوصاً که زبان اشاره را هم دربرمی‌گیرد. چون اغلب کنفرانس‌ها به زبان گفتاری برگزار می‌شوند، و درباره‌ی زبان‌های گفتاری مختلف دنیا صحبت می‌کنند. اما هیچ‌گاه درباره‌ی زبان اشاره به آن میزان صحبتی نشده است. من فکر می‌کنم که این کنفرانس فرصت خوبی است، چون هم درباره‌ی زبان‌های مختلف است و هم زبان اشاره را دربرمی‌گیرد. چراکه زبان اشاره‌ی ایران هم جزو زبان‌های ایران به‌حساب می‌آید.

موضوعی که من برای ارائه انتخاب کرده‌ام پژوهش بر زبان اشاره است، و این که ملاحظات اخلاقی مطالعات زبان اشاره چگونه باید باشد. برخی از افراد شنوا هستند که علاقه دارند درباره‌ی زبان اشاره تحقیق کنند. این موضوع بسیار حساس و پیچیده است. چرا؟ اجازه دهید پیش از آن اشاره کنم که من قبل از اینکه زبان‌شناس شوم، تجربه‌ها و مشاهدات بسیاری در این‌باره داشته‌ام. اما بعد که زبان‌شناس شدم و پژوهش انجام دادم، دو زاویه‌ی دید متفاوت به این مسئله پیدا کردم. هر دوی این زاویه‌ی دید را برای شما توضیح خواهم داد.

من برای انتخاب این موضوع دو دلیل داشتم. یکی اینکه در گذشته، تکنولوژی نبود، اینترنت، اینستاگرم و فیس‌بوک نبود، و زبان اشاره دیده نمی‌شد. می‌دانید که زبان اشاره در جامعه‌ی ناشنوایان استفاده می‌شود. اما عموم افراد جامعه درباره‌ی آن اطلاعی نداشتند. حالا که زمانه تغییر کرده است و اینترنت و اینستاگرم و فیس‌بوک و فضای مجازی وجود دارد، فیلم‌های زبان اشاره منتشر می‌شود. ناشنوایان اشاره می‌کنند و

شنوایان آن‌ها را می‌بینند و امروزه پژوهشگران به زبان اشاره علاقه پیدا کرده‌اند.

دلیل دیگر که چرا این موضوع حساس است؟ اصولاً زبان‌شناسان وقتی بر زبان گفتاری تحقیق می‌کنند، صدا را ضبط می‌کنند؛ فیلم نمی‌گیرند، صدای فرد را ضبط می‌کنند یا متن‌های او را می‌گیرند. معمولاً صورت یا ویژگی‌های شخصی فرد در داده‌های اولیه نیست. داده‌ها یا از جنس متن است یا صدای ضبط‌شده. درنتیجه حساسیت موضوع کمتر است. اما برای پژوهش بر زبان ناشنوایان، فیلم گرفته می‌شود. چون از زبان اشاره باید فیلم گرفته شود. مثلاً حالا که من دارم اشاره می‌کنم، شما چطور می‌توانید صورت من را از اشاره حذف کنید؟ اشاره با صورت من سر و کار دارد. دستور زبان اشاره هم با دست و هم با صورت، هم ابرو، هم حالت دهان سر و کار دارد. این دستور زبان اشاره است. بنابراین مجبوریم که فیلم بگیریم، بدین معنی که فرد دیده می‌شود و مشخص می‌شود که او کیست. به‌همین دلیل حساسیت موضوع بیشتر است.

به همین دلایل بود که من این موضوع را انتخاب کردم. اما پیش از آنکه درباره‌ی موضوع توضیحی بدهم، گمان می‌کنم مهم است که شما مرا بشناسید. من خودم ناشنوا هستم. در خانواده‌ای ناشنوا بوده‌ام، پدر و مادرم ناشنوا بوده‌اند و خواهرم ناشنواست. زبان مادری من زبان اشاره‌ی ایرانی است که آن را اشارانی می‌خوانیم. درباره‌اش مقاله‌ای نوشته‌ایم و با مشورت با خانم دکتر سیاوشی به این نتیجه رسیدیم که اشارانی را پیشنهاد کنیم و حالا از این اسم استفاده می‌کنیم. من از کودکی در مدرسه‌ی ناشنوایان بزرگ شده‌ام و با ناشنوایان هم‌کلاس بوده‌ام. بعد از

پژوهشگران شنوا و زبان اشاره: مسئلهٔ اخلاق در مطالعات زبانشناسی اشاره

مدرسه در جامعه‌ی ناشنوایان بوده‌ام و هر روز از زبان اشاره استفاده می‌کرده‌ام. هنوز هم از این زبان استفاده می‌کنم. درست است که در آمریکا زندگی می‌کنم، اما هنوز با جامعه‌ی ناشنوای ایران در ارتباط هستم و از زبان اشارانی استفاده می‌کنم.

من دو تجربه از قبل و بعد از سال ۱۳۹۲ دارم. در گذشته پژوهشگران زیادی به مدرسه‌های باغچه‌بان می‌آمدند. باغچه‌بان در مناطق مختلفی مدرسه داشت و من در مدرسه‌ی شماره‌ی سه درس می‌خواندم. بسیاری از دانشجوها که در رشته‌های آموزش کودکان استثنایی یا روان‌شناسی تحصیل می‌کردند، به مدرسه‌ی ما می‌آمدند تا ناشنوایان را ببینند و درباره‌ی ناشنوایان تحقیق کنند. اغلب دنبال آن بودند که ببینند توانایی داریم یا نه، یا مشکل ذهنی داریم یا نه. کسانی که برای تحقیق می‌آمدند هیچ‌گونه رضایت‌نامه‌ای از ما نمی‌گرفتند. فقط می‌آمدند از ما پرسش‌هایی می‌کردند، اطلاعاتی می‌گرفتند و می‌رفتند. اهدافشان اصلاً مشخص نبود. اصلاً از پدران و مادران دانش‌آموزان اجازه نمی‌گرفتند و به آن‌ها نمی‌گفتند که دانشجو هستند و می‌خواهند روی فرزندان آن‌ها تحقیق کنند. هیچ! می‌آمدند و می‌رفتند. به‌راحتی در مدرسه رفت‌وآمد می‌کردند و تحقیق می‌کردند و اصلاً مشخص نبود که چه هدفی دارند. ما بچه‌ها اطلاعی نداشتیم.

به‌همین شیوه، به مؤسسه‌های ناشنوایان می‌رفتند و از افراد فیلم می‌گرفتند. هیچ توضیحی نمی‌دادند که فیلم برای چه است و با آن چه می‌خواهند بکنند. هیچ اطلاعاتی نمی‌دادند. می‌آمدند فیلم‌ها را می‌گرفتند و می‌رفتند.

قبل از سال ۱۳۹۲، یک بار یک پژوهشگر زبان‌شناسی برای کار پژوهشی‌اش پیش من آمد و گفت می‌خواهد درباره‌ی موضوعی تحقیق کند. به خانه‌ی ما آمد و فهرستی از کلمات فارسی داشت و از من خواست آن‌ها را اشاره کنم. من به کلمات نگاهی انداختم و برای او اشاره‌شان کردم. پرسید که می‌تواند از من فیلم یا عکس بگیرد یا نه. من موافقت کردم که فیلم یا عکس بگیرد. نمی‌دانستم که چه اتفاقی دارد می‌افتد. برای من هیچ توضیحی نداد. عکس سال ۲۰۱۱ را در فایل پاورپوینت می‌بینید؟ من در آن عکس اشاره کرده بودم. آن اتفاق قبل از سال ۹۲ افتاد. پژوهشگر آن روز رفت و زمان گذشت. من بعد از مدت‌ها یادم افتاد که پیگیری نکرده‌ام که آن پژوهشگر چه کرده است و هدفش چه بوده است. می‌خواستم ارتباطی برقرار کنم و ببینم می‌شود که مقاله را به من بدهد. می‌خواستم بدانم که چطور شده است. متوجه شدم که او مقاله را نوشته است، اما هیچ‌وقت آن را به من نداده است. بعد از چند سال، کسی مقاله‌ای درباره‌ی زبان اشاره پیدا کرده بود و از من پرسید که آن را خوانده‌ام یا نه. گفتم نه و آن را برای من فرستاد تا بخوانم و نظرم را بگویم. وقتی مقاله را فرستاد، دیدم که عکس من در آن مقاله است. اطلاعاتم اشتباه درج شده بود. توضیحاتم اشتباه منتقل شده بود. پس‌زمینه‌ی عکس را می‌بینید که در خانه هستم و لباسم مناسب نیست و آن عکس در مقاله منتشر شده بود. پدر و مادر من اصلاً راضی نبودند و مشخص نبود که هدفش چه بوده است.

انگار که نقش ما مثل سیاهی‌لشکر بود. فقط بازیگری بودیم برای آن پژوهشگر. از آن‌ها می‌پرسیدم که هدفشان چیست یا برای چه به این حوزه علاقه‌مند شده‌اند. بسیاری از آن‌ها می‌گفتند که آمده‌اند به ناشنوایان کمک کنند یا آمده‌اند که ناشنوایان را نجات دهند یا زبان اشاره

خیلی باحال و جالب است. یا آمده بودند روی موضوع کار کنند چون روی موضوع کار نشده بود، بیشتر برای معروف‌شدن، چون موضوع جدیدی بود.

بعداً که در سال ۱۳۹۲ به آمریکا رفتم، می‌خواستم ببینم تحقیقات زبان‌شناختی در آمریکا چگونه است. در دانشگاه گلودت، دانشکده‌ی زبان‌شناسی، از من پرسیدند آیا علاقه‌ای دارم که در پژوهشی درباره‌ی زبان اشاره‌ی ایرانی شرکت کنم. گفتم که بله دوست دارم. گمان کردم شبیه همان تجربه‌ای خواهد بود که قبلاً در ایران داشتم. ولی به من گفتند اول بگذار هدف را برایت توضیح بدهیم. رضایت‌نامه را امضا کنی. هروقت که خواستی می‌توانی همکاری‌ات را قطع کنی. تمام اطلاعات پژوهش را برای من توضیح دادند و گفتند بعداً مقاله چاپ خواهد شد و عکس تو در مقاله خواهد بود. از اول تا آخرش را کامل برای من توضیح دادند.

از اول تا آخر تحقیق را برای من توضیح می‌دادند. بعد با من جلسه می‌گذاشتند و می‌گفتند: "ما می‌خواهیم از تو فیلم بگیریم. چنین شرایطی دارد. این اشاره‌ها به نظر تو درست است یا نه؟" به‌صورت کامل، مرحله‌به‌مرحله، با هم همکاری می‌کردیم. وقتی که این همکاری تمام شد، سال ۲۰۱۶ این مقاله چاپ شد. بعد من با خودم فکر کردم و دیدم که چقدر فرق داشت، تجارب قبلی من، قبل از سال ۱۳۹۲، با تجارب بعد از آن. این دو دسته از تجربه‌ها خیلی با هم فرق داشت. متوجه شدم که در ایران مشکلاتی درباره این موضوع وجود دارد.

من فکر کردم که حالا که به‌عنوان دانشجوی زبان‌شناسی وارد دانشگاه شده‌ام، حالت اخلاقی این نوع پژوهش چیست. چند مقاله‌ی مختلف بود و این بخش را از یکی از آن مقالات برداشته‌ام [اشاره به متنی دارد که در اسلاید نوشته شده است]. معمولاً همه فکر می‌کنند که اخلاقیات مثل قوانین است و باید اجرا شود. ولی این‌گونه نیست. اخلاقیات چیزی درونی است و از وجدان خود ما می‌آید، اینکه چطور مراقب افراد باشیم. البته که ما همه آدم هستیم و ایراداتی داریم. ولی باید اخلاقیات را رعایت کنیم. باید بدانیم که چطور مواظب جامعه‌ی ناشنوا باشیم و از چه راهی برویم که آن‌ها ناراحت نشوند. این وظیفه وظیفه‌ی انسانی ماست و به قوانین ربطی ندارد. برخی فکر می‌کنند که اخلاقیات یعنی درست و غلط و به رنگ‌های سیاه و سفید می‌ماند. اما این‌طور نیست. اخلاقیات طیفی خاکستری است.

خب حالا من درباره‌ی سه پژوهش صحبت خواهم کرد. پژوهشگران متوجه شده‌اند که پژوهشگرانی وجود دارند که طی پژوهش‌هایشان باعث می‌شوند که ناشنوایان آزرده شوند، چون تحقیقاتشان را انجام می‌دهند و اطلاعات را می‌گیرند و می‌روند. در سال ۲۰۱۵، در آفریقا، کنیا، تحقیقی انجام شد و متوجه شدند که پژوهشگران زیادی آمده‌اند پژوهش کرده‌اند و اطلاعاتی از ناشنوایان کنیا گرفته‌اند و رفته‌اند و دیگر هیچ ارتباطی با آن جامعه نداشته‌اند.

در ۲۰۰۹ گروهی تحقیقی کردند که در آن در پی آن بودند که چطور باید به جامعه‌ی ناشنوایان احترام بگذاریم. احترام باید دوطرفه باشد. اگر به پژوهشگر سودی برسد، باید به ناشنوا هم سودی برسد. آخر

پژوهشگران شنوا و زبان اشاره: مسئلهٔ اخلاق در مطالعات زبانشناسی اشاره

اینکه، برابری و عدالت باید رعایت شود و پژوهشگر فقط به خودش فکر نکند.

این مشکلی که در جامعه‌ی ناشنوایان بود، تا حدی شبیه به مشکل بومیان آمریکا است. زبان گفتاری بومیان آمریکایی با زبان انگلیسی فرق می‌کند. بسیاری از زبان‌شناسان می‌رفته‌اند میان آن‌ها و تحقیق می‌کرده‌اند. بومیان هم مانند جامعه‌ی ناشنوایان اعتراض کرده‌اند.

در طی چندین سال تحقیقات، متوجه شدم که پژوهشگران چقدر سوءاستفاده کرده‌اند و ناشنوایان را آزرده کرده‌اند. متوجه شدم که سه اصل را باید رعایت کنم. درکنار جامعه‌ی ناشنوا، برای جامعه‌ی ناشنوا، و همراه جامعه‌ی ناشنوا باشم. اینکه من به تنهایی باید پژوهشم را دنبال کنم، کار درستی نیست؛ باید درکنار جامعه‌ی ناشنوا و همراه آن‌ها باشم. شش پیشنهاد را اینجا می‌بینید [با اشاره به اسلاید]. شما می‌توانید این شش اصل را بخوانید. من چون وقت کمی دارم، آن‌ها را توضیح نمی‌دهم.

[اصل یک: قدرت کار در دست جامعه‌ی زبان اشاره باشد.

اصل دو: ارزش‌های جامعه‌ی زبانی در اصول اخلاقی پژوهش لحاظ شود.

اصل سه: دیدگاه جهانی جامعه‌ی زبان اشاره در نظر گرفته شود.

اصل چهار: تنوع در جامعه‌ی زبانی موضوع مطالعه به رسمیت شناخته شود.

اصل پنج: خود جامعه‌ی ناشنوا تحقیق را ارزیابی و اعتباربخشی کنند.

اصل شش: تصمیم‌گیری برای مراحل تحقیق در دست جامعه‌ی زبان اشاره باشد.]

به‌طور کلی، در اصل، باید بدانیم که اگر مقاله‌ای درباره‌ی زبان اشاره می‌نویسیم، باید اجازه دهیم که خود جامعه‌ی زبان اشاره تصمیم بگیرد.

فدراسیون جهانی ناشنوایان مؤسسه‌ای بسیار بزرگ است. مؤسسات مختلفی در دنیا با آن در ارتباط هستند. فدراسیون جهانی ناشنوایان هم در بیانه خود اعلام کرده که در تحقیقات مهم است که مثلاً اگر بخواهند لغت‌نامه‌ای جمع‌آوری کنند، یا درباره‌ی مترجم تحقیقاتی انجام دهند، یا تحقیقاتی درباه‌ی زبان اشاره انجام دهند، یا به مترجمان آموزش دهند، جامعه‌ی ناشنوایان باید تصمیمش را بگیرند و پژوهشگران باید با مؤسسات ناشنوایان همکاری کنند.

البته می‌خواهم اینجا نکته‌ای را اضافه کنم. آن هم بستگی دارد. مؤسسات ناشنوایان هم ممکن است اطلاعات خوبی درباره‌ی زبان اشاره نداشته باشند، یا اطلاعات خوبی درباره‌ی پژوهش اخلاقی نداشته باشند. بنابراین شما باید مراقب باشید.

دلیل اینکه من این توضیحات را دادم این بود که من قبلاً پژوهشگر نبودم. عکس را می‌بینید؟ [اشاره به تصویر که چهار عکس از سال‌های ۲۰۱۳، ۲۰۱۵، ۲۰۱۷، و ۲۰۱۸ دارد]. در سال ۲۰۱۳ و ۲۰۱۵ من پژوهشگر نبودم، داشتم در تحقیق همکاری می‌کردم. و در این

پژوهشگران شنوا و زبان اشاره: مسئلهٔ اخلاق در مطالعات زبانشناسی اشاره

همکاری‌ها یاد گرفتم که روش تحقیق چگونه است. اما در ۲۰۱۷ و ۲۰۱۸ خودم پژوهشگر شدم. فهمیدم که این دو موقعیت متفاوت است. متوجه شدم که وقتی پژوهشگر نیستم با وقتی که پژوهشگر هستم چه فرقی دارد. متوجه شدم که باید به جامعه[ی ناشنوایان] احترام گذاشت.

اگر می‌خواهید تحقیق کنید، ناشنوا باید رضایت آگاهانه داشته باشد، که بداند هدف شما چیست و نکته‌ها را کامل و دقیق به او توضیح دهید. حواستان به این موضوع باشد. به‌ویژه، در زمانی که می‌خواهید ارتباط برقرار کنید، ارتباط شما باید درست باشد. مثلاً این دو ناشنوا را می‌بینید؟ (اشاره به تصویر) ما داریم با هم صحبت می‌کنیم. در این ارتباط من برای آن‌ها به طور کامل توضیح دادم که چه می‌کنیم. ارتباط ما ارتباط کاملی بود. ارتباطی سالم و کامل داشتیم.

سال ۱۳۹۷، من می‌خواستم تحقیقی انجام دهم. به شش شهر مختلف رفتم و فیلم جمع‌آوری کردم. در آن زمان داشتم برای پایان‌نامه‌ی دکترا این تحقیق را انجام می‌دادم. من خودم زبان اشاره‌ی ایرانی بلدم و دکترای زبان‌شناسی داشتم. در ایران دکترای زبان‌شناسی نیست که ناشنوا باشد. گفتم که خب اگر من خودم بروم و مصاحبه کنم، ممکن است آن دو نفر احساس راحتی نداشته باشند و فکر کنند "وای یک دکتر آمده!" و راحت نتوانند اشاره کنند. یا اینکه مثلاً بگویند "این فرد از آمریکا آمده است" و احساس خوبی نداشته باشند. درنتیجه، فکر کردم که خانم فرزانه سلیمان‌بیگی را که در ایران هستند و آن‌ها ممکن است احساس راحت‌تری با ایشان داشته باشند، به‌عنوان دستیارم انتخاب کنم. ایشان دارند در این تصویر [اشاره به تصویر] با دو نفر در زاهدان مصاحبه می‌کنند. البته قبل از این مصاحبه ما به طور کامل توضیح داده بودیم که

هدف ما از این پژوهش چیست و پرسشی نوشته بودیم که "آیا دوست دارید صورت شما در این مقالات چاپ شود یا دوست ندارید؟" این خانم پاسخ داده بودند که دوست ندارند صورتشان چاپ شود و درنتیجه ما صورتشان را [در تصویر] سیاه کردیم. روش کار درست همین است.

اگر شما در کل علاقه داشته باشید که تحقیق کنید، باید اطلاعات کامل داشته باشید. نه که همین‌طور فقط بگویید که می‌خواهید تحقیق کنید. اول باید اطلاعات کامل کسب کنید و مطالعات کامل درباره موضوع داشته باشید. بعد با پژوهشگر ناشنوا در ارتباط باشید. اگر می‌خواهید فیلم بگیرید، با فرد ناشنوا و پژوهشگر ناشنوا همکاری کنید. دیگر اینکه، اگر می‌خواهید تحقیقی بر زبان اشاره بکنید، درست نیست که از مترجم داده‌های زبانی بگیرید. باید از خود ناشنوایان استفاده کنید. به‌علاوه، باید این تفکر را که می‌خواهید به ناشنوایان کمک کنید یا آن‌ها را نجات دهید، کنار بگذارید. اگر می‌خواهید به روش درستی کار پژوهش را انجام دهید، به جامعه‌ی ناشنوایان احترام بگذارید. از توجه شما ممنونم.

ئایدیۆلۆژییە زمانییەکان وەکوو بەرهەڵست لە بەرانبەر خوێندن بە زمانی دایک بۆ کەمینەکراوەکان لە ئێران

جەعفەر شێخولئیسلامی[1]

> بە دڵنیاییەوە زمان گرنگترین سیستەمی پەیوەندیی مرۆڤە. بەڵام، ئەرکەکەی تەنیا بریتی نییە لە گواستنەوە یان گەیاندنی زانیاری، بیرۆکە، یان هەستەکاندا؛ بەشێکیش بەهۆی ئەو هێزە گەورەوە کە لە پێوەندیگرتندا هەیەتی، زمان بە شێوەیەکی چڕوپڕ گرێدراوە بە ئیتنیسیتی، چین، ژێندەر، ڕەگەز و هەموو پێکهاتەیەکی کولتوورەوە. زمان هەر ڕەنگدانەوەی جیهان نییە؛ جیهانەکان یان واقیعەکان دروست دەکات. ئەدەب، سیاسەت، زانست، ئایین و دەرکەوتەکانی تری کولتوور بەبێ زمان لە بیرکردنەوەدا ناگونجێن. کەواتە، زمان سەرچاوەی دەسەڵاتە. شوێنی خەبات و تێکۆشانە لە ناو یەک کۆمەڵگەی ئاخاوتندا کە ئەندامەکانی بە درێژایی هێڵە کۆمەڵایەتی، ئابووری، سیاسی، ئایینی و ئایدۆلۆژییەکان دابەش بوون. (Hassanpour, 1992)

پێشەکی: بابەتی لێکۆڵینەوە و گرینگییەکەی

لە زۆربەی وڵاتانی دنیا، تەنانەت ئێرانیش، دەنگی داواکاریی خوێندن لە فێرگە بە زمانی دایکی تا ڕادەیەکی یەکجار زۆر بەرزتر بووەتەوە. هۆیەکەی دەگەڕێتەوە بۆ دوو بابەتی سەرەکی. یەکەمیان ئەمەیە کە

---

[1] پێزانین: زۆر سپاسی ئەندامانی دەستەی ئیدیتۆری ئەم کتێبە، بەتایبەت ئانیسا جەعفەری، دەکەم. بەرێزیان لە ئامادەکردنی ئەم وتارەدا فرە یارمەتی دام.

کەمینەکراوەکانی ئێران زۆرتر لە ڕابردوو داوا دەکەن کە لەپاڵ فارسی بە زمانی خۆیان بخوێنن. دووهەمیان ئەمەیە کە لێکۆڵینەوە ئەکادیمییەکان زۆرتر لە هەمیشە بە بەڵگە نیشان دەدەن کە پەروەردە بە زمانی دایکی زۆر لایەنی ئەرێنی هەیە بۆ منداڵ و کۆمەڵ، وەکوو لایەنی دەروونناسی و ناسنامەسازی، پێشکەوتنی ئەکادیمی و گەیشتن بە ئاستێکی بەرزی کۆمەڵایەتی و هێمنایەتیی سیاسی.

زۆربەی لێکۆڵەرانی ئەم بوارە و هەروەها ناوەندە نێونەتەوەییەکان، وەکوو یونێسکۆ، پێداگری دەکەن کە زمانی دایکی ئێجگار پێویستە و هەر بۆیەشە پشتوانیی لێدەکەن. نزیکەی پەنجا لە سەدی خەڵکی دنیا لە وڵاتانی فیدراڵ دەژین. لەم وڵاتانەدا، زمانی دایکیی کەمینەکان ڕێزی لێ دەگیردرێت، نەک هەر بە قسە، بەڵکوو بە کردەوەش. دەسەڵات لەو وڵاتانەدا جۆرێک ڕێکخراوە کە هەر گەلێک بتوانێت بە زمانی خۆی بخوێنێت و پەروەردە بێت. لە هەندێک لەو سیستەمە فیدرالییانەدا، وەکوو پارێزگای کوبەک لە کەنەدا، کاروباری دەوڵەتی، تابلۆی شەقام و بازاڕ و دامودەزگا سەرەکییەکانی ڕاگەیاندنیش لە پلەی یەکەمدا بە زمانی نەتەوەیی یان ئێتنیکیی خۆیانە، واتە فەڕانسەیی، جا دوایە بە ئینگلیزی یان زمانی دیکە. ئامانجی پەروەردە لەو وڵاتانە ئەمەیە کە فێرخواز لە ئاستێکی باشدا چەند زمان فێر بێت. ئەم ڕەوتە خەریکە لەو وڵاتانەش پەرە دەگرێت کە سەردەمانێک زمانە کەمینەکراوەکانیان سەرکوت دەکرد، وەکوو فەڕانسە، یان ئەمریکا. هەتا ساڵەکانی ١٩٥٠ جگە لە فەڕانسەیی هیچ زمانێکی تری فەڕانسە بۆی نەبوو کە لە فێرگەکان بە وانە بگوترێتەوە. کەچی ئێستا لە هەرێمی بریتانی خەڵکەکە بۆیان هەیە کە فێرگەیان بە زمانی زگماکی هەبێت. لە وڵاتەیەکگرتووەکانی ئەمریکا بە سەدان و هەزاران فێرگەی دووزمانە و چەند زمانە هەیە. لە کەنەدا هەلومەرجی ئێستا لە ئەمانەش باشترە.

لە وڵاتانی دەوروبەری ئێرانیش ڕێز لە چەندزمانی دەگیرێت، دیسان نەک هەر بە قسە، بەڵکوو بە کردەوە. لە هیندوستان نزیکەی ٢٠ زمان پلەی ڕەسمییان هەیە. لە ئاستی فیدڕاڵدا، زمانی هیندی زمانی نەتەوەییە، زمانی ئینگلیزی زمانی پارلمان و کارگێڕییە، هەرێمەکانیش زمانی خۆیان ڕەسمییە. واتە، فێرخوازێک لە هەرێمی تامیل نادوو بە زمانی خۆی دەخوێنێت و، لە هەمان کاتیشدا فێری دوو زمانی تر دەبێت، وەکوو هیندی

یان زمانێکی دیکەی هیندوستان و هەروەها ئینگلیزی. هەڵبەت لە ۲۰۲۰ەوە فێربوونی ئینگلیزی و هیندی ئیتر بە زۆر نییە و بە دڵخوازی خوێندکارە. لە عێراق، زمانی کوردی لە پاڵ زمانی عەرەبی زمانی ڕەسمیی وڵاتە. لە بەغدا و موسڵ و چەند ناوچەی تر زمانی کوردی لە فێرگەکان دەگوترێتەوە. لە هەرێمی کوردستان کوردی زمانی خوێندن و پەروەردە، کارگێڕی، میدیا و دیمەنی زمانیی هەرێمە. کەمینەکانی تری هەرێمی کوردستان، وەکوو تورکمان، ئاشووری و هەرمەنی مافی ئەوەیان هەیە کە فێرگەیان بە زمانی خۆیان هەبێت و داوای خزمەتگوزارییش بە زمانی خۆیان بکەن. لە ڕاستیدا، بەشێك لەم مافەزمانییانە لە عێراق لە ۱۹۳۱ەوە هەن. تەنانەت لە تورکیە کە هەتا ۱۹۹۱ زمانی کوردی بە توندترین شێوە سەرکوت کرا و قەدەغە کرا، زمانی کوردی دەکرێت وەکوو وانەیەک یان کۆرسێکی دڵخواز لە فێرگەکان بگوترێتەوە. هەرچەند حکومەت هەندێک هەلومەرجی داناوە کە وەرگرتنی ئەم کۆرسانەی بۆ فێرخوازەکان ئەستەم کردووە، ئەمە هەنگاوێک لە پێشەوەی ئێرانە.

سەرەڕای ئەوە کە خوێندن بە چەند زمان لە زۆربەی وڵاتانی دنیا باوە و ڕۆژ بە ڕۆژ زۆرتری وڵاتان دان بە مافی زمانیی کەمینەکاندا دەنێن، لە وڵاتی ئێران، هەتاکوو ئێستاش پەروەردە بە زمانی دایکی، بێجگە لە فارسی، وەکوو هەڕەشە لە یەکپارچەبوون و یەکسنووریی ئێران چاوی لێدەکرێت. واتە، ئایدیۆلۆژیی زاڵی زمانی لەو وڵاتە بریتییە لە ئایدیۆلۆژیی زمانیی دەوڵەت-نەتەوە کە دەڵێت، یەک دەوڵەت-نەتەوە دەبێ تەنیا یەک زمانی هەبێت (Skutnabb-Kangas, 2000). لە بەرانبەر ئەم ئایدیۆلۆژییە کۆنەدا، یەکەم هەڵوێستی مرۆڤی شارەزا دەتوانێت ئەمە بێت: بە دەیان وڵات هەن کە زۆرتر لە یەک زمان تێیاندا ڕەسمییە، وەکوو کەنەدا، بەلجیک، ئیسپانیا، ئیتالیا، ئینگلستان، سویس، ئێتۆپیا، ئەفریقای باشووری، عێراق، هیندووستان، سینگاپوور و هتد. چەند زمانەبوون نەبووەتە هۆی لەیەکهەڵوەشانەوەی ئەم وڵاتانە. تەنانەت، چەند زمانەبوون هەندێک جار بەرگری کردووە لە چەندپارچەبوونی ئەو وڵاتانە، وەکوو کەنەدا. ئەگەر فەڕانسەییش لەو وڵاتە ڕەسمی نەبوایە، لەوانەبوو کە زۆر بەر لە ئێستا پارێزگای کوبەک بۆخۆی وڵاتێکی سەربەخۆ بوایە.

نە تەنیا زۆر وڵات هەن کە زۆرتر لە یەک زمانی ڕەسمی یان نەتەوەییان هەیە، بەڵکوو جاری وایە کە چەند وڵات یەک زمانی هاوبەشیان هەیە. بۆ

وێنە، ئینگلیزی زمانی هاوبەشی چەند وڵاتە، یان زمانی عەرەبیی ستاندارد، یان تەنانەت زمانی فارسی کە زمانی سێ وڵاتی ئێران، ئەفغانستان و تاجیکستانە. واتە، لە دنیای ڕاستەقینەدا، ئایدیۆلۆژیی یەک زمان و یەک دەوڵەت-نەتەوە سروشتی و ئاسایی نییە. ئەگەر شتێکی ئەوتۆش هەبێت، کە هەیە، بە زۆر داسەپێندراوە. ئەم بەزۆر داسەپاندنەش ئاکامی نەرێنی و دژەمرۆڤی و دژەپێشکەوتنی لێکەوتووەتەوە (Johnson, 2013).

کەوابوو، پرسیارێکی گرینگ لێرە زەق دەبێتەوە: **ئەگەر لێکۆڵینەوە ئەکادیمییەکان ئەم ئایدیۆلۆژییەیان بەرپەرچ داوەتەوە و ئەگەر یونێسکۆ و ڕێکخراوە نێونەتەوەییەکانی مافی مرۆڤ ئەم لێکۆڵینەوانە دەسەلمێنن و زۆر وڵاتی دنیاش دەنگیان داوەتە پاڵ ئەم دەنگانە و سیاسەتی چەندزمانە ڕەچاو دەکەن، بۆچی ئایدیۆلۆژیی یەک زمان و یەک نەتەوە لە وڵاتێکی وەکوو ئێران هەروا بەهێزە و خۆی دادەسەپێنێ؟**

لەم وتارەدا، گەرەکمە نیشان بدەم کە هۆیەکی سەرەکی مانەوەی ئایدیۆلۆژیی تاکزمانی ئەمەیە کە لە هەندێک ئایدیۆلۆژیی زمانی دیکەدا و هەندێک باوەڕی باودا، خۆی بەرهەم دێنێتەوە، دەنا ڕەتکردنەوەی ئەم ئایدیۆلۆژییە زەحمەت نییە. گوتاری هێژمونی و باوی ناسیۆنالیستیی ئێرانیش ئەمە باش دەزانێت کە بە پشتبەستن بە لێکۆڵینەوە ئەکادیمییەکان دەتوانین بەرپەرچی بدەینەوە و نیشان بدەین کە تەنانەت شۆڤینیستی و ڕەگەزپەرستانەیە (Rosa & Flores, 2017). کەوابوو، ئەم ئایدیۆلۆژییە زمانییە، دەست لە ناو دەستی بڕوا باوەکانی دیکەی زمانی، پشت دەبەستن بە هەندێک چەمک و واتاوە کە ڕیشەیان لە گوتاری باوی خەڵکی ئاساییەوە سەرچاوە دەگرێت. واتە، ڕەگی ئەم بیروباوەڕە زمانییانە لە هەندێک بیروباوەڕی دیکەی کولتووری و کۆمەڵایەتیدایە کە باون و خەڵکی ئاسایی بە سانایی بڕوایان پێدەکات. یەکێک لەم بڕوایانە، بۆ نموونە، ڕەگی لە ئابووریدایە و دەڵێت: دوو زمان گرانتر و پڕخەرجتر لە یەک زمانە. خەڵکی ئاسایی زوو بڕوا بە ئەمە دەکات، چونکە ئەگەر لە پەروەردە یان فێربوونی زمان وەکوو کاڵایەک بڕوانن، سروشتییە کە پێیان ئاوا بێت: نرخی دوو شت لە یەک شت زۆرترە. بەڵام، لێکۆڵینەوەی ئەکادیمی نیشانی داوە کە هەرچەند لە سەرەتادا تێچووی خوێندن بە دوو زمان لە کۆمەڵێکدا نزیکەی ٣٪ زۆرتر دەبێت، لە درێژخایەندا ئەوەندە

سوودی لێدەکەوێتەوە کە دەردەکەوێت پەروەردە بە دووزمان نە تەنیا گرانتر نییە بەڵکوو کەمتریشی تێدەچێت (Grin, 2006).

تیۆری

زمان بریتییە لە سیستەمێکی دەنگ یان ئاماژە کە مرۆڤ بۆ سێ مەبەست کەلکی لێوەردەگرێت: پێوەندیگرتن، بەرهەمهێنان، ڕاگواستن و بڵاوکردنەوەی زانیاری و کولتوور و لێتێگەیشتن و خوێندنەوەی دنیای دەوروبەر و ناسنامەکان. واتە، لەگەڵ ئەوەدا کە زمان بنەڕەتیترین کەرەسەی پێوەندیگرتنە، بۆ هەموو لایەنەکانی ژیانی مرۆڤ گرینگە.

زمانی دایکی، یان دایک، یان زگماکی، پێناسەی جۆراوجۆری بۆ کراوە. سکوتناب-کانگاس ڕەنگە یەکەم کەس بێت کە بە شێوەیەکی ڕەخنەگرانە ئەم بابەتەی تیۆریزە کردووە. بۆ ئەو، زمانی دایک، بە چوار پێوەر، دەکرێت چوار پێناسەی بۆ بکرێت. لە لایەنی ژێدەر و بنەچەکەوە (origin)، زمانی دایکی یەکەم زمانە کە منداڵ فێری دەبێت. لە لایەنی ناسنامەوە، دەتوانێت دوو پێناسەی هەبێت. ١) ئەو زمانەی کە کەسێک بە زمانی خۆی دەناسێ؛ بۆ وێنە دەڵێت: زمانی من کوردییە؛ ٢) ئەو زمانەی کە خەڵکی دیکە پێیان وایە زمانی کەسێکە؛ بۆ وێنە دەڵێن: زمانی جەعفەرکوردییە، یان، جەعفەر کوردی قسە دەکات؛ ٣) زمانی دایکی دەکرێت لە لایەنی لێهاتوویيشەوە پێناسە بکرێت. لەم حاڵەدا، زمانی دایک ئەو زمانەیە کە کەسێک بتوانێت باشتر لە هەموو زمانێک خۆی پێدەرببڕێت؛ ٤) لە لایەنی کارکردی و ئەرکیشەوە دەکرێت کە زمانی دایک پێناسە بکرێت. لەم گۆشەنیگایەوە، زمانی دایکی ئەو زمانەیە کە کەسێک زۆرتر لە هەموو زمانێکی دیکە کەلکی لێوەردەگرێت (Skutnabb-Kangas, 1981, pp. 16-18).

لەم ڕوانگەوە، بۆی هەیە کە کەسێک زمانێک بە زمانی دایکیی خۆی بزانێت، بەڵام نەیزانێت. ئەمە سەبارەت بە چەند میلیۆن کوردی ئێران و تورکییە، بەتایبەت، ڕاستە. هەر بەم پێیەش، بۆی هەیە کەسێک زمانێک بە زمانی دایکیی خۆی بزانێت بەڵام زۆر باشیشی نەزانێت؛ واتە، ڕەنگە زمانێکی دیکە، کە بە زمانی دایکیی خۆی نەزانێت باشتر بزانێت. ئەمەش

بۆی هەیە کە کەسێک زۆرتر لە یەک زمانی دایکیی هەبێت. لەوانەیە منداڵێک دوو زمان، یەک لە دایکەوە و یەک لە بابەوە، وەکوو یەک بزانێت. لەوانەیە، منداڵێک زمانی دایکوباوکی بە زمانی دایکی بزانێت، لەبەر پێوەندییە کولتوورییەکە، بەڵام زمانێکی دیکەش بە زمانی دایکیی خۆی بزانێت کە زۆر باشی دەزانێت، یان زۆرتر لە هەموو زمانێکی دیکە کەلکی لێوەردەگرێت. ئێستا، ئەم پرسیارە دێتە گۆڕ: چۆن بزانین کە زمانی دایکیی کەسێک چییە؟ وەڵامی ئەم پرسیارە بەستراوەتەوە بە ویستی کەسەکە و ئەو ژینگەیەی کە پرسیارەکەی تێدا دەکرێت و وەڵامەکەی تێدا دەدرێتەوە. بەش بە حاڵی خۆم، بۆ ئەوە کە لێکۆڵینەوەکەشم پێداچوونەوەیەکی ئایدیۆلۆژیی زمانیی خۆمی تێدا بێت، دەتوانم بڵێم کە من کوردیی ناوەندی بە زمانی دایکیی خۆم دەزانم، چونکە نە تەنیا زمانی دایکوباوکمە بەڵکوو پێم وایە کە لە هەموو زمانەکانی دیکەی باشتر دەزانم، هەرچەند کە ٢٦ ساڵ لە ئێران ژیاوم و لەو ماوەیەدا ١٥ ساڵ بە فارسی خوێندوومە، نزیکەی دوو ساڵ لە تورکیە ژیاوم و هەندێک تورکی فێربوومە، و ١٦ ساڵ بە ئینگلیزی خوێندوومە و سی ساڵیشە مامۆستایی پێدەکەم. پەیامێک کە لێرەوە دەردەکەوێت ئەمەیە کە دایکوباوکەکان و خوێندکارە گەورەکان دەبێ مافی ئەمەیان هەبێت کە زمانی پێخوێندن هەڵبژێرن. لەوانەیە کوردێک حەز نەکات بە زمانی کوردی بخوێنێت، جا بە هەر هۆیەک بێت. هیچ زمانێک نابێت بەسەر هیچ کەسێکدا بسەپێت. زۆربەی کاتان، ئاکامی وەها کردەوەیەک نەرێنی و نەگەتیڤ دەبێت.

کاتێک باسی زمان و پەروەردە دەکەین دەتوانین مەبەستمان لانی کەم دوو شت بێت: **فێربوونی** زمان، یان فێربوونی بابەتەجیاوازەکان **بە** زمان. بۆ نموونە، ئێستا لە ئێران، هەموو بابەتەکان بە فارسی فێردەکرێن، بەڵام، وانەی ئینگلیزیش هەیە. فارسی کەرەسەی فێرکردنە، بەڵام، ئینگلیزی بابەتی فێربوونە. بەداخەوە، زمانی کوردی، یان زمانەکەمینەکراوەکانی دیکەی ئێران، لە ژینگەی فێرگەدا دەورێکی ئەوتۆ ناگێڕن. ئەگەر ڕۆڵێکیشیان هەبێت، بۆ نموونە قسەکردنی جاروبارەی مامۆستا و فێرخواز بە زمانی زگماکی، بە ڕەسمی نییە و تەنانەت لەوانەیە کە تووشی کێشەیان بکات. لە وتارەکانی پێشووی خۆمدا بەڵگەنامەم پێشکەش کردووە کە چۆن دامەزراوەکانی حکوومی هەڕەشەیان لە مامۆستا کوردەکانی شارێکی کوردی کردووە کە بە کوردی لەگەڵ قوتابییەکان قسە نەکەن (Sheyholislami, 2019). لەم وتارەدا، مەبەستی من زمان وەکوو

کەرەسەی فێرکردنە. واتە، بابەتی سەرەکی ئەم وتارە ئەمەیە کە بۆچی منداڵی کورد، یان کەمینەکراوەکانی دیکەی ئێران، بە زمانی خۆیان ناخوێنن؛ یان، بۆچی کوردی، لە پاڵ فارسی، زمانی پێخوێندن نییە. لە کۆمەڵگەی زمانی کەمینە یان کەمینەی زمانیدا، زمانی دایک لەڕاستیدا دەبێتە خوێندنی چەند زمان و بە چەند زمان، چونکە من کە دەڵێم زمانی دایک مەبەستم ئەوە نییە کە کەمینەکراوی وڵاتێک زمانی ئەو وڵاتە فێر نەبێت یان زمانەکانیتری ئەو وڵاتە فێرنەبێت و تەنیا زمانی خۆی فێر بێت، یان تەنیا بە زمانی خۆی بخوێنێت. بە پێی نوێترین لێکۆڵینەوەکانی ئەم بوارە، من دەڵێم کە منداڵ خوێندن بە زمانی خۆی دەست پێبکات، لانی کەم هەتا پۆلەکانی شەش یان هەشت، بەڵام دوایە بە فارسی و ئینگلیزیش بابەتەکانی دیکە فێر بێت. ئەو دوو زمانە، وەکوو بابەت، دەکرێت کە هەر لە پۆلەکانی سەرەتاییەوە بخوێندرێن (بەڵام، جارێ نەبن بە کەرەسەی پێخوێندن، لانی کەم هەتا قوتابی دەگاتە پۆلی حەوت) (Skutnabb-Kangas et al., 2009).

مەترسیدارترین ڕێگای تواندنەوەی زمانێک لە سەردەمی خوێندەواریی گشتیدا ئەمەیە کە کۆمەڵەیەکی زمانی، وەکوو کوردەکان، بۆیان نەبێت بە زمانی زگماکیی خۆیان لە فێرگە بخوێنن. کانگس و فیلپسن، دوای نزیکەی چل ساڵ لێکۆڵینەوە و هەروەها کەڵک وەرگرتن لە لێکۆڵینەوەی کەسانێکی تر، بەم باوەڕە گەیشتن کە لە سەردەمی خوێندەواریدا کە فێرگە و کتێب و ئینترنەت مێشکەکان دادەڕێژنەوە، ماڵ و گەڕەک چیتر ناتوانن پەسیو و پەناگەیەکی پارێزراو بن بۆ ڕاگرتنی زمانەکەمینەکراوەکان. لە سەردەمی تێکنۆلۆژی و خوێندەواریی گشتیدا، ئەمە بەس نییە کە زمان تەنیا لە ماڵ یان لە گەڕەک قسەی پێ بکرێت، بەڵکوو پێویستە منداڵ بە زمانی خۆی بخوێنێت، شانبەشانی زمانی دیکەش. هەر کۆمەڵگەیەک تاکوو خوێندەوارتر دەبێت، خەڵکەکەی زۆرتر بە زمانی فێرگە بیر دەکەنەوە و بیر دەردەبڕن. هەر بەو پێیەش، دایک و باوکەکان زۆرتر لەگەڵ زمانی پەروەردە ڕادێن، تا ڕادەیەک کە ئیتر ئەوانیش وردە وردە بەو زمانە لەگەڵ منداڵەکانیان قسە دەکەن. ئەگەر بەم زمانەش قسە نەکەن، بە زمانێک قسە دەکەن کە تێکەڵاوێکە لە فارسی و کوردی. ئەمە زۆر ڕاستە، بەتایبەت کاتێک ناوەرۆکی قسەکردن باسی بابەتگەلی ڕۆژ، زانستی، تێکنۆلۆژی، وەرزش، ئینترنەت، پەروەردە و لەم چەشنانە بێت کە هەم منداڵەکە و هەم دایکوباوکەکە ئاوا ڕاهاتوون بە

فارسی خۆ لە قەرەی ئەم بابەتانە بدەن؛ ڕانەهاتوون بە کوردی باسی ئەم بابەتانە بکەن. بۆیە، خوێندن بە زمانی دایک ئێجگار گرینگە بۆ ڕاگرتنی زمانی دایکی.

بێجگە لە زیندووڕاگرتنی زمانی دایکی، پەروەردەی چەندزمانە چەند لێکەوتەی ئەرێنی دیکەی هەیە. زمانی دایکی سوودی دەبێت بۆ ئەوە کە بابەتەکان لە فێرگە باشتر وەربگیرێن، ورەی منداڵ لە فێرگە بەرزتر بێتەوە و هەست بە کەمایەسیی زمانی نەکات، کە زۆر کاتان ئەمە هەیە ئەگەر منداڵ بە زمانێکی بخوێنێت کە نایزانێت. زمانی دایک هەروەها گرینگە بۆ چێکردنی ناسنامەی تاکەکەسی و ئێتنیکی. منداڵێک کە دەبینێت زمانی دایکوباوکی و شارەکەی لە فێرگە زمانی کتێب و مامۆستایە زۆرتر شانازی بە کولتوور و نەتەوەی خۆی دەکات. ئەو منداڵانەی کە ئەم شانسەیان نییە بە زمانی خۆیان بخوێنن، زمانی خۆیان و کولتووری خۆیان بەلاوە سووک دەبێت، یان لانی کەم لەچاو زمان و کولتووری باڵادەست نزمتری دەبینن. زمانی دایک هەروەها بابەتێکی مافی مرۆڤە. ڕێگەپێنەدان بە زمانی دایک پێشێلکردنی مافی مرۆڤە (May, 2012; De Varennes, 1996).

یەکێک لە گەورەترین بەرهەڵستەکان لەبەر دەم زمانی دایکی **ئایدیۆلۆژییە زمانییەکانن**. ئەم ئایدیۆلۆژییانە کاریگەرییان دەبێت لەسەر نوخبە، دەسەڵاتداران و پلاندارێژانی وڵاتێک، لەوانەش ئەو کەسانەی کە سیاسەتی زمانی بۆ وڵاتێک وەکوو ئێران دیاری دەکەن.

ئایدیۆلۆژییە زمانییەکان چین؟

ئایدیۆلۆژییە زمانییەکان بریتین لە کۆمەڵێک بیروباوەڕ سەبارەت بە پێکهاتە، پێگە و چۆنیەتی کەلکوەرگرتن لە زمان. ئایدیۆلۆژییە زمانییەکان بە شێوەیەکی کۆمەڵی هاوبەش دەکرێن. نە تەنیا خەڵکانی "ڕۆشنبیر"، خوێندەوار و دەسەڵاتدار، بەڵکوو خەڵکانی ئاساییش بەشدارن لە بەرهەمهێنانەوە یان بەرهەڵستبوونەوەی ئەم ئایدیۆلۆژییانە. ئایدیۆلۆژییە زمانییەکان دەتوانن جێگای مەترسی بن بۆ کۆمەڵ چونکە زۆربەی کاتان هەر بە ڕواڵەت سەبارەت بە زمانێکن؛ لە ڕاستیدا، ئەو ئایدیۆلۆژییانە

سەبارەت بە ئەو خەڵکەشن کە بە زمانێک قسە دەکەن یان بە ڕاوێژێک قسە دەکەن. بۆ نموونە، ئەگەر کەسێکی خەڵکی مەهاباد بە شێوەزاری شارێکی دیکە پێبکەنێت، لە ڕاستیدا بیروبۆچوونی هەر سەبارەت بە شێوەزاری ئەو شارە نەرێنی نییە، بەڵکوو بەر لە هەموو شت سەبارەت بە خەڵکەکەی سیلەیەکی نەرێنی گرتووە. ئایدیۆلۆژییە زمانییەکان لە ڕیشەوە نەرێنی یان ئەرێنی نین. ئەرێنی و نەرێنی بوونیان ماوەتەوە سەر ئەوە کە لە لایەن کێوە دەردەبڕدرێن، بەرەوڕووی کێ و بە چ مەبەستێک. ئایدیۆلۆژییە زمانییەکان بە شێوەی جۆراوجۆر بەرهەم دێن و چێ دەکرێنەوە، بۆ وێنە لە قسەی "خۆش"دا، قسەکردنی خەڵکی ئاساییدا، دەمەتەقەی چایخانەدا، چیرۆکەکاندا، ڕۆژنامەکاندا، دەقە ئەکادیمییەکاندا، و گوتاری نوخبەکان و سیاسییەکانی کۆمەڵگەیەکی وەکوو ئێراندا (Flowerdew & Richardson, 2018; Woolard, 2020)

هەندێک لە ئایدیۆلۆژییە زمانییەکان بە سانایی دەبیندرێن یان دەبیسترێن، وەکوو، "کوردی هەر زمان نییە؛ بەڵکوو زاراوەیەکە" (نەناسراو، تێچنی ئینستگرام، ١٥-٠٧-٢٠٢٤). یان، "زمانی کوردی [لە هەموو] زمانێک دەوڵەمەندتر و کۆنترە" (نەناسراو، تێچنی فەیسبوک، ١٦- ٠٩- ٢٠٢٣). ئەمانە بە شێوەیەکی ئاشکرا "زمانپەرستی" یان پێوە دیارە، بەو واتایە کە حاشا لە بوونی زمانێک دەکرێت؛ یان، زمانێک بە سەرتر و باڵاتر لە زمانی دیکە دەزاندرێت. ئەمانە ڕاست نین و هیچ بەڵگەیەکی زانستی و وێچووشیان لە پشتەوە نییە. ئەفسانەن؛ چێکراون؛ ئایدیۆلۆژین. لەگەڵ ئەمەشدا، دەتوانین بڵێین کە زۆربەی کاتان ئایدیۆلۆژییە زمانییەکان ئاوا ئاشکرا نین، بەڵکوو خۆیان دەشارنەوە؛ یان، نوخبەکان دەیانشارنەوە، لە جلوبەرگی چەمکی دیکەدا، وەکوو ئابووری، کولتوور، پەروەردە و هتد. واتە، دڵسۆزی یان خەمخۆری بۆ بوارێکی دیکەی ژیان دەکەن بە بیانوو بۆ ئەوە کە زمانە کەمینەکان سەرکوت بکەن، یان مافی زمانی پێشێل بکەن. بۆ نموونە، دەڵێن: خوێندن بە دوو یان چەند زمان لە ئاستی ئابوورییەوە تێچوونی زۆرە. ئەمەش بە قازانجی ئابووری وڵات نییە. خەڵکی ئاساییش بڕوا بە ئەمە دەکات، چونکە دەزانێت کە تێچوونی دوو کراس لە هی یەک کراس زۆرترە. کەچی نازانێت کە لە ئاستی پەروەردەی چەند زمانەدا ئەمە ڕاست نییە. نوخبەی گرووپە باڵادەستەکە ڕەنگە بزانێت کە دوو زمان گرانتر نییە لە یەک زمان، بەتایبەت لە درێژخایەندا، بەڵام خۆی گێل دەکات، بۆ ئەوە کە بتوانێت خەڵکە ئاساییەکە و تەنانەت

بەرپرسەکانیش بە لاڕێدا ببات. بەمجۆرە، ڕاستەقینەکان ڕێگای دەرکەوتنیان پێنادرێت، ئایدیۆلۆژییە باوەکان ڕکێف لێدەدەن و ڕمبازی خۆیان دەکەن.

من لەم وتارەدا، باسی هەندێک لەو ئایدیۆلۆژییە زمانییانە دەکەم و نیشان دەدەم کە چۆن خۆیان لە ناو چەمک و باوەڕە باوەکانی تردا حاشار دەدەن بۆ ئەوە کە درێژە بە مانەوەیان بدەن و خەڵکێکی زۆرتریش گەوج بکەن.

مێتۆدۆلۆژی

داتا بۆ ئەم وتارە لە خەزێنەی زانیاریی خۆم هەڵێنجراوە. ئەم خەزێنەیە بە درێژایی نزیکەی ٢٠ ساڵ لێکۆڵینەوە لەم بوارەدا پێکهاتووە. ئەو داتایانە بریتین لە دەنگوباسی ڕۆژنامە و ماڵپەڕە ئێرانییەکان، بەڵگەنامە ڕەسمییەکانی دامەزراوەکانی ئێران، وتووێژ و دیدارە ڕۆژنامەوانی، ڕادیۆیی و تەلەڤیزیۆنییەکان و، نووسینە ئەکادیمییەکانی نوخبە ئێرانییەکان. هەر کام لە ئەمانە گرینگیی تایبەت بە خۆیان هەیە. بۆ نموونە، نووسینە ئەکادیمییەکان، یان ئەو وتووێژانەی کە لە گەڵ نوخبەکان کراون گرینگیی زۆرتریان هەیە، لەبەر ئەوە کە خەڵکانی بینەر و خوێنەر زۆرتر بڕوا بە قسەی ئەو نوخبانە دەکەن هەتا قسەی ڕۆژنامەوانێک یان کەسێکی دیکەی ئاسایی وەکوو خۆیان. لەگەڵ ئەمەشدا، هەواڵ و لێکدانەوەکانی ڕۆژنامەوانەکانیش گرینگن چونکە ئەمانە کاریگەرییەکی ئێجگار گرینگیان هەیە لە پرۆسەی بەرهەمهێنانەوە و نوێکردنەوەی باوەڕە باوەکان و ئایدیۆلۆژییە زمانییەکان. ئەو داتایانە لە چەند وتاری دیکەدا بە شێوەی دیکە شیکراونەتەوە و پێشکەش کراون (Sheyholislami, 2012, 2019, 2022). من لێرەدا، بۆ ئەوە کە نیشان بدەم چۆن ئایدیۆلۆژییە زمانییەکان لە ناو باوەڕە باوەکانی دیکەدا خۆیان حاشار دەدەن و خۆیان بەرهەم دەهێننەوە پوختەیەک لەو ئایدیۆلۆژییە زمانییانە دێنمەوە کە بە درێژایی ئەو ساڵانە تووشیان بووم. بەداخەوە جێگا نییە کە دەقەکان وەکوو خۆیان بگێڕمەوە و وەریانگێڕمەوە سەر کوردی.

شیکاری

شێوازی شیکردنەوەی داتا بریتییە لە ئانالیزەکردنی بابەت (Theme Analysis). لەم ڕێبازەدا، دەقەکانی بەر لێکۆڵینەوە دەخوێندرێنەوە. بۆ هەر چەند ڕستەیەک، یان پاراگرافێک کە لەسەر یەک بابەتە، چەمکێک یان چەند چەمک دەنووسرێن کە ناوەرۆکی ئەو دەقە لە خۆیاندا کورت دەکەنەوە. هەندێک جار لەوانەیە پاراگرافێک لە چەند چەمکاندا کورت بکرێتەوە. کاتێ دەقەکە تەواو بوو، هەوڵ دەدرێت کە ئەو بابەت و تێمانەی لە یەکتر نزیکن (وەکوو ئابووری، پارە، تێچوون، داهات و هتد) کۆبکرێنەوە ناو یەک چەمک بۆ ئەوە کە دوایە دۆزینەوەکان تەنیا لە چەند چەمکی سەرەکیدا پۆلێن بکرێن. ئەگەر ڕادەی چەمکەکان زۆر و لەڕادەبەدەر بن، کۆکردنەوە و پۆلێنکردنی زانیارییەکان نەک هەر دژوار دەبێت بەڵکوو کەڵکێکی ئەوتۆشی نابێت بۆ خوێنەر. هەوڵم داوە کە بابەتەکانی ئەو دەقانەی بەردەستم، لە چەند چەمکدا کورت بکەمەوە کە زۆرتر لە چەمکەکانی دیکە کەڵکیان لێوەردەگیرێت بۆ ئەوە کە ئایدیۆلۆژییە زمانییەکان لە خۆیاندا بشارنەوە و بەرهەمیان بهێننەوە. ئەو چەمکانە ئاماژە دەکەن بە هەندێک بواری ئاشنای ژیان و بیرکردنەوە، وەکوو ئابووری، کولتوور، پەروەردە، سیاسەت و هتد. لەم پاراگرافانەی خوارەوەدا، هەرکام لەم بوارە باوانە دەکەم بە سەردێڕێک. دوایە، پێتان دەڵێم کە چ ئایدیۆلۆژییەکی زمانی لە چوارچێوەی ئەو بوارە باوەدا بەرهەم دێتەوە.

دوای ئەمە، لەبەر ڕۆشنایی بواری شیکاریی ڕەخنەگرانەی گوتار (Critical Discourse Analysis)، ئەو ئایدیۆلۆژییە شی دەکەمەوە (Flowerdew & Richardson, 2018). لە ڕوانگەی شیکاریی ڕەخنەگرانەی گوتارەوە، پێوەندییەکی دیالەکتیک و دوولایەنە هەیە لە نێوان زمان/گوتار و پێکهاتە کۆمەڵایەتییەکان. واتە، هەر دیاردە و کردەوەیەکی کۆمەڵایەتی زمانییە و بە پێچەوانەش. دیاردە کۆمەڵایەتییەکان گوتارین بۆیە کۆمەڵایەتین، بۆیە دەتوانین باسیان بکەین، دژیان بوەستینەوە، یان بڵاویان بکەینەوە. مادام ئەم ئاڵوگۆڕە فکری و کردەییانە لە نێوان مرۆڤەکاندا ڕوو دەدەن، پێوەندیی ڕاستەوخۆ یان ناڕاستەوخۆیان هەیە لە گەڵ چەمکگەلی وەکوو دەسەڵات و ئایدیۆلۆژی. کەوابوو، ئەگەر نەڵێین هەموو، زۆربەی هەرە زۆری کردە زمانییەکان و

گوتارییەکان ئایدیۆلۆژاوین. ئایدیۆلۆژی لە گوتاردا دەکرێ لە سێ ئاست بێت: دەق/تێکست (وشە، ڕێزمان، مێتافۆر و هتد)، بەرهەمهێنان و بڵاوکردنەوەی دەق (نووسین، چاپکردن، بڵاوکردنەوە، خوێندنەوە و لێکدانەوەی دەق/تێکست) و هەروەها، ژینگەی تێکست (پێوەندییەکان سەرووی تێکست کە دەبێتە هۆی هەبوونی تێکستێک یان گوتارێک، چۆنیەتی مانەوەی و پێوەندییەکانی لەگەڵ دەسەڵات و پێکهاتە کۆمەڵایەتی و مێژووییەکان) . بە پێی ئامانج و مەبەستی لێکۆڵینەوە، شیکاری دەکرێت لە سەر یەکێک، دوویان، یان هەموو ئەم ئاستانەدا بێت (Fairclough, 2015). لە سەر ئاستی نێوەڕاست، یان ئەوە کە بە ئینگلیزی پێی دەڵێن "مێسۆ" (meso)، لە بەرانبەر مایکرۆ/بچووک (micro) و، مەکرۆ/مەزن (macro)، دەبێ ئەمە لەبەر چاو بگرین کە زۆربەی ئەو دەقانەی بۆ ئەم وتارە شیکراونەتەوە بە فارسین. ئەمەش زۆربەی کاتان بەو واتایەیە کە گوتاری یەکزمانیی فارسی بەسەریاندا زاڵە، چونکە ئەو گوتارە هەروەها زاڵە بە سەر بۆچوونەکانی دەسەڵاتداران، میدیا و ئەو گفتوگۆیانەی تێیاندا دەکرێت، هەر بەو پێیە گوتاری خەڵکی ئاسایی لە سەر سۆسیال میدیا و شوێنی تر و تەنانەت، بە داخەوە، گوتاری زۆربەی ئەکادیمییە ئێرانییەکاندا، لەوانەش هەندێک بەناو زمانناس، کولتوورناس و کۆمەڵناس.

دوای شیکردنەوەیان، ئاکامی شیکردنەوەی ئایدیۆلۆژییەکان دەبێت لێکبدرێنەوە. بۆ ئەم مەبەستەش، لە چەند بواری لێکۆڵینەوە یارمەتی دەخوازم، وەکوو ئەو بوارە باوانە کە ئایدیۆلۆژییە زمانییەکان، بەتایبەت ئایدیۆلۆژیی یەک زمان، یەک دەوڵەت-نەتەوە، تێیاندا بەرهەم دێنەوە. دوایە، دەنووسم کە چۆن لەو بوارە کەلک وەردەگیرێت بۆ پەرەپێدانی ڕەوایەتی بۆ یەکزمانی، واتە فارسی و، نارەوایەتیی چەندزمانی، لە وڵاتی ئێران. دوای ئەمە، بۆ شیکرنەوە و بەرپەرچدانەوەی ئایدیۆلۆژیاکە، پەنا دەبەم بۆ نوێترین و بڕواپێکراوترین لێکۆڵینەوەکان لە بوارەکانی سیاسەت و پلانی زمانییەوە (Ricento, 2006)، سیاسەت و پلانی زمانی لە کوردستان (Hassanpour, 1992)، پەروەردە بە زمانی زگماکی و خوێند بە چەندزمان (Cummins, 2021)، کۆمەڵناسیی زمان (Fishman, 2006)، زمان و دەسەڵات (Bourdieu, 1991)، زمان و

ناسنامە (Joseph, 2004)، و زمان و مافی مرۆڤ (Skutnabb-Kangas & Phillipson, 2022).

بواری زمان و "زمانەوانی"[2]

1. *زمانەکانی بێجگە لە فارسی، لە ئێران، یەک ستانداردیان نییە، بەڵکوو چەند زاراوەیان هەیە و، بۆخۆیان ساغ نەبوونەتەوە کە کامەیان ببێتە زمانی پەروەردە. ئەگەر بۆخۆیان ساغ نەبنەوە، حکومەت چی بکات؟*

ئەم قسەیە چەند شتی ڕاستی تێدایە، بەڵام لە شوێن و کاتی ئەوتۆدا دەگوترێت کە ڕاستییەکان دەشارێتەوە و بابەتەکە ئاڵۆز دەکات. ئەمە ڕاستە کە کوردی چەند شێوەزاری هەیە و هەر شێوەزارێکیش چەند بنزاری هەیە. بەڵام، ئەمە تایبەت بە زمانی کوردی نییە. هەموو زمانێک هەر ئاوایە. با دوور نەڕۆین. زمانی فارسی لانی کەم سێ شێوەزاری جیاوازی هەیە: ئێرانی، ئەفغانی و، تاجیکی. هەر کام لە ئەمانەش بنزاری خۆیان هەیە. بۆ نموونە لە ئێران، فارسی تارانی هەیە، کرمانی هەیە، ئیسفەهانی هەیە و هتد. زمانێکی دنیاداگری وەکوو ئینگلیزی بە دەیان شێوەزار و بنزاری هەیە. ئینگلیزیی ئەمریکایی و ئینگلیزی (با لە ئینگلیزیی هیندی، سینگاپوری و هتد هەر گەڕێین) نەک هەر جیاوازیی ڕاوێژ (تەلەفوز) و وشەیان هەیە، بەڵکوو جیاوازیی ڕێزمانیشیان هەیە. زمانی کوردی لە چاو ئەو زمانە خواپێداوانە چاوی ڕەش نییە. ئەویش چەند شێوەزاری هەیە کە هەندێکیان تەنانەت زۆر جیاوازن لە ئەوانی دیکە. بۆ نموونە، هەورامی و زازاکی لە شێوەزارە کوردییەکانی وەکوو کوردیی ناوەندی، کوردیی باکووری و کوردیی باشووری زۆر جیاوازن. بەڵام، ڕاستەقینە ئەمەیە کە

[2] لێرەدا "زمانەوانی"م لە جووتکەوانە هاویشتووە بۆ ئەوە کە بڵێم، هەندێک لە هەڵوێستەکانی لایەندارانی ئەفسانەی تاکزمانی هەر بە ڕواڵەت دەکەونە بواری زمانناسییەوە؛ بەڵام، لە ڕاستیدا ئەمانە فڕیان بە سەر زانستی زمانناسییەوە نییە. لە باشترین حاڵەتدا، ئەم قسەلۆکانە سەربە زمانناسیی ڕەمەکی یان خەڵکین، نەک ئەو بوارە ئەکادیمییەی کە پێی دەڵێن "زمانەوانی" یان "زمانناسی".

زۆربەی هەورامیەکان و زازایەکان خۆیان بە کورد دەزانن. نەک هەر لە لایەنی ئیتنیکییەوە خۆیان بە کورد دەزانن، بەڵکوو زمانەکەشیان بە کوردی دەزانن. بۆ نموونە، تا ئێستا چەند جار هەورامییەکانی باشووری کوردستان داوانامەیان پێشکەشی حکومەت و پارلمانی کوردستان کردووە هەتاوەکوو هەورامی لە فێرگەکانی کوردستان بخوێندرێت. لەو داوانامانەدا، زۆربەی کاتان دەنووسن "کوردیی هەورامی" (Sheyholislami, 2017). کەوابوو، کوردیش وەکوو هەموو زمانێکی دیکەی ئەم گۆی زەوییە بەسەر چەند شێوەزاردا دابەش بووە: کوردیی ناوەندی، کوردیی باکووری، کوردیی باشووری، گورانی/هەورامی، زازاکی و لەکی. شک لە ئەمەدا نییە کە لە شوێنێکی وەکوو ڕۆژهەڵاتی کوردستان، چونکە هیچکام لە ئەمانە زمانی ستانداردی هاوبەش نین، وەڕێخستنی پەروەردە بە یەک زمانی کوردی ئاسان نییە و نابێت. لێرە جێگای خۆیەتی کە دوو پرسیار لە خۆمان بکەین. ١. ئایا پێویستە کە هەموو کوردی ڕۆژهەڵات، بێجگە لە فارسی، تەنیا بە یەک شێوەزاری ستانداردی کوردی بخوێنێت؟ وەڵامی ئەم پرسیارە دەمێنێتەوە بۆ خەڵکەکە. لەوانەیە خەڵکی ڕۆژهەڵاتی کوردستان لەو قۆناغە تێپەڕی بێت کە بتوانێت تەنیا یەک زمانی ستانداردی هەبێت و لە باتیان چەند شێوەزاری ستانداردی هەبێت. ئێستا لە کۆرسیکا، ئیرلەند، کەتەلۆنیا و زۆر شوێنی دیکە ئاوایە؛ ئەمانە زۆرتر لە یەک شێوەزاری ستانداردیان هەیە. بۆ نموونە، لە کەتەلۆنیا، زمانی کاتالۆنیایی پارێزگای ڤەلەنسیا جیاوازە لە کاتالۆنیایی بارسەلۆنا. ڤەلەنسیا ئەکادیمیەکی زمانی هەیە و بارسەلۆناش یەکی خۆی هەیە. لە ڕۆژهەڵاتی کوردستانیش ڕەنگە هەر ئاوا بێت. مەرج ئەمەیە کە خەڵکەکە بتوانن بۆ خۆیان تەما بگرن. ئەو کاتە، کوردەکانی کرماشان لەوانەیە تەما بگرن کە هەم بە کەلهوڕی بخوێنن، هەم بە کوردیی ناوەندی (جافەکان) و هەم بە فارسی. گرینگ ئەمەیە کە ئەوان مافی هەڵبژاردنیان هەبێت، نەک ئەوە کە لە ناوەند بۆیان دیاری بکەن کە چۆن و بە چ زمانێک بخوێنن.

2. زمانە غەیرە فارسییەکان توانایی ئەمەیان نییە کە زمانی پەروەردە بن.

ئەم قسەیە لە لایەن ئەو نوخبە ئێرانییانەوە دەکرێت کە گەرەکیانە بیری خەڵکی ئاسایی بە لاڕێدا ببەن. لەم کارەشدا سەرکەوتوو بوونە. شێوازێکی

گوتاری که ئەمانە کەلکی لێوەردەگرن بریتیە لە "سڕینەوە" (Erasure) (Irvine, 2022). شێوازی واتاچێکردنی پاککردنەوە ئەمەیە کە تۆ حاشا لە نەبوونی شتێک بکەیت بە هۆی شاردنەوە، باس نەکردن و پاککردنەوەی، نەک لە ڕێگای حاشالێکردنی بە ئاشکرا. بۆ ڕوونبوونەوەی بابەتەکە دوو سیناریۆ بێننە بەرچاوتان: لە وڵاتێک، بە ئاشکرا دەڵێن: زمانێک بە ناوی زمانی کوردی نەبووە و نییە. لە وڵاتێکیش، ئەمە ناڵێن، بەڵام، باسیشی ناکەن، نە لە فێرگە، نە لە دامەزراوە حکومییەکاندا و تەنانەت نە ڕێگا دەدەن کە لەسەر تابلۆی شەقامەکان بێت. ئەمە پێی دەڵێن: پاککردنەوە، یان بە کوردییەکەی، "خۆلێگێل کردن". لە بواری شیکاریی ڕەخنەگرانەی گوتاردا پێمان وایە کە هەندێک جار ئەم جووڵەگوتارییە، واتە پاککردنەوە، یان بێدەنگی لێکردن، بەهێزترە لە باسکردنی بە خراپ (Huckin, 2002). هەندێک جار ئەو شتەی کە لە تێکستێکدا باس نەکراوە، بەڵام مەعقوول بوو بکرێت، بۆ نیشاندانی ڕاستی و حەقیقەت گرینگترە لەو شتانەی کە لە دەقەکەدا باس کراون. بۆ نموونە، ئەو گوتارە ناسیۆنالیستییەی فارس ئەمە دەشارێتەوە، یان پاک دەکاتەوە، کە زمانێکی کەمینەکراوی وەکوو کوردی زۆرتر لە سی ساڵە کەرەسەی گوتنەوەی بیرکاری و زانستەکانە لە فێرگەکانی کوردستانی باشوور. یان، ئەمەش پاک دەکاتەوە کە زمانی تورکیی ئازەریش زۆرتر لە سی ساڵە کە زمانی وانەگوتنەوەی هەموو بوارەکان لە وڵاتی سەربەخۆی ئازەربایجانە (سۆڤیەتی پێشوو). هەندێک جار باس نەکردنی شتێک بەهێزتر لە باسکردنە. ئەمە نموونەیەکی باشە. خەڵکی ئاسایی ئێران، بەتایبەت ئەوانەی کە لە گوتاری باڵادەستی ناسیۆنالیزمی ئێرانیدا تواونەتەوە، ئاگاداری ئەمە نین کە لە باشووری کوردستان فێرخوازان بە کوردی دەخوێنن و لە ئازەربایجان بە تورکیی ئازەری دەخوێنن. بەڵام نوخبەی ناسیۆنالیزمی ئێرانی کە ئەمە باش دەزانێت باسی ناکات و ئەم ڕاستییە دەسڕێتەوە. بەمجۆرە، هەر بە باسنەکردن و پاککردنەوە درۆیەکی گەورە دەکات؛ درۆیەک کە بەداخەوە نەک هەر خەڵکی ئاسایی بەڵکوو زۆر کاربەدەستی حکوومیش بڕوای پێدەکەن. زانستی زمانناسی پێمان دەڵێت کە هەموو زمانێک توانایی ئەمەی هەیە ببێت بە زمانی پەروەردە، بەو مەرجە کە گۆڕەپانی پەرەگرتن و بەخۆداهاتنی بۆ بڕەخسێت، وشەسازی بۆ بکرێت، کاری پێ بکرێت و مۆدێرنیزە بکرێت. ناسیۆنالسیتە ئێرانییەکان یان خۆیان گێل دەکەن یان نازانن کە کاتی خۆی نەبورەیحانی

بیروونی گوتوویەتی: "ئەگەر کەسێک کتێبێکی زانستی کە وەرگێڕدراوەتە سەر فارسی بخوێنێتەوە، بۆی دەردەکەوێت کە جوانییەکەی نەماوە و گرینگایەتییەکەی وێران بووە ... بەمجۆرە، هەموو کەلکی خۆی لە کیس داوە، چونکە [فارسی] بە کەلکی هیچ نایەت بێجگە بۆ گێڕانەوەی چیرۆکی پاشاکان و حەکایەتی شەوانە" (Kalan, 2016, p. 123). خوێنەری ئەم دێڕانە باشە بزانێت کە زمانی کوردی، بۆ نموونە لە باشووری کوردستان، نە تەنیا زمانی هەموو پۆلەکانی فێرگەیە و زمانی کارگێڕی و میدیایە، بەڵکوو لە ئاستی خوێندنی باڵاش کارامەیە و تێزی دوکتۆرای پێدەنووسرێت. پەسندەرانی تاکزمانی یان ئاگاداری ئەمە نین (بەتایبەت وێنەی ژمارە ١)، یان ئاگادارن و خۆیان گێل دەکەن، وەکوو هەندێک ئەکادیمی و نوخبەی ئێرانی. هەندێک جار، هەڵوێستی ئەمانە ئەوەندە بۆ کەمینەکراوەکان برینداركەرە کە لایەندارانی کەمینەکراوەکان کاردانەوەی توندیان دەبێت. بۆ وێنە، لەسەردەمی ڕاپەڕینی ژینا/مەهسا ئەمینی دا کە جاروبار گفتوگۆ لەسەر مافی زمانی دەهاتە ناو باسەکانەوە، هەندێک گوتبوویان کە زمانەکەمینەکراوەکان لێهاتوویی ئەمەیان نییە ببن بە زمانی گوتنەوەی زانست. لەسەر سۆسیال میدیا، چالاکانی زمانی و کولتووریی کوردی بە سەدان وەڵامی لەم چەشنەی خوارەوەیان پێشکەش کرد (بڕوانە فیگۆر یان وێنەی ژمارە ١). مەبەست ئەمە بوو کە بڵێن، بۆ گوتنەوەی وانەی زانستی، کوردی لە فارسی بەهێزترە، چونکە لە کاتێکدا کە کوردی، بۆ ئەم مەبەستە، وشەگەلی خۆی هەیە، زمانی فارسی بە ڕادەیەکی ئێجگار زۆر کەلک لە وشە و دەربڕینی عەرەبی وەردەگرێت. ئەمە ڕاستە، کوردی چونکە زمانێکە لە ئاستی ستانداردبوونەوە لاوترە، توانیویەتی وشەگەلی نوێی زۆرتر لەم بوارانەوە دابتاشێت. بەڵام، ئەمە بەو واتایە نییە کە فارسی کزتر لە کوردییە. کوردێکی کە ئەم بڕوایەی هەبێت هەروەکوو فارسزمانە شۆڤێنیستەکە بیر دەکاتەوە کە مافی زمانی بۆ کوردەکان ڕەت دەکاتەوە. ئەمە یارمەتیمان نادات بۆ چارەسەرکردنی کێشەکان، بەڵکوو، قووڵتریان دەکاتەوە. زانستی زمانناسی پێمان دەڵێت کە وەرگرتنی وشە و دەربڕین، تەنانەت ڕێزمان و ڕێنووسیش، لە زمانێکی دیکە، نە نوێیە، نە ناوازەیە، نە تاوانیشە، بەڵکوو ئاساییە.

زبان، انسان و جامعه: ادبیات و زبان‌های اقلیت در ایران

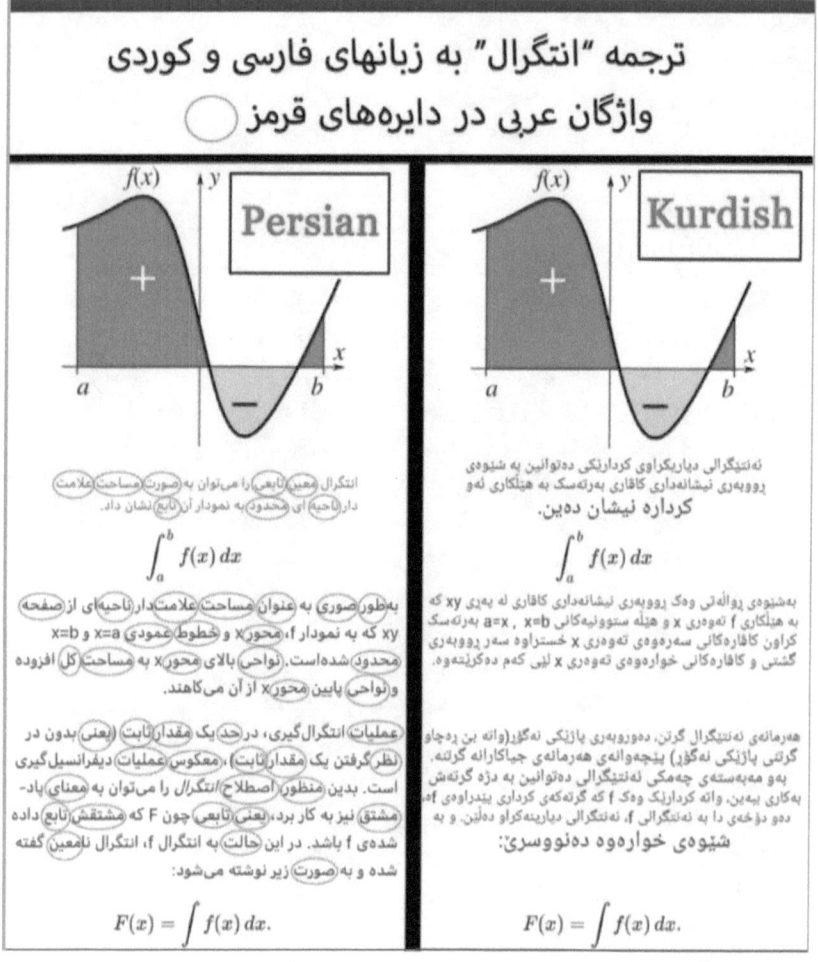

Figure 1 A post on X shows how mathematics discourse in Persian heavily borrows from Arabic. Retrieved July 2, 2024, from https://x.com/X_Sirwan/status/1495693998467559430/photo/1

3. زمانی فارسی زمانی هیچ قەوم و نەتەوەیەکی تایبەت نییە، بەڵکوو زمانی هەموو گەلانی ئێرانە. لەبەر ئەمە، زمانێکی بێلایەنە. بەڵام، کوردی و زمانەکەمینەکراوەکانی دیکە زمانی قەومی تایبەتن و تێکەڵاوی هەست و سۆزی ناسیۆنالیستین؛ ئایدیۆلۆژاوین.

لێکۆڵینەوەکان لەسەر زمانەکانی دنیا پێمان دەڵێن کە هەموو زمانەکان ڕەگ و ڕیشەیان لە مێژوو و کولتووری تایبەتدا هەیە، چونکە هەموو زمانێک لە لایەن کۆمەڵە مرۆڤێکەوە دروست کراوە. هیچ زمانێک لە ئاسمانەوە نەکەوتووەتە خوارەوە. هەموو زمانێک تێکەڵاوی ژیان، ئازار، شادی، حەز، تێکۆشان، شکست و سەرکەوتنی ئەو خەڵکەیە کە کەڵکی لێوەردەگرێت. بۆیە، ئاساییە کە ئاخێوەرانی زمانێک هەست و سۆزیان بۆ زمانەکەیان هەبێت. تەنانەت زمانێکی وەکوو ئێسپرانتۆ کە بە ڕواڵەت سەربە هیچ خەڵک و وڵاتێکی جیاواز نییە، لایەندارییەتی و ئایدیۆلۆژیی خۆی تێدایە، چونکە ئەو کەسەی کە دروستی کرد زمانێکی دیکەی زگماکی هەبوو، دینێکی تایبەتی هەبوو، خەڵکی شوێنێکی تایبەت بوو و خواردنی خۆی هەبوو. چیرۆک و تێکستەکانی ناو کتێبی ئێسپرانتۆش لەم زانیارییانەوە هەڵدەقوڵێ، نەک لە زانیارییەکانی کۆمەڵگەیەکی موسوڵمان. بەڵام، هەبوونی هەست و سۆز بۆ زمانێک بەو واتایە نییە کە بێزمان لە زمانەکانی دیکە بێتەوە، یان ئەوان لە خۆمان بە کەمتر بزانین. لە ڕاستیدا، ئەم قسەیە کە فارسی بێلایەنە بەڵام کوردی یان بەلووچی لایەندار و ئایدیۆلۆژاوین ئەوپەڕی لایەندارییەتی و ئایدیۆلۆژاویی بوون دەگەیێنێت. ئەمە سیاسەتێکە کە گوتاری خۆداسەپێنی فارسی ڕەچاوی دەکات بۆ ئەوە کە ئەو مافە بە زمانەکانی دیکە ڕەوا نەبینێت کە گۆڕەپانی فێرگە و کارگێڕی لەگەڵ بەش بکەن. لایەندارانی گوتاری هێژمۆنیی فارسیی ستاندارد دابینکردنی مافی زمانی بۆ زمانەکەمینەکراوەکان بە هەڕەشەیەک بۆ کیانەکەی خۆی دەبینێت. بۆیە، لە هەموو بیانوویەک دەگەڕێت بۆ ئەوە کە نیشان بدات هیچ زمانێکی دیکە شیاوی ئەمە نییە ببێتە زمانی پەروەردە، یان کارگێڕی.

بواری پەروەردە

1 . پەروەردە بە زمانی غەیرە فارسی واتە وەلانانی فارسی و نەخوێندن بە فارسی.

ئەمە دەنگۆیەکی بەهێزە کە لایەندارانی گوتاری هێژمۆنیی فارسی بڵاوی دەکەنەوە، چونکە لە ڕوانگەی ئەمانەوە دەشێت کە تەنیا یەک زمان لە فێرگە هەبێت. ئەمە هەمان ئایدیۆلۆژیی یەک نەتەوە، یەک زمانە، کە بە جۆرێکی دیکە خۆی دادەسەپێنێتەوە. ڕاستی چییە؟ ڕاستی ئەمەیە کە چەندزمانە بوون و فرەزمانی سروشتیترین دیاردەیە. هیچ وڵاتێک لەم دنیایەدا نییە (ئێستا ئایسلەندیش یەک زمانە نەماوە) کە تەنیا یەک زمانی هەبێت. زۆرتر لە ٤٠٪ وڵاتانی سەربەخۆی دنیا سیاسەتی چەند زمانی ڕەسمییان هەیە و منداڵەکانیان بە زۆرتر لە یەک زمان دەخوێنن، وەکوو سویس، بەلجیک، ئیسپانیا، ئینگلستان، کەنەدا، هیندوستان، باشووری ئەفریقا و هتد. بۆ ئەوە کە گوتاری تاکزمانیی خۆیان پەرە پێبدەن، ئاڵاهەڵگرانی ئایدیۆلۆژیی یەک زمان، یەک نەتەوە خەڵک ڕازی دەکەن کە بڕوا بکەن دنیا یان ڕەشە یان سپی، یان دەبێ فارسی بێت، یان بە فارسی نەبێت. کەچی وا نییە. پەروەردە دەکرێت بە چەند زمان بێت. کەس پێویست ناکات ئەم پرسیارە بکات کە ئایا پەروەردە بە فارسی بێت، یان بە کوردی بێت؟ پەروەردە دەکرێت کە هەم بە فارسی بێت، هەم بە کوردی بێت و هەم بە ئینگلیزی بێت. سێ زمان تاقیکراوەتەوە و سەرکەوتوانەش بەڕێوە چووە. یونێسکۆ بۆ ساڵی ٢٠٢٣ لە ساڵوەگەڕی ڕۆژی جیهانیی زمانی دایکی دا بانگەوازێکی ڕوون و ئاشکرای بڵاو کردەوە کە بانگەشە بۆ چەندزمان دەکات:

> "لە ٢١ی شوبات، ڕۆژی جیهانی زمانی دایک، یونێسکۆ داوا لە وڵاتان دەکات سیاسەتی پەروەردەی فرە زمانی پەیڕەو بکەن. ڕێکخراوەکە ئامۆژگاری دەکات کە منداڵان لە سەرەتای ساڵانی خوێندندا بە زمانی دایکی خۆیان فێربکرێن، کە دەتوانرێت لەگەڵ زمانی فەرمی فێرکردن تێکەڵ بکرێت، کە ڕێبازێکە بە پەروەردەی فرە زمانە ناسراوە."

واتە، هەم لێکۆڵینەوە ئەکادیمییەکان، هەم ڕێکخراوە جیهانییەکان و هەم زۆربەی حکوومەتەکانی ئەمڕۆی دنیا لە سەر خوێندن و پەروەردەی

فرەزمانی پێ دادەگرن، نەک هەر لەبەر ئەوە کە ئەمە کاریگەرترین ڕێگای پاراستنی زمانەکەمینەکراوەکانە، بەڵکوو لەبەر ئەمەش کە خوێندنی فرەزمانە لە هەموو لایەنێکەوە بە سوودی کۆمەڵگەیە: هۆشەکی، کولتووری، کۆمەڵایەتی، ئابووری و سیاسی.

2. منداڵان هەتا کەم تەمەنتر بن زمان باشتر فێردەبن، بۆیە پێویستە لە سەرەتاوە بە فارسی بخوێنن. ئەگەر ئاوا نەبێت دوایە فارسییەکی باش فێر نابن و لەهجەیان دەبێت.

لە ئەمەدا شک نییە کە منداڵ زمانی دووهەم و سێهەم ئاسانتر فێر دەبێت، لەبەر زۆر هۆی جۆراوجۆر کە پێوەندییان هەیە بە بایۆلۆجییەوە (مێشکی منداڵ نەرمتر و خۆڕێکخەرترە)، یان ڕەفتاری کۆمەڵایەتی (گەورەساڵ زۆر فووی لێدەکات و لە هەڵەکردن دەترسێت؛ منداڵ بیر و مێشک ئاوەڵاترە) و هتد. لەم ڕاستییە دەربچێت، لەم قسەیەی سەرەوودا، چەند گریمانە و دەربڕینی نازانستی و نائەکادیمی هەن کە پێویستیان بە لێکهەڵوەشانەوەیە.

یەک: نابێ کفر بێت کە نافارسێک بە لەهجە و ڕاوێژی ناوچەی خۆی فارسی قسە بکات. مەگەر ئیسفەهانییەک یان مەشهەدییەک بە ڕاوێژی خۆی فارسی قسە ناکات؟ هەمووومان ڕاوێژ و لەهجەمان هەیە. گرفتەکە لێرەدایە کە زمان یان ڕاوێژی باڵادەست بە هۆی هەبوونی دەسەڵاتەوە خۆی بەسەر هەموو ئەوانی دیکەدا فەرز دەکات. لە ڕوانگەی ئەوەوە، بۆخۆی بێ لەهجە و ڕاوێژە، بەڵام ئەوانەی وەکوو ئەو قسە ناکەن لەهجەیان هەیە. کەچی ئاوا نییە: تارانییەکەیش لەهجەی هەیە؛ پێی دەڵێن، لەهجەی تارانی. جێگای داخە کە لە چەرخی ٢١دا هەبوونی لەهجەی غەیرە تارانی ئێستاش بابەتی جۆک و گاڵتەجاڕییە، تا ئەو جێگایە کە لە تاران وانەی نەهێشتنی لەهجەی غەیرە تارانی هەیە. لە شوێنێکی وەکوو کەنەدا ئەمە زۆر ئاساییە کە کەسێک لەهجەی تۆرۆنتۆی نەبێت، یان بە ئاشکرا لەهجەی فارسی، تورکی، یان کوردی هەبێت. ئەمە نە بەرگری لێدەکات کە ببێت بە مامۆستای زانکۆ و نە ببێت بە ئەندامی پارلمانی کەنەدا. گرینگ ئەمەیە کە بتوانێت بە ئینگلیزی خۆی دەرببڕێت یان پێی بنووسێت.

دوو: هیچ لێکۆڵینەوەیەکی ئەکادیمی بە ئێمە ناڵێت کە منداڵێک ناتوانێت دوو زمان هاوکات فێر بێت. لێکۆڵینەوەی زانستی هەروەها نیشانی داوە

که هەتا تەمەنی بلووغ هەموو منداڵێک دەتوانێت زمانی دووهەم، سێهەم و چوارەم وەکوو قسەکەرانی خۆیان فێر ببێت.

سێ: لێکۆڵینەوەکان پێمان دەڵێن کە پێویستە زمانی فێرگەی منداڵ لە زمانی ماڵ و گەڕەکەکەی جیا نەبێت، دەنا بابەتەکان باش فێر نابێت، یان ڕەنگە لە خوێندن بێزار بێت ئەگەر بێتەوە ماڵ و دایکوباوک نەتوانن یارمەتی بدەن. کەوابوو، باشترە کە منداڵ لانی کەم هەتا ساڵەکانی ٤ی سەرەتایی بە زمانی زگماکی بخوێنێت. هەر لە پۆلی یەکەمیشەوە وانەی فارسی و ئینگلیزی هەبێت. کاتێ دەگاتە پۆلەکانی ٥ و ٦ دەکرێت کە ئەوجار بە فارسیش وانەی پێ بگوترێتەوە، هاوکات لە گەڵ کوردی و ئینگلیزی. ئەو لێهاتووییانەی کە منداڵ پێویستە فێریان بێت لە فێرگە، وەکوو خوێندنەوە، پۆلێنکردنی زانیاری، تێبینیی ڕەخنەگرانە و هتد، بە زمانی زگماکی باشتر فێریان دەبێت. کاتێ ئەمانە فێر بوو، زۆر ئاساییە کە ئەم لێهاتووییانە لە زمانێکەوە بگوازێتەوە بۆ زمانی دووهەم و سێهەم. واتە، ئەگەر منداڵێک بە زمانی دایکی زانی کە چۆن زانیاری پۆلێن بکات بە هەموو زمانێکی دیکە دەتوانێت بیکات؛ لەسەرەتاشەوە ئەگەر بە زمانی دایکی بیکات، زووتر و ئاسانتر فێری دەبێت (Cummins, 2000).

بواری مێژوویی

1 . زمانی فارسی هەمیشە بە دڵخواز وەرگیراوە و قەت بەسەر خەڵکانی غەیرە فارسدا دانەسەپاوە.

زۆر کەس زمانی دیکە فێر دەبن بۆ ئەوە کە بە ئامانجێک بگەن، وەکوو بنیاتنانی پێوەندییەکی خزمایەتی، یان بە مەبەستی سەفەر کردن، یان کار و کاسبی کردن یان خوێندن. لەم حاڵەتانەدا، دەتوانین بڵێین کە زمانێک بە سەر کەسێکدا دانەسەپاوە. لەوانەیە زۆر کەس لە خەڵکانی کەمینەکراوی ئێرانیش بە دڵخوازی خۆیان فێری فارسی بووبن. بەڵام، با بزانین مامۆستا هێمن موکریانی لەو بارەوە چیمان پێدەڵێت. لە پێشەکییەکەیدا بۆ "تاریک و ڕوون":

"من لە ژیانم دا ڕۆژی ڕەش و تاڵم زۆر دیون، بەڵام ڕۆژی ڕەشتر و تاڵترم لەو ڕۆژە نەدیوە کە چوومە مەدرەسە. مامۆستاکەم کە خۆی کورد بوو و دوایەش تێ گەیشتم فارسی باش نازانێ، بە فارسی تێی ڕاخوڕیم. هیچ تێ نەگەیشتم. هاودەرسەکانم کە هەموویان لە من باوخۆش تر بوون پێم پێ کەنین. زۆر بە خۆم دا شکامەوە. ماوەیەک بە شەو لە بن لێفەدا لە ترسی مەدرەسە دەگریام و بەیانی بە قرخەمەرەسی دەچوومەوە. منداڵ هەموو گاڵتەیان پێ دەکردم و پێ یان دەگوتم "کرمانج". لە مەهاباد بە خەڵکی لادێ دەڵێن کرمانج و بە وشەیەکی سووکی دەزانن. دوایە بۆیان گێڕامەوە دەیانگوت بە فارسی جنێومان پێ داوی و حاڵی نەبووی. چاک بوو سێ چوار کوڕەپوورم لەو مەدرەسە دەیانخوێند و لەسەریان دەکردمەوە. دەنا منداڵە وردکە لەوانە بوو شێتم بکەن..." (Hêmin, 1973, p. 6).

هێمن و کەسانی تریش وەکوو ئەو سەر بە چینێکی کۆمەڵایەتیی تێروتەسەل بوون، باوکیان خوێندەوار بوو و فارسییان دەزانی و تەنانەت مامۆستای ماڵەوەشیان هەبوو (بۆ نموونە سەعید ناکام مامۆستای ماڵەوەی هێمن و براکەی بوو). لەبەر ئەمە، سەرەڕای ئەو ئازارەی کە هێمنی منداڵ تووشی بوو، لە فێرگە مایەوە و زمانەکە فێر بوو. بەشێکیشی ڕەنگە ئەمە بووبێت کە بەر لە فارسی، هێمن کوردی دەزانی. بە دەیان فێرخوازی دیکەی سەردەمی هێمن و دوای ئەویش، وەکوو سەردەمی منیش، خوێندنیان تەواو نەکرد و بەنیوەچڵی فێرگەیان بەجێ هێشت. ڕەنگە هۆی دیکەی ئابووری و ئەمانەش پاڵنەری ئەو کەسانە بووبن، بەڵام، لێکۆڵینەوەکان نیشانیان داوە کە یەکێک لە هۆیەکانی بەجێهێشتنی فێرگە لە پارێزگاکانی سنووریی ئێران ئەوە بووە کە بۆیان نەبووە بە زمانی زگماکیی خۆیان بخوێنن (Kalan, 2016, p. 56).

گریمان کە بەڕاستی هەموو خەڵکی ئێران بە دڵ و گیان و بە باوەش و گوێی کراوەوە فارسییان وەرگرتووە و پەسند کردووە. بۆچی ئەمە دەبێت ببێتە بەرهەڵستێک لەبەرانبەر زمانی دایکیدا؟ وەکوو پێشتر نووسیم: ئەمە

هەڵەیە کە بپرسین، لە کۆمەڵگەیەکی چەند زمانەدا، گەلۆ خەڵک بەم زمانە بخوێنێت یان بە ئەو زمانە. دەبێ بڵێین: با منداڵەکان بە چەند زمان بخوێنن بە پێی داخوازیی خۆیان، ئەگەر لە تەمەنی تەماگرتندا بن، یان دەنا بە پێی ویستی دایکوباوکەکانیان، بنەماڵەکانیان و دەرەتان و لەدەستهاتنی کۆمەڵەکە.

2. بۆ سەدان ساڵ فارسی زمانی نووسین و هاوبەشی وارێکی ئێجگار پان و بەرین، لە هندوستانەوە یان قەوقاز، بووە.

پێم وا نییە کەس حاشا لە ئەم ڕاستییە بکات که بۆ چەند سەد ساڵ زمانی فارسی زمانی دەربارەکان، شاعیران و میرزاکانی جۆگرافیایەکی پان و بەرین بووە. بەڵام، ئەمە هیچ لەو ڕاستییە ناگۆڕێت کە هەتا ئەمڕۆش زمانی فارسی زمانی زگماکیی میلۆنان خەڵکی غەیرەفارسی ئێران نییە. بۆ وێنە، باپیر و باوکی من چونکە زەویدار و وردەمالیک بوون، لە بنەماڵەی شێخولئیسلام بوون (باوکی هێمن موکریانی)، درابوونە بەر خوێندن، "گوڵستان" و "بوستانی" (سەعدی)یان خوێندبوو؛ فارسییەکی کتێبیان دەزانی. هەروەها، گوێیان لە ڕادیۆ تاران، بی.بی.سی و پەیکی ئێران دەگرت. بەڵام، نە نەنکەکانم و نە دایکم هەتا مردن هیچکات فارسییان نەزانی. دوو خوشک و برایەکم یان نەچوونە فێرگە یان زۆر زوو بەجێیان هێشت. ئەگەر ئەمە ئەزموونی منی منداڵی وردەمالیک بووبێت، ئاخۆ ئەزموونی میلیۆن کوردی ڕۆژهەڵاتی بێدەرەتان و گوندنشین چۆن بووە.

پرسیارێکی کە دەبێت بکرێت ئەمەیە: بۆچی کۆن بوونی فارسی دەبێت ببێت بە بەر هەڵستێک لەبەرانبەر زمانی بەلووچی یان کوردیدا؟ ئایا ئەگەر منداڵی بەلووچ بە زمانی زگماکیی خۆی بخوێنێت، لە کۆن بوونی فارسی کەم دەبێتەوە؟ بەڕاستی کێشەکە چییە، جگە لە ئەمە کە خاوەنانی گوتاری زاڵی زمانی فارسی هەر مافێکی زمانی بۆ زمانەکەمینەکراوەکان بە هەڕەشەیەک بۆ سەر دەسەڵاتی خۆیان دەزانن؟ ئەوان باش دەزانن، کە ئەگەر منداڵی تورکی ئازەری لە تەورێز بە زمانی زگماکیی خۆی بخوێنێت تاکزمانیی فارسی جێگای پێ لەق دەبێت؛ دەزانن کە ئەوکاتە دەبێ دەسەڵات بەش بکرێت. کێشە لەسەر زمان هیچکات تەنیا لەسەر زمان نییە؛ کێشە زمانییەکان لە کێشە سیاسی و کۆمەڵایەتییەکان جیا ناکرێنەوە.

بواری کولتووری

1 . ئەگەر ڕێگاشیان پێبدەن، کەمینەکراوەکان منداڵەکانیان هەر دەنێرن بۆ فێرگەی زمانی فارسی؛ بۆ خۆیان زمانەکەی خۆیان وەلادەنێن، نەک لە ژێر پاڵەپەستۆ و گوشاری دەسەڵاتی ناوەندا.

یەکێک لەو بیانووپانەی کە بانگەدەرانی ئایدیۆلۆژیی تاکزمانی (فارسی) دەیهێننەوە ئەمەیە کە گۆیا ئەگەر مافی زمانیش بە کەمینەکراوەکان بدرێت، بۆ خۆیان حەز ناکەن منداڵەکانیان بنێرن بۆ فێرگەی زمانی کوردی. دەڵێن، داواکاری بۆ زمانی دایکی دروستکراوی هەندێک ناسیۆنالیستە کە گەرەکیانە زمانی فارسی بخەنە پەراوێزەوە. پێویستە چەند خاڵ لێرەدا باس بکرێن. یەک، پێشتریش گوتمان، کە زمانی کوردی بە واتای ئەمە نییە کە بە فارسی نەخوێندرێت، لانی کەم بۆ منی پسپۆڕی ئەم بوارە. دوو، لە ڕاستیدا ترسەکە زۆرتر لە ئەمەیە کە ئەگەر مافی زمانی بدرێت بە کەمینەکراوەکان، دەسەڵاتی زمانیی گۆڕەپانی فێرگە، دوایە شوێنی دیکەش، لە نێوان فارسی و زمانەکانی دیکەدا دابەش دەکرێت. واتە، ترسی سەرەکیی ناسیۆنالیستە بەرچاوتەنگە ئێرانییەکان ئەمەیە کە ناچار بن ئەو دەسەڵاتە فەرهەنگی و ئابووری و کۆمەڵایەتییە لە نێوان خۆیان و کەمینەکراوەکاندا بەش بکەن، کە تاوەکوو ئێستا تەنیا بۆ خۆیان بەڕەوا زانیبوو. سێ، هیچ کەمینەکراوێک بە دڵخوازی خۆی زمان و کولتووری خۆی وەلانانێت؛ هەر کات ئەمە ڕوو بدات، دڵنیا بن فشارێک لەگۆڕێدایە، جا ئەمە ترس بێت (بۆ وێنە لە بێبەشبوون لە دەرفەتەکان، وەکوو خوێندن و بەڵگەنامە وەرگرتن)، یان ویست و حەز بێت بۆ سەرکەوتن و پێشکەوتن (بۆ وێنە بۆ دۆزینەوەی کاری باشتر یان بۆ گەیشتن بە پلەوپایەی بەرزتری سیاسی و کۆمەڵایەتی). واتە، کوردێک لە ئێران دەزانێت کە ئەگەر دەسەڵاتی بەسەر زمانی فارسیدا نەبێت ناتوانێت بچێت بۆ زانکۆ، یان ناتوانێت بگاتە هیچ پلە و پایەیەک. هەروەها، دەزانێت کە ئەگەر زۆر هەوڵ بۆ زمان و کولتوورەکەی بدات، لەوانەیە تووشی ئەزیەت و ئازار بێتەوە، وەکوو چۆن بۆ زارا موحەممەدی، کە بە هۆی گوتنەوەی وانەی کوردی پێنج ساڵ زیندانییان بۆ بڕییەوە. پرۆفیسۆر ستیڤن مەی، کە زۆرتر لە سی ساڵە لەگەڵ کەمینەکراوەکانی "ماوری"ی نیوزیلەند کار دەکات و لێکۆڵینەوە لە سەر زمانەکەیان دەکات، باش ئاگادارە کە بۆچی کەمینەکراوەکان لەوانەیە زمانەکەی خۆیان وەلابنێن:

"ئەگەر زمانە زۆرینەییەکان [وەکوو فارسی لە ئێران] بە بەردەوامی وەک زمانی 'پەیوەندییەکی فراوانتر' [یان هاوبەش] بنیات بنرێن لە کاتێکدا زمانە کەمینەکان وەک (تەنیا) هەڵگری 'نەریت' یان 'ناسنامەی مێژوویی' سەیر بکرێن ... سەخت نییە بزانین چی لە بەسەر دووهەمیان دێت. زمانە کەمینەکان بە ناچاری وەک زمانێکی سنووردار سەیر دەکرێن، ڕەنگە تەنانەت بە شێوەیەکی چالاکانەش زمانێکی بێ یارمەتیدەر سەیر بکرێن - نەک تەنیا لەلایەن کەسانی دیکەوە، بەڵکو زۆرجار لەلایەن خودی قسەکەرانی زمانە کەوە (May, 2012, p. 257).

Figure 2 Teachers from Sne (Sanandaj) hold a sign: "The first principle of education is teaching in the mother tongue". Source: Hengaw Organization for Human Rights. May 12, 2022: https://x.com/HengawO/status/1524638566885826562

ئەگەر فشار و پاڵپەستۆی ئابووری، سیاسی یان کۆمەڵایەتی نەبێت، هیچ مرۆڤێک بە دڵخوازی خۆی و خۆبەخشانە حاشا لە خۆی و بەشە سەرەکییەکانی ناسنامەی خۆی ناکات؛ هەر بەم پێیەش حاشا لە زمانی خۆی ناکات. ئەگەر ئاخێوەرانی زمانی کوردی زمانەکەی خۆیان وەلابنێن، هەروەکوو چۆن لە بەشێک لە ئێران و بە ڕادەیەکی زۆرتریش لە تورکییە

کراوە، تاوان لە کوردەکان نییە؛ تاوان لە ئەو سیستەم و دەسەڵاتانەوەیە کە بە شێوەی جۆراوجۆر زمانەکەمینەکان دەخەنە پەراوێزەوە، گاڵتەیان پێدەکەن، بە زاراوەی فارسی ناویان دێنن، وەکوو زمانی تەنیا کولتوور و شەقام باسیان دەکەن و بە زۆر هەڵیانداوێرن لە گۆڕەپانی فێرگە، میدیا و کارگێڕی و تەنانەت تابلۆی سەرشەقامەکان، بۆ ئەوە کە درێژە بە هێژمۆنیی خۆیان بدەن.

بواری ئابووری

ئایدیۆلۆژیی تاکزمانی، یان یەک دەوڵەت-نەتەوە و یەک زمان، کەلک لە بواری پارە و ئابووریش وەردەگرێت بۆ ئەوە کە دەسەڵاتی خۆی درێژە پێبدات. ئەمە سیاسەتێکی زیرەکانە و لە هەمان کاتیشدا هەڵخەڵەتێنەرە. زیرەکانەیە چونکە خەڵکی ئاسایی دەزانێت پارە چییە و چەندە گرینگە، بۆیە کە بابەتێکت بە زمانی بازاڕ و پارە باس کرد، خەڵکی ئاسایی باشتر لێت تێدەگات. با چاو لە چەند نموونەیەک بکەین.

1 . تێچووی پەروەردە بە دوو زمان زۆرترە لە پەروەردە بە یەک زمان.

ئەمە تاکتیکێکی وشیارانەیە کە بڵێیت پەروەردە بە دوو زمان زۆرتری تێدەچێت لەچاو پەروەردە بە یەک زمان، چونکە خەڵکی ئاسایی دەزانێت کە نرخی دوو شت زۆرترە لە یەک شت. لەبەر ئەمە، لەوانەیە خەڵکی ئاسایی، بەتایبەت خەڵکێک کە قسەکەری زمانە باڵادەستەکەن، بە ئاسانی بڕوا بەم قسەیە بکەن. کاتێ بڕوایان کرد لەگەڵ قسەکەرەکە هاوڕا دەبن و دەڵێن: پەروەردە دەبێت هەر بە یەک زمان بێت، ئەو زمانەش دەبێت زمانی زۆرینە بێت. کەوابوو، پەروەردە نابێت بە زمانی کەمینە بێت تەنانەت بۆ کەمینەکراوەکانیش. ئەم بۆچوونە هەڵخەڵەتێنەرە، چونکە دژایەتی هەیە لەگەڵ ئاکامی لێکۆڵینەوەکانی ئەکادیمیی ئەم بوارە. خەڵکی ئاسایی، بەداخەوە، ئەمە نازانن. ئەوان چاویان لە دەمی نوخبەکانی ئێرانە کە ئەوەی بانگەشەی بۆ دەکەن دژی لێکۆڵینەوە ئەکادیمییەکانە. بۆ نموونە، فرانسوا گرێن (Grin, 2006)، کە پسپۆری هەم ئابووری و هەم زمانناسیی جێبەجێکارانەیە، خەڵکی وڵاتێکی چوارزمانەی وەکوو سویسیشە، نیشان

ده‌دات که فێرگەیەکی بە دووزمان تەنیا نزیکەی سێ لە سەد (٣٪) لە فێرگەیەکی یەکزمانە تێچووی هەیە. بۆ؟ چونکە، تۆ کە ٢٠ مامۆستات هەیە، ڕادەکەیان ناکەیت بە ٤٠ ئەگەر فێرگەکە بوو بە دووزمانە، بەڵکوو هەمان ٢٠ مامۆستات دەبێت، بەڵام، ئێستا ١٠یان وانەکان بە فارسی دەڵێنەوە و ١٠یان بە کوردی؛ یان بە شێوەیەکی باشتر، هەر بیستەکە دەکرێت مامۆستای دوو زمانە بن و خەڵکی ئەو شوێنە بن کە فێرگەکەی لێیە. واتە، مامۆستاکان هەم فارسی بزانن و هەم کوردی. هەر دوو زمان دەکرێت کە هەر لە یەک بینا و ساختوماندا بگوترێنەوە و بەمجۆرە خەرجی ئاو، کارەبا، گەرما، پاکردنەوە و هەموو شتی تر هەروەکوو خۆی دەمێنێتەوە و زیاد ناکات. تەنیا شتێکی کە ڕەنگە لە سەرەتادا زۆرتری تێبچێت کتێب و هەندێک کەرەسەی خوێندنە. فرانسوا گرێن کە لە ژیانی خۆیدا بە ئەزموونیش فێرگەی دوو زمانە و چەندزمانەی لە وڵاتەکەی خۆی، واتە سویس، بینیوە و لێکۆڵینی بۆ کردوون، پێمان دەڵێت، کە لە درێژخایەندا، ئەو سێ لە سەدە تێچووەش، کە بۆ فێرگەیەکی دووزمانە زۆرترە، کاڵ دەبێتەوە و هەر نامێنێت، چونکە دووزمان دەیان لێکەوتەی ئەرێنی و باشی هەیە. ئەمانە نەتەنیا ئەو ٣٪، قەرەبوو دەکەنەوە بەڵکوو لە ئەوەشی تێدەپەڕێنن. هەندێک لەو لێکەوتە ئەرێنیانە بریتین لە:

- باشترکردنی لێهاتووە هۆشەکییەکانی منداڵ (Cummins, 2021)
- زۆرترکردنی دەسمایە و سەرمایەی کۆمەڵایەتی و کولتووری بۆ کەمینەکراوەکان (Bourdieu, 1991)
- بەدیهێنانی دەرەتانی بەرانبەر و دادپەروەرانەی ئابووری، کۆمەڵایەتی و فەرهەنگی بۆ هەموو هاووڵاتییان کە ئەندامی جڤاتی زمانیی جۆراوجۆرن (Grin, 2006)
- کەمکردنەوە و تەنانەت سڕینەوەی دژایەتییە ئیتنیکی و ناوچەییەکان لە وڵاتێکی چەندزمانەدا (De Varennes, 1996)
- ڕێزگرتن لە مافی زمانی کە بەشێکە لە مافی مرۆڤ (Skutnabb-Kangas et al., 1995)

بە پێی ڕاپۆرتێکی ساڵی ٢٠١٧ی ڕێکخراوی نەتەوە یەکگرتووەکان، لە وڵاتی "مالی"، زمانی دایکی کەمینەکان بە ڕێژەی ١٩% کەمترە لە یەک زمانی ڕەسمی. یەکێک لە هۆیەکانی کەمبوونەوەی تێچوونیش ئەمەیە کە ڕادەیەکی زۆر کەمتری فێرخوازان واز لە فێرگە دەهێنن و بەمجۆرە ڕادەیەکی کەمتر ناچار دەبن خوێندن دووبارە بکەنەوە. ئەمەش لە تێچووی پەروەردە کەم دەکاتەوە. هەروەها، لە بورکینافاسۆ، کۆماری دیموکراتیی کۆنگۆ و ئێریتریا، بەکارهێنانی زمانی یەکەمی منداڵان وەکوو زمانی سەرەکیی فێرکردن، لە شەش بۆ هەشت ساڵی یەکەمی فێرگە، بوو بە هۆی کەمبوونەوەی ڕێژەی دووبارەبوونەوە و وازهێنان لە خوێندن، باشتربوونی ئەنجامی فێربوون و وەدیهاتنی زۆر سوودی دیکەش. (United Nations Special Rapporteur on minority issues, 2017).

بواری پێشکەوتنی کۆمەڵایەتی

یەکێک لەو بوارانەی تر کە لایەنگرانی تاکزمانی دەیهێننە ناو گفتگۆکان لەسەر زمانی کەمینەکراوەکان بواری پێشکەوتنی کۆمەڵگەیە (Development). واتە، گوتاری هێژمۆنیخوازی فارسی گەرەکییە بڵێت کە ڕەتکردنەوەی زمانی کەمینەکراوەکان نیشانەی دژایەتی ئەوان لەگەڵ ئەو زمانانە نییە، بەڵکوو ئەمە دڵسۆزییە بۆ کەمینەکراوەکان. دەڵێن:

1. خوێندن تەنیا بە زمانی فارسی قسەکەرانی هەموو زمانەکان دێنێتە سەر یەک ئاست و بەمجۆرە ڕێگایان پێدەدات کە لە ژیاندا پێشبکەون و ناوچەکەی خۆشیان پێشکەوتوو بکەن.

ئەمە لە ڕواڵەتدا قسەیەکی وێچوویە، بەڵام ئایا لێکۆڵینەوە زانستییەکان پشتی ئەمە دەگرن؟ نا. پرۆفیسۆر سەعید پەیوەندی کە مامۆستای کۆمەڵناسی لە فەڕانسەیە، دەڵێت کە ئەو پارێزگایانەی ئێران کە زۆربەی خەڵکەکەیان فارس نین لە هەموو پارێزگاکانی دیکە، بۆ نموونە پارێزگا ناوەندییەکانی تاران، ئیسفەهان، مەشهەد و هتد، لە لایەنی ئابووری و ئاوەدانییەوە پاشکەوتووترن. واتە، پێوەندییەکی چڕ هەیە لە نێوان هەلومەرجی ئابووری خەڵک و ئەو زمانەی کە بۆ پەروەردە کەڵکی لێوەردەگرن (Renani, 2016). ئەو خەڵکانەی کە بۆیان نییە لە

سەرەتاوە بە زمانی زگماکی بخوێنن هەژارتریش دەبن. ئێمە لێرەدا باسی تاک یان خەڵکانێکی کەم ناکەین کە ڕەنگە ئەگەر بە فارسیش خوێندبیان هەر زەنگین و سەرکەتوو بوایەن؛ بەڵکوو، ئێمە بە گشتی دەڵێین و باسی ناوچەیەک یان ناوچەگەلێک بە گشتی دەکەین. دوکتور ئەمیر کەلان (Kalan, 2016) لە زمان بیرەوانی بەناوبانگی بواری مافی زمان، توڤە سکوتناب-کانگس، دەگێڕێتەوە کە "هەژاری ... لە کۆتاییدا بابەتی 'بێبەشکردنی توانا'یە –[ئابووری، کۆمەڵایەتی و دەروونی]"، و "کۆدەنگییەکی گشتی لە نێوان ئابووریناسان، دەروونناسان و زانایانی کۆمەڵایەتی دیکەدا هەیە کە پەروەردە ڕەنگە گرنگترین زانیاری بێت بۆ گۆڕینی 'تواناکانی مرۆڤ'". واتە، بە بێ گۆڕانکاری لە سیستەمی پەروەردەدا، کە ببێتە هۆی گۆڕانی تواناییەکان، چەتوونە ئاڵوگۆڕ لە ئاستی ئابووری و ئاوەدانییەوە بێتە ئاراوە. سکوتناب-کانگس (هەمان سەرچاوە) هیچ شکی نییە کە داسەپاندنی یەک زمانی ڕەسمی و وەپشتگوێ خستنی زمانی زگماکیی منداڵان پەرە بە هەژاریی ئەو منداڵانە دەدات. بەپێچەوانەوە، پەروەردەی فرەزمانی پەرە دەدات بە ئاوەدانی، پێشکەوتن و باشتربوونی باری ئابووریی ئەو پارێزگایانەی کە لەچاو ناوەند پاشکەوتوون.

بواری مافی مرۆڤ

لایەندارانی ئایدیۆلۆژیی یەک دەوڵەت-نەتەوە و یەک زمان یان خۆیان لە بابەتی مافی زمانی دەبوێرن یان دەڵێن کە ئەوانەی زمانی زگماکی دەکەن بە بابەتی مافی مرۆڤ ئامانجی دیکەی سیاسییان هەیە. دەشڵێن کە مسۆگەرکردنی مافی خوێندن بە زمانی دایک مافی دەستڕاگەیشتن بە فارسی ناهێڵێت. هەروەها دەڵێن کە خوێندن بە زمانی دایکی بەشێک نییە لە مافی مرۆڤ. ئەم قسانە هەم ڕاستییان تێدایە و هەم درۆ. ئەمە ڕاستە کە تاوەکوو ئێستاش ئێمە یاسایەکی بەهێزی جیهانیی مافی زمانیمان نییە کە حکوومەتەکان ناچار بن پێی پابەند بن.[3] ئەو یاسایانەش کە هەن پڕن

[3] Universal Declaration of Linguistic Rights (1996); the European Charter for Regional or Minority Languages (1992); the Convention on the Rights of the Child (1989); the Framework Convention for the

لەو وشە و دەربڕینانەی کە ڕێگا دەدەن حکوومەتەکان هەست بە بەرپرسیارییەتی نەکەن. بۆ نموونە لەو یاسایانەدا دەخوێنیتەوە کە دەڵێت، منداڵ مافی خۆیەتی بە زمانی دایکی بخوێنێت "ئەگەر دەرەتان هەبێت"، یان "ئەگەر ژومارەی پێویستی قوتابی هەبێت" و هتد. ئەمانەش ڕێگا دەدەن بە حکوومەتەکان کە بە بیانووی جیاواز مل بۆ ئەرکەکە نەدەن. لەگەڵ ئەمەدا کە وەها یاسایەکی بەهێزی نێونەتەوەیی لەگۆڕێدا نییە، زۆربەی بیرەوانانی ئەم بوارە لەسەر ئەم بڕوایەن کە زمانی دایکی مافی هەموو منداڵێکە. وەکوو سکوتناب-کانگاس و فیلیپسن پێمان دەڵێن، مافە زمانییەکان بە تێپەڕبوونی کات پەرەیان سەندووە بۆ پاراستنی ئەو تاک و گروپانە کە دەسەڵاتداران بە شێوەیەکی نادادپەروەرانە لەگەڵیان جووڵاونەتەوە (Skutnabb-Kangas & Phillipson, 2022). پەیوەندییەکی ئاوا قووڵ و نزیک لەگەڵ "جووڵانەوە لەگەڵ مرۆڤ" ئەمەش دەگەیێنێت کە مافی زمانی پێوەندی هەیە بە ئازادیی ڕادەربڕین، بەشداریی دێموکراتیکانە لە کۆمەڵدا و، نوێنەرایەتیکردنی هاووڵاتیان. بە قسەی ویل کیملیکا (Kymlicka & Straehle, 1999)، تیۆریسیەنی فرەکولتووری لە کەنەدا، زەحمەتە ئێمە بتوانین باسی دێموکراسی بکەین لە کاتێکدا هەندێک هاووڵاتی دەستیان ڕانەگات بەو زمان یان زمانانەی کە هەڵبژاردنیان پێدەکرێت، سیاسیەکان قسەیان پێدەکەن و نووسینیان پێ بڵاو دەکەنەوە. دەنگدان و بەشداریی دێمۆکراتیکانە دەبێت بە زانیارییەوە بێت و هەبوونی زانیاریش بەستراوەتەوە بە ئەوە کە زانیارییەکان بە چ زمانێکن. ئایا بە زمانی هاووڵاتین یان بە زمانێک یان زمانگەلێکی کە هەر ئی زۆرینەن و کەمینە نایانزانێت. کەوابوو، دابینکردنی مافی زمانی بۆ هەموو هاووڵاتیان بەشێکی نەپچڕاوەی دێموکراسییە. هەر لەبەر ئەمەش، ڕەتکردنەوەی مافی زمانی دەتوانێت دژایەتی بێت لەگەڵ مافی ئازادیی ڕادەربڕین، و دەتوانێت ببێتە هۆی نافەرمانیی مەدەنی یان تەنانەت ململانێی سەربازی (De Varennes, 1996)، وەک ئەوەی چەند دەیەیەکە لە کوردستاندا هەیە (هەروەها بڕوانە May, 2012). لە کۆتایی

Protection of National Minorities (1988); Convention against Discrimination in Education[2] and the International Covenant on Civil and Political Rights (1966).

ئەم بەشەدا پێویستە بڵێین کە کاتێک باسی مافی زمانی دەکەین لە ئێران، بۆ نموونە بۆ کوردەکان، مەبەست ئەمە نییە کە تەنیا مافی فێربوون بە کوردییان هەبێت، بەڵکوو مەبەست ئەمەیە کە بڵێین، ئەوەندەی منداڵی کورد مافی هەیە بە کوردی بخوێنێت ئەوەندەش مافی هەیە کە بە زمانی فارسی بخوێنێت و فێر بێت. هەندێک بیرەوان (وەکوو سکوتناب-کانگس) ئەمە بەرفرەوانتریش دەکەن و دەڵێن، دەستڕاگەیشتن بە ئینگلیزیش، وەکوو زمانێک کە هەلی کار و دەرەتانی زۆرتر دەڕەخسێنێت، دەبێ بەشێک بێت لە مافی زمانی.

بواری سیاسەت

کەمتر کەسێک هەیە، جا خەڵکی ئاسایی بێت یان ئەکادیمی، کە باسی زمانی دایک بکات و خۆ لە قەرەی سیاسەت نەدات. ئەمە باش نیشان دەدات کە زۆر زەحمەتە زمان لە لایەنەکانی دیکەی کۆمەڵ جیا بکەینەوە. ئەو ئایدیۆلۆژیای کە لەم پێوەندییەدا زۆربەی کاتان بەرهەم دەهێنرێتەوە ئەوەیە کە یەک وڵات دەبێت هەر یەک زمانی ڕەسمی هەبێت.

1. یەک دەوڵەت-نەتەوەی بەهێز هەموو کات هەر یەک زمانی ڕەسمی هەبووە. مەعقوول نییە کە ناوچە جیاوازەکانی وڵاتێک زمانی ڕەسمی خۆیان هەبێت. لەو حاڵەتەدا، وڵاتەکە هەڵدەوەشێتەوە.

ئەم بۆچوونە چەند هەڵەی زۆر زەقی تێدایە و بەرپەرچدانەوەشیان ئاسانە. یەک: ئەمە ڕاست نییە کە هەر وڵاتێک لە جیهان تەنیا یەک زمانی ڕەسمی هەیە. ئەمڕۆ، لە زۆربەی هەرەزۆری وڵاتانی فرەزمانەی دنیا زۆرتر لە یەک زمان ڕەسمییە. لە ڕاستیدا، کۆنترین و سەقامگیرترین دێمۆکراسیی دنیا، واتە وڵاتی سویس، چوار زمانی ڕەسمی هەیە: ئاڵمانی، فەڕانسەیی، ئیتالیایی و ڕۆمانش. سەرنجڕاکێش ئەمەیە کە ئەو وڵاتە زمانی هاوبەشی نییە. منداڵی زووریخ، کە زۆربەیان بە ئاڵمانی دەدوێن، بە کامە زمانان دەخوێنن، یان منداڵانی ژنێڤ، کە زۆربەیان بە فەڕانسەیی دەدوێن، بە کامە زمانان دەچنە فێرگە، ماوەتەوە سەر زمانی زگماکیی منداڵەکان، هەلومەرجی شارەکە، ویستی دایکوباوکەکان و پێشکەوتنی پەروەردە و

گەشەکردنی مێشکی منداڵەکان. بۆیە، لە زووریخ زۆربەیان بە ئاڵمانی دەخوێنن و لە پاڵ ئەوەوە فەڕانسەییش فێر دەبن. بەڵام، لە گەڕەکێکی دیکە، کە ئیتالیایی زۆر لێدەژین، لەوانەیە بە ئالمانی و ئیتالیایی بخوێنن؛ لەپاڵ ئەمانەوە، ئینگلیزیش فێر دەبن. نیگەرانییەکی، یان بیانوویەکی، گەورە و سەیروسەمەرەی ئێرانییە ناسیۆنالیستەکان ئەمەیە کە ئەگەر کوردێک فارسی نەزانێت چۆن دەتوانێت بچێت لە تەورێز کار بکات. وەڵامەکە زۆر ئاسانە. کەس نەیگوتووە کە کوردەکان فارسی یان تورکیی ئازەری فێر نەبن. ئەو کەسەی هەر فارسی فێر نابێت ئاشکرایە ناچێت بۆ تەورێز و تاران کە لەوێ کار بکات. بەڵام، ئەگەر تەمایەکی ئاوای هەبێت، ئەوە فێری فارسیش دەبێت. دێموکراسیش هەر ئەمەیە، کە تاک بتوانێت بۆخۆی هەڵبژێرێت چی گەرەکە، نەک ئەمە کە لە ناوەند تەما بۆ کەسێکی بەلووچ بگیرێت و تەماکەی بەسەردا داسەپێت بەو بیانوویە کە مەرکەز بەرژەوەندیی ئەوی لەبەرچاوە. ئەمە دڵسۆزیی نییە، بەڵکوو دیکتاتۆرییە.

خاڵی دووهەم ئەمەیە کە نە تەنیا لە وڵاتە فرەزمانییەکان زمانی ڕەسمی زۆرن و ڕۆژ بە ڕۆژ زۆرتریش دەبن، بەڵکوو هەندێک وڵات هەن کە زمانی هاوبەشیان هەیە. وەکوو ئەو وڵاتانەی کە ئینگلیزییان کردووە بە زمانی ڕەسمی یان زاڵی خۆیان، یان ئەو وڵاتانەی کە بە ئاڵمانی دەدوێن، یان ئەوانەی کە بە فەڕانسەیی دەدوێن. هاوبەشبوون لە زماندا ئەمانەی نەکردووە بە یەک دەوڵەت-نەتەوە یان تەنانەت یەک نەتەوە. بەتایبەتی لە دوای شەڕی جیهانیی دووهەم، ئاڵمانیی سویسی خۆی زۆر جیاواز لە ئاڵمانیی وڵاتی ئاڵمان یان ئاڵمانیی وڵاتی ئوتریش دەبینێت؛ ئەمانە خۆیان وەکوو نەتەوەی جیاواز دەبینن. هەر ئاواشە. داسەپاندنی یەک زمان بە سەر هەموو گەلانی ئێراندا بە تۆپزی خەڵکە جیاوازەکانی ئێران ناکات بە فارس یان تەنانەت ئێرانی بە شێوەیەکی خۆبەخشانە. مێژووی دەیان وڵات کە تەنانەت شەڕ و کێشەی نەتەوەیی و ئیتنکی تێدابووە نیشانی داوە کە ئەو وڵاتانە بەهێزتر بوون دوای ئەوە کە مافی زمانیی نەتەوە جیاوازەکانی نێوخۆیان بە ڕەسمی ناسیوە، وەکوو ئیسپانیا، سریلانکا، ئەفریقای باشووری، کەنەدا و ئینگلستان. لە شەستەکاندا، پارێزگای فەڕانسەیی زمانی کوبەک خەریک بوو لە کەنەدا جیا بێتەوە. کەچی کاتێ مافی زمانییان بە ڕەسمی ناسێندرا و فەڕانسەیی بوو بە یەکێک لە زمانە ڕەسمییەکانی کەنەدا، لە دوو ڕێفراندۆمدا، خەڵکی کوبەک دەنگیان دا کە نایانهەوێ لە کەنەدا جیا ببنەوە. بۆچی؟ چونکە مافی زمانیی ئەوان لە

ڕادەی سەربەخۆییدایە؛ بۆ وێنە، لە پارێزگای کوبەک، کە بەشێک لە وڵاتی دوو-زمان ڕەسمیی کەنەدایە، تەنیا فەڕانسەیی ڕەسمییە. ئایا دەوڵەتی ناوەندی حەز لە ئەمە دەکات؟ نا. بەڵام، ئەو مافەش بەخۆی نادات کە خۆی تێهەڵقوتێنێت و دەستووری کوبەک بگۆڕێت، چونکە دەزانێت کە ئەگەر ئاوا بکات، دیسان ناسیۆنالیزمی کوبەک بەهێزتر دەبێتەوە و کوبەک داوای سەربەخۆیی دەکات. ئەگەر نەڵێین هەموو، زۆربەی بیرەوانان و لێکۆڵەرانی ڕۆژاوایی ئەم بوارە پێمان دەڵێن کە بە ڕەسمی ناسینی مافی زمانیی کەمینەکراوەکان وڵاتێکی فرەزمان بەرەو ئاشتی، هێمنایەتی، سەقامگیری و پێشکەوتن دەبات، نەک پێچەوانەکەی (May, 2011).

سووککردن و بەکەمگرتنی داوای خوێندن بە زمانی دایکی

ناسیۆنالیستە بەرچاوتەنگە ئێرانییەکان، کە بانگەواز بۆ ئایدیۆلۆژیی یەک نەتەوە و یەک زمان دەکەن، جا لە مامۆستای زانکۆوە بگرە هەتا سیاسییەکان، هەوڵ دەدەن کە بە شێوەی جیاواز لە گرینگایەتیی ئەو بابەتە کەم بکەنەوە و کورد گوتەنی، دیزە بە دەرخۆنەدا بکەن. لێرە، دوو نموونە لەو جۆرە ئایدیۆژییانە دێنمەوە و بەردێکی لەسەر دادەنێین.

1. منداڵە فارسزمانەکان لە فێرگەکانی تۆرۆنتۆ یان لەندەن ناچارن بە ئینگلیزی بخوێنن، چونکە زمانی زاڵ یان ڕەسمی لەو شوێنانە ئینگلیزییە نەک فارسی. کەوابوو، منداڵی کوردیش لە ئێران دەبێت هەر بە فارسی بخوێنیت چونکە فارسی تەنیا زمانی ڕەسمیی ئێرانە.

ئەمە یەکێک لەو هەڵوێستانەیە کە لایەندارانی ئەفسانەی "تاکزمانی" پەیتا پەیتا لە مشتومڕەکانی ئەم باسەدا دەیهێننە گۆڕ. ئەمە لە دنیای گفتوگۆ و مشتومڕ (دیبەیت) دا پێیدەڵێن، "ئەنالۆجیی هەڵە"، یان "پێکگرتنی هەڵخەڵەتێنەر". لێرەدا، کوردی لە ئێران شوبهێندراوە بە فارسی لە تۆرنتۆ. ئەمە بەلاڕێبردنێکی ئاشکرایە، جا چ لە نەزانییەوە بکرێت یان بە ئانقەست. بۆچی؟ لەبەر ئەوە کە زمانی فارسی لەم چەند دەیەی دواییدا گەیشتووەتە

تۆرنتۆ یان لەندەن، بەڵام زمانی کوردی هەزاران ساڵە لەو مەڵبەندەی پێی دەڵێن "کوردستان" قسەی پێدەکرێت. واتە، فارسی لە کەنەدا یان ئەورووپا زمانێکی پەناهێنەرە، زمانێکی میراتیی تازەهاتووەکان بۆ ئەو وڵاتانەیە، بەڵام کوردی زمانێکی خۆجێیی و خۆماڵییە لە کوردستان، یان لە چوارچێوەی سنووری سیاسیی ئێران. ویڵ کیملیکا، فەیلەسووفی کەنەدایی، بە دوور و درێژی باسی ئەمە دەکات کە بۆچی زمانێکی میراتی (وەکوو فارسی یان کوردی) لە کەنەدا ناتوانێت هەمان مافی زمانی هەبێت کە زمانێکی خۆجێیی وەکوو زمانی خەڵکانی یەکەم لەم وڵاتە هەیانبێت، یان هەمان مافی فەرانسەیی و ئینگلیزییان هەبێت کە نزیکەی ٤٠٠ ساڵە لەم وڵاتە قسەیان پێدەکرێت و ئێستاش زمانی ڕەسمیی کەنەدان.

بێجگە لە ئەمە کە پێکگرتنی فارسی لە تۆرنتۆ و کوردی لە ئێران لە بنەڕەتدا هەڵە و هەڵخەڵەتێنەرە، ئەمەش ڕاست نییە کە منداڵی فارسزمان ناتوانێت بە زمانی خۆی لە لەندەن یان تۆرنتۆ بخوێنێت. هەر نەتەوەیەک و گرووپێکی زمانی دەتوانێت بە شێوەی تایبەتی (خوسووسی) فێرگەی هەبێت و، وەزارەتی پەروەردەش بەڵگەنامەکەی پەسند دەکات. ئەمڕۆ لە باکووری ئەمریکا و ئەورووپا هەوڵێکی زۆر لەگەڕدایە بۆ ئەوە کە فێرگەکانی فرەزمان پەرەیان پێبدرێت. کەچی لە ئێران ئێستاش خوێندن هەر بە یەک زمانە. لە تۆرنتۆ نە تەنیا کۆمەڵەی فارسزمانەکان بۆیان هەیە کە فێرگەی تایبەتیان بە زمانی خۆیان هەبێت (بە پارەی خۆیان)، بەڵام بۆیان هەیە کە ڕۆژانی شەممە یان یەکشەممە کۆرسی زمانی میراتییان هەبێت بە پارەی حکوومەت. وەزارەتی پەروەردەی ئۆنتاریۆ ئامادەیە کە پارەی مامۆستا و شوێن بدات بۆ ئەوە کە فارسەکان، یان کوردەکان منداڵەکانیان فێری زمانی زگماکیی خۆیان بکەن. ئەمڕۆشی لەگەڵ بێت، دەسەڵات لە ئێران تەنانەت ئامادە نییە کە پارەی یەک وانە زمانی کوردی، یان بەلووچی، یان تورکیی ئازەری لە فێرگەکان بدات. داوای زمانی دایکیش کە ئێتر بووە بە نیشانەی جیاوازیخوازی و هەڵوەشاندنەوەی وڵاتی ئێران. دامەزراوە ڕۆشنبیری و پەروەردەییەکانی کەنەدا و ئینگلستان، کە خۆیان سەردەمانێک ناوەندی ئایدیۆلۆژیی تاکزمانی بوون، ئێستا گاڵتەیان بەو جۆرە بیرکردنەوەی ئیلیتی ئێرانی دێت.

2. ئێران لە ڕادە بەدەر زمان و زاراوەی هەیە. دابینکردنی خوێندن بۆ هەموو ئەمانە ناگونجێت.

ئەم قسەیەش گوتارجووڵەیەکی (discursive move) دیکەی چەواشەکارییە. ئەوانەی ئەم قسانە دەکەن باش دەزانن کە بەرزترین دەنگەکان بۆ مافی زمانی لە ٥ یان ٦ جڤاتەوە هەڵدەستن: ئازەربایجان، کوردستان، بەلووچستان، ئەهواز و، ڕەنگە، تورکمەنستان. واتە، باسکردنی ئەوە کە ئێران نزیکەی ٨٠ زمانی هەیە و چۆن دەکرێت داوای هەموو ئەمانە دابین بکرێت، تەنیا بۆ سووککردن و بێبایەخکردنی داوای مافی زمانییە لە لایەن ٥ یان ٦ جڤاتی زمانییەوە. هیچ شک لە ئەمەدا نییە کە زۆرتر لە ٥٠ زمان لە ئێران قسەیان پێدەکرێت (بڕوانە ئێتنۆلاگ، Ethnologue.com)، بەڵام هیچ کەس نەیگوتووە کە هەر ئێستا دەبێت بۆ هەموویان فێرگە هەبێت، یان هەموویان بکرێن بە ڕەسمی و هتد. مافی زمانی بە زۆر نادرێت. واتە، ئەگەر جڤاتێکی زمانی داوای مافی زمانی بۆ خۆی نەکات و بە فارسی ڕازی بێت، تۆ ناتوانی بەزۆر بەسەریدا بسەپێنی. ئەگەر زۆر چاکەی لەگەڵ بکەیت، بەجێیە کە لەو جڤاتەدا وشیاریی زمانی پێکبێنیت، بۆ نموونە بۆیان ڕوون بکەیتەوە کە بۆچی پێویستە زمانی خۆیان بپارێزن و هتد. کاتێ ئەم وشیارییە چێ بوو، ئەو کات لەوانەیە خۆیان داوای فێربوونی زمانەکەیان لە فێرگە بکەن، یان داوای خوێندن بە زمانی دایکی بکەن. بەڵام، ئەم وشیارییە، یان داواکردنی مافی زمانی، لە زۆربەی ئەو جڤاتە زمانییانەدا یان نییە یان وەبەرگوێی ئێمە و بەرپرسان نەکەوتووە. لە هیندوستان نزیکەی ٢٠ زمان لە هەرێمی خۆیان ڕەسمین لە پاڵ هیندی و ئینگلیزی. لە باشووری ئەفریقا ١١ زمان ڕەسمین. کەوابوو، ئەگەر لە ئێران دە زمان لە ناوچە و هەرێمەکانی خۆیان ڕەسمی بن و لە پاڵ فارسی ببن بە زمانی خوێندن نموونەیەکی ناوازە نابێت. واتە، لە شوێنی دیکە خوێندنی فرەزمانی هەبووە، دەتوانن لەو سیستەمانە فێر بن و بە شێوەیەکی باش و ڕێکوپێک بەڕێوەی ببەن.

ئەنجام

ئایدیۆلۆژییە زمانییەکان خۆیان دەشارنەوە، گەرا دادەنێن و بڵاو دەبنەوە لە بابەتی دیکەدا کە بە ڕواڵەت زۆر پەیوەندییان به زمانەوە نییە. هەر ئەمەش هۆی نادیار بوون و مانەوەی بەردەوامی ئایدیۆلۆژییە زمانییەکانە؛ ئەوەندە تێکەڵاون لەگەڵ بابەتەکانی دیکەی ژیان کە نە بە ئاسانی وەبەرچاو

دەکەون، نەدەکەونە ژێر پرسیار و پشکنین. لەبەر ئەمە، پێویستە ئێمە وەکوو ئەکادیمی و لێکۆڵەر، یان چالاکی زمانی، ئەمانە لێک هەڵوەشێنینەوە. پێویستە کە لە دەقەکاندا، لە قسەکردندا، شوێنەکاندا، لەسەر تابلۆکاندا بیاندۆزینەوە و نیشانیان بدەین و، پاشان، شیبیان بکەینەوە و لێکیان هەڵوەشێنین. دەرکەوتووە سیاسەتی زمانی تەنانەت ئەگەر زۆریش ئەرێنی بێت بەتەنیا بەس نییە، چونکە ئەو سیاسەتە ئەگەر زۆریش ئەرێنی بێت و بە نووسینیش هەبێت بەڵام بە کردەوە نەیێتە مەیدان دەتوانێ مەترسی زۆرتری هەبێت. چونکە لەوانەیە خەڵکەکە فریو بدات کە ئەننەهوو گۆڕانێک ڕوویداوە، بەڵام لەکردەوەدا هیچ ڕووی نەداوە.

گۆڕان لە سیاسەت و کردەوەی زمانیدا هەر وا بە سووک و ئاسانی ڕوو نادات. گۆڕانکاریی ئەرێنی هەوڵ و تێکۆشانی گەرەکە، وەکوو چێکردنی وشیاریی زمانی، وشیارییەک کە دەبێت هەم لە ناو خودی ئاخێوەرانی شێوەزارێکدا بکرێت و هەم لە نێو ئەوانەدا کە گەرەکیانە ئەو شێوەزارە بتوێننەوە. لە زۆربەی وڵاتانی دنیادا هەر ئاوا بووە. زۆربەی وڵاتانی دنیا، وەکوو کەنەدا، دژی سیاسەتی پەروەردەی چەند زمانە بوون. سەردەمانێک، ئورووپاییەکانی نیشتەجێبووی کەنەدا بە یارمەتی و پلانی حکومەت و کلیسا، ئەوەندەی کە بۆیان کرا، زمانە خۆجێیەکانی خەڵکانی ڕەسەنی کەنەدایان تواندەوە. تەنانەت منداڵی خەڵکانی خۆجێییان بەزۆر لە دایکوباوکەکانیان ئەستاند و بردیانن بۆ فێرگە شەووڕۆژییەکانی خۆیان بۆ ئەوە کە زمان و کولتووری زگماکییان لەبیر ببەنەوە. ئەگەر یەکێک لەو منداڵانە بە زمانی خۆی قسەی بکردایە، سزای توند و تیژیان بەسەردا دەسەپاند. سیاسەتی نادادپەروەرانە تەنانەت بەسەر فەڕانسەییەکانیشدا داسەپێندرا. بۆ نموونە، وەزارەتی پەروەردەی پارێزگای ئۆنتاریۆ ساڵی ١٩١٢ یاسایەکی دەرکرد بە ناوی یاسای ١٧. بە پێی ئەو یاسایە، فێرگەکان بۆیان نەبوو کە دوای پۆلی ٢ وانەی فەڕانسەیی پێشکەش بکەن. یاساکە ساڵی ١٩١٣ بەڕۆژ کرایەوە. ئەمە خەڵکی فەڕانسەیی زمانی پارێزگای ئۆنتاریۆی ئەوەندە توورە کرد کە ئامادە نەبوون لە شەڕی یەکەمی جیهانیدا ناوی خۆیان بۆ سەربازی بنووسن. یاساکە ساڵی ١٩٢٧ نەرمتر بۆوە. واتە، قوتابخانەکان بۆیان هەبوو کە بە پێی داوخوازی جڤاتەکە دوای پۆلی دوو وانەی فەڕانسەییان هەبێت. نزیکەی پەنجا ساڵی خایاند تاوەکوو یەکەم فێرگەی تەواو فەڕانسەیی، گشتی، لە ساڵی ١٩٦٩ لە ئۆنتاریۆ دامەزرا. ئەمەش لەبەر ئەوە بوو کە جووڵانەوەی ناسیۆنالیستی و

سەربەخۆییخوازانەی کوبەک لە لووتکەدا بوو. ئێستا نزیکەی چل ساڵ دەبێت کە بە پێی داوای هاووڵاتیان، لە هەر پارێزگایەکی کەنەدا، فێرگەکانی فەرانسەیی زمان بۆیان هەیە کە لەسەر حیساب و دەخڵی حکوومەت دامەزرێن و کار بکەن. سیاسەتی زمانی لە ئاست خەڵکانی خۆجێییش گۆڕاوە و ئەرێنیتر بووە. سەردەمانێک منداڵی خەڵکانی خۆجێیی بۆیان نەبوو کە لە فێرگە بە زمانی خۆیان تەنانەت لەگەڵ یەکتریش قسە بکەن. بەڵام، ئێستا بە میلیۆن دۆلار خەرج دەکرێت بۆ ئەوە کە ئەو زمانە خۆجێییانەی لە مەترسیی توانەوەی ئێجگاری دان بپارێزرێن، فێری منداڵان بکرێن و تەنانەت ئەگەر بکرێت ئەو زمانانە بکەن بە ئامرازی وانە گوتنەوە. ئایا دەتوانین هیوادار بین کە کۆمەڵگەی ئێرانیش ئەوەندە ئاڵوگۆڕی بەسەردا بێت کە حکومەت لەسەر دەست و شانی خۆی فێرگەی زمانی کوردی و زمانە کەمینەکراوەکانی دیکەی ئێران دابمەزرێنێ و هەڵسووڕێنێت؟

وەدیهێنانی ئاڵوگۆڕی کۆمەڵایەتی پێویستی بە هەنگاو هەڵێناوە و کردەوەی پێویست هەیە. کردەوەش پێویستی بە لەباربوونی بۆچوون و ڕوانگە هەیە. هەتا ڕوانگەی کۆمەڵگەیەک بەرەو لایەنی ئەرێنی نەگۆڕێت، ئەستەمە ئاڵوگۆڕی ئەرێنی لە کردەوەدا بێتە دی. بۆیە، ئەگەر تەنانەت سیاسەتی زمانیش لە ئێران بە شێوەیەکی ئەرێنی بگۆڕێت، لەوانەیە لە کردەوەدا شتێک ڕوو نەدات. با زۆر دوور نەڕۆین. چل ساڵە کە دەستووری ئێران ڕێگای داوە بە شێوەیەکی سنووردار، لە فێرگەکان، کەڵک لە زمانی کوردی، تورکیی ئازەری و هتد وەربگیرێت. کەچی ئێستاش لە کردەوەدا ئەمە ڕێگای پێنەدراوە. بۆچی؟ چونکە ئێستاش کە ئێستایە ئایدیۆلۆژیی فارس-سالاری و بەکەمزانینی زمانەکەمینەکراوەکان هەر زاڵە. کەوابوو، یەکەمین ئاڵوگۆڕ کە پێویستە لە ئێران بکرێت ئەمەیە کە بیروبۆچوونەکان سەبارەت بە زمان بەگشتی و، زمانی فارسی و زمانە کەمینەکان، بەتایبەتی، بگۆڕدرێت. لە ئاستی زمانناسییەوە، هیچ زمانێک لە زمانێکی دیکە بەرزتر نییە. چەندزمانە بوون و پەروەردە بە چەند زمان دەبێ بڕوای پێبکرێت، ڕێزی لێبگیرێت و پەرەی پێبدرێت. جۆراوجۆریی زمانی نابێت وەکوو گرفتێک یان بەرهەڵستێک ببیندرێت؛ بەڵکوو، فرەزمانی دەبێت وەکوو سەرچاوەیەکی زەنگین و وەکوو سەرمایەی کولتووری و کۆمەڵایەتی و تەنانەت ئابووری چاوی لێبکرێت. بۆ پراکتیزەکردنی وەها بیروڕایەک پێویستمان بە شۆڕشێکی زمانی و فەرهەنگی هەیە. دەنگی ئەم

ئایدیۆلۆژییە زمانییەکان وەکوو بەرهەڵست لە بەرانبەر زمانی دایک

شۆڕشە دێتە بەرگوێ، بەڵام جارێ زۆری ماوە کە بێتە سەرشەقام و بۆڕە بۆڕی ئایدیۆلۆژییای تاکزمانی کپ بکات. هەڵمەتی چێکردنی وشیاریی زمانی دەبێ چڕوپڕتر بکرێتەوە. ئەم وشیارییە زمانییە دەبێ ساز بکرێت لە فێرگەکان، پرۆگرامەکانی میدیا، چاپەمەنییەکان، پۆلەکانی زانکۆ، سەرشەقام و شوێنە گشتییەکاندا بۆ ئەوە کە بە شێوەیەکی سیستماتیک و هەرەوەزی بەرپەرچی هەموو ئەو گوتارانە بدەینەوە کە زمانپەرستی (linguicism)، زمان-خۆبەزۆرزان (linguistic superiority)، و زمانڕەگەزی (Raciolinguistics) بەرهەمدەهێنن و پەرەیان پێدەدەن.

سەد ساڵە لە ئێران، گوتاری ئەفسانەیی یەکزمانی زمانی فارسی و هێژمۆنییەکەی پیرۆز کردووە و بەمجۆرە، دوو بژاردەی لەبەر دەم کەمینەکراوەکان داناوە: یان دەست لە کولتوور، زمان و ناسنامەی ئێتنیکیی خۆیان هەڵبگرن و خۆیان بشارنەوە و نەبیسترێن و، بەمجۆرە خۆبەخشانە بتوێنەوە؛ یان، زمان و کولتوورەکەیان بۆخۆیان ڕابگرن، بەڵام بە بێدەنگی، بە تێچووی خۆیان و بە بێ ئەوە کە گوتاری باو و باڵادەست بخەنە ژێر پرسیار. لە هەردوو حاڵەتدا، منداڵی کورد ناتوانێت بە زمانی زگماکیی خۆی بخوێنێت و بە شێوەیەکی سروشتی مێشک و دەماغی پەروەردە بکات؛ تاوانبارکراوی کورد کە زمانی فارسی نازانێت ناتوانێت لە دادگا پارێزگاری لەخۆی بکات؛ بازرگان و جووتیاری کوردیش بۆیان نییە کە بە شێوەیەکی وشیارانە کارەکانیان لە دامەزراوە حکوومییەکاندا ڕاپەڕێنن. واتە، چ زمانی کوردی بە یەکجاری قەدەغە بکرێت و چ ڕێگای پێبدرێت کە بە حیسابی خۆی لە ئاویلکەداندا نووزەی بێت، ئاکامەکەی یەک شتە: توانەوە لە ناو زمان و کولتووری فارسیدا.

ئەگەر گەرەکمانە ئاڵوگۆڕی ئەرێنی لە سیاسەتی زمانیی ئێراندا ببینین، پێویستە کە ئەوەندی بۆمان دەکرێت وشیاریی زمانی، یان ئاگاداریی زمانی، ساز و بڵاو بکەینەوە، هەم لە نێو کوردەکاندا و هەم لە نێو لایەنگرانی یەکزمانیدا. لە هەر دوو جڤاتە زمانییەکەدا، خەڵک پێویستە بزانن کە لە ڕوانگەی زمانناسییەوە هیچ زمانێک لە ئەویتر دەوڵەمەندتر یان پێشکەوتووتر نییە؛ هیچ زمانێک پیرۆزتر لە زمانەکەی تر نییە؛ هەموو زمانێک بۆی هەیە کە ببێتە زمانی فێرگە، کارگێڕی، میدیا و تابلۆکانی سەرشەقام و خانووبەرەکان. خەڵک پێویستە بزانێت کە ئەو دەسەڵات و نوخبەیەی پێش بە کەمینەکراوەکان دەگرێت و ڕێگا نادات بە

زمانی دڵخوازی خۆیان بخوێنن، جا بە هەر بیانوویەک، تەنیا لەبەرانبەر خوێندن بە زمانی دایکیدا بەرهەڵست نین، بەڵکوو ئەمانە لەمپەرن لە سەر ڕێگای پێشکەوتنی ئابووری، کولتووری، کۆمەڵایەتی و سیاسیی کەمینەکراوەکاندا. کەسێک کە سەربەست نەبێت بە زمانەکەی خۆی هەموو ئەو کارانە بکات کە گەرەکییەتی ناتوانێت مرۆڤێکی سەربەست بێت. ئەزموونەکانی نیوەی وڵاتانی جیهان نیشانیان داوە کە هەموو زمانێک دەتوانێت ببێتە زمانی ڕەسمیی وڵاتێک یان ناوچەیەک، ئەگەر ویست و دەرفەتی سیاسی هەبێت. ئەگەر وشیاریی زمانیی پێویست دروست بکرێت، لەوانەیە لە ژێر تەوژمی بیروڕای گشتیدا دەسەڵاتەکان لە ئێران دان بە مافی زمانیی کەمینەکراوەکاندا بنێن. هیچ کردەوەیەکی کۆمەڵایەتی نییە کە بە بێ زمان ڕاپەڕێندرێت؛ زمان ئەوتۆ تێکەڵاوی ژیانی مرۆڤ بووە کە دەتوانین بڵێین، هەموو دامەزراوەکانی تری کۆمەڵگەی مرۆڤایەتی بە جۆرێک لە جۆرەکان لەسەر بنەما و ڕێسای زمان دامەزراون. بە بێ سیاسەت و پلانێکی دادپەروەرانەی زمانی، چەتوونە کۆمەڵگەیەک بتوانێت بە خۆی بڵێت کە بە دادپەروەری گەیشتووە.

ئایدیۆلۆژییە زمانییەکان وەکوو بەرهەڵست لە بەرانبەر زمانی دایک

سەرچاوەکان

Bourdieu, P. (1991). *Language and symbolic power* (J. B. Thompson, Ed.; G. Raymond & M. Adamson, Trans.). Harvard University Press.

Cummins, J. (2000). *Language, power and pedagogy: Bilingual children in the crossfire*. Multilingual Matters. https://doi.org/10.21832/9781853596773

Cummins, J. (2021). *Rethinking the education of multilingual learners: A critical analysis of theoretical concepts*. Multilingual Matters. https://doi.org/10.21832/9781800413597

De Varennes, F. (1996). *Language, minorities and human rights*. Martinus Nijhoff.

Fairclough, N. (2015). *Language and power* (Third edition.). Routledge, Taylor & Francis Group.

Fishman, J. A. (2006). *Do not leave your language alone: The hidden status agendas within corpus planning in language policy*. Lawrence Erlbaum Publishers.

Flowerdew, J., & Richardson, J. E. (2018). *The Routledge handbook of critical discourse studies*. Routledge. https://doi.org/10.4324/9781315739342

Grin, F. (2006). Economic considerations in language policy. In *An Introductoin to Language Policy: Theory and Method* (1st ed., pp. 77–94). Blackwell Publishing.

Hassanpour, A. (1992). *Nationalism and language in Kurdistan, 1918-1985*. Mellen Research University Press.

Hêmin. (1973). *Tarîk û Rûn*. Peshewa.

Huckin, T. (2002). Textual silence and the discourse of homelessness. *Discourse & Society*, *13*(3), 347–372.

Irvine, J. T. (2022). Revisiting theory and method in language ideology research. *Journal of Linguistic Anthropology*, *32*(1), 222–236. https://doi.org/10.1111/jola.12335

Johnson, D. C. (2013). *Language policy*. Palgrave Macmillan.

Joseph, J. E. (2004). *Language and identity: National, ethnic, religious*. Palgrave Macmillan.

Kalan, A. (2016). *Who's afraid of multilingual education?: Conversations with Tove Skutnabb-Kangas, Jim Cummins, Ajit Mohanty and Stephen Bahry about the Iranian context and beyond*. Multilingual Matters.

Kymlicka, W., & Straehle, C. (1999). *Cosmopolitanism, Nation-States, and Minority Nationalism: A Critical Review of Recent Literature*.

May, S. (2011). Language rights: The "Cinderella" human right. *Journal of Human Rights, 10*(3), 265–289. https://doi.org/10.1080/14754835.2011.596073

May, S. (2012). *Language and minority rights: Ethnicity, nationalism and the politics of language* (2nd ed.). Routledge. https://doi.org/10.4324/9780203832547

Renani, M. (2016). Qatleh zabaneh madari w takhribeh towseah dar iran (The killing of the mother tongue and destruction of development in Iran): https://renanistorage.ir/renani-article2/renani-article2(173).pdf

Ricento, T. (2006). *An introduction to language policy: Theory and method*. Blackwell Pub.

Rosa, J., & Flores, N. (2017). Unsettling race and language: Toward a raciolinguistic perspective. *Language in Society, 46*(5), 621–647. https://doi.org/10.1017/S0047404517000562

Sheyholislami, J. (2012). Kurdish in Iran: A case of restricted and controlled tolerance. *International Journal of the Sociology of Language, 2012*(217), 19–47. https://doi.org/10.1515/ijsl-2012-0048

Sheyholislami, J. (2017). Language status and party politics in Kurdistan-Iraq: The case of Badini and Hawrami varieties. In Z. Arslan (Ed.), *Zazaki—Yesterday, today and tomorrow: Survival and standardization of a threatened language* (pp. 55–76). Karl-Franzens-Universität Graz.

Sheyholislami, J. (2019). Language as a problem: Language policy and language rights in Kurdistan-Iran. In Fondation Institut kurde de Paris (Ed.), *Justice linguistique et langue kurde* (pp. 99–134). Institut kurde de Paris.

Sheyholislami, J. (2022). Linguistic human rights in Kurdistan. In T. Skutnabb-Kangas & R. Phillipson (Eds.), *The handbook of linguistic human rights* (pp. 357–371). John Wiley & Sons, Ltd. https://doi.org/10.1002/9781119753926.ch25

ئایدیۆلۆژییە زمانییەکان وەکوو بەرهەڵست لە بەرانبەر زمانی دایک

Skutnabb-Kangas, T. (1981). *Bilingualism or not: The education of minorities*. Multilingual Matters.
Skutnabb-Kangas, T. (2000). *Linguistic genocide in education, or worldwide diversity and human rights?* L. Erlbaum Associates.
Skutnabb-Kangas, T., & Phillipson, R. (2022). *The handbook of linguistic human rights*. Wiley.
Skutnabb-Kangas, T., Phillipson, R., & Mohanty, A. K. (2009). *Social justice through multilingual education*. Multilingual Matters. https://doi.org/10.21832/9781847691910
Skutnabb-Kangas, T., Phillipson, R., & Rannut, M. (1995). *Linguistic human rights: Overcoming linguistic discrimination*. de Gruyter. https://doi.org/10.1515/9783110866391
United Nations Special Rapporteur on minority issues. (2017). *Language rights of linguistic minorities: A practical guide for implementation*. https://www.ohchr.org/sites/default/files/Documents/Issues/Minorities/SR/LanguageRightsLinguisticMinorities_EN.pdf
Woolard, K. A. (2020). Language ideology. In *The international encyclopedia of linguistic anthropology* (pp. 1–21). John Wiley & Sons, Ltd. https://doi.org/10.1002/9781118786093.iela0217

زبان، انسان و جامعه: ادبیات و زبان‌های اقلیت در ایران

سیاسەت زوانی لە زوانەیل وەپەراوێز خریای

ئانیسا جەعفەری‌مێهر
زانکۆی کوردستان

سیاسەت پەیوەندی ڕاساڕاسێگ وەل ژیان ئنسانەو دێرێد و سیاسەتێگ ک هەر دەوڵەت و کوومەڵگەیگ گرێدەو وەر، کاریگەری نەیدە بان ڕەوش ئابووری، کوومەڵگەیی، ئایینی و هەرلێوا زوانی خەڵک. سیاسەتەیل زوانی لە هەر وڵات و کوومەڵگەیگ مەعموولەن وەگوورەی سیاسەتەیل گشتی ئەو وڵاتە وەڕێیەو چوود و جیا لە یەک نیین. ئڕا نموونە لە وڵاتێگ ک حزبەیل سیاسی وە نووڕینەیل جیاوازەو ماف چالاکی نەیرن، گشت ئایین و مەزهەبەیل جیگە و دەرفەتێگ لەوای یەک نەیرن و کولتوورەیل جیاواز ڕێ گەشەکردنێیان لەوای یەک هامار نییە، لە بار زوانییشەو زوانێگ لەژێرناو زوان ڕەسمی، زوان نەتەوەیی و زوان ئداری بوودە زوان سەردەس و ئەودۆای زوانەیل بندەسەو بوون. هەرلێوا وەپێچەوانەوە، لە کوومەڵگە و وڵاتەیلێ ک ناوەندخوازی کەمترە و هەوڵ دریەی ڕێ گەشە کردن و دەرفەت ئڕا حزبەیل سیاسی، باوەڕەیل، جنس و جنسیەتەییل و... هڵایە لەوای یەک بوود، ڕەوش زوانیش وەگوورەی ئێ سیاسەت گشتییەسە و ئاخێوەرەیل وە زوانەیل جیاوازەو، دەرفەت ئیە دێرن ک وە زوان خوەیان قسە بکەن، پەروەردە بۆنن و بژیەن. زوانەیل وەپەراوێزخریایش، لە بەراییەر سیاسەت زوانی سەردەس، بەرنامەیلێگ دێرن و سیاسەتەیلێگ وەڕێیەو بەن ک باس ئێ وتارەسە.

یەکێگ لە بەرنامەیل ئۆڵگوو دەوڵەت-نەتەوە ک ئامانجێ یەی‌دەسەو کردن خەڵک لە ژێرناو یەی نەتەوە و ئەوسڕین جیاوازییەیلە و بنیای هەڵگەردێدەو قەرن نووزدهەم، تەک زوانەوە کردن خەڵکە. لە ڕێ ئێ بەرنامەڕیزی زوانییەو، ئاست کەڵک گرتن لە یەی جوور زوانی ک لە بار سیاسی، ئایینی و کوومەڵگەییەو گرێ‌دریای بەرژەوەندی ئەو سیستمەسە بەرفرەوە کریەید و زوانەیل تر سەرکوت کریەن. لێوا گشت

دەرفەتەیل ئەوزینەی یەی زوان لەوای فەرهەنگستان، بوودجە ئڕا تەدوین کتاوەیل فێرکاری، ڕسانە و چاپەمەنییەیل، سیستم فێرکاری و ... نریەیدە وەرەسەی ئەو زوانە و لە لای ترەو نەتەنیا ئڕا زوانەیل تر دەرفەتێگ وەدی نیارن، بەڵکوو لە گەشەی سرووشتی ئەو زوانەیلیشە نواگیری کەن.

لە سیستمەیل تەک زوانە وە شێوەیگ لە زوان باس کریەید ک خەڵک گومان بکەن تەنیا ڕێ پەیوەندی گرتن، فێرکاری و وەڕێیەوبردن یەی کوومەڵگە ئیەسە ک گشت وە یەی زوان قسە بکەن و بنۆسن، لە هاڵێ ک نموونەیل فرەیگ لە وڵاتەیل هەن ک هۆچ زوانێگ لەوای زوان ڕەسمی یا نەتەوەیی دیاری نەکردنە و کیشەیگ لە پەیوەندی گرتن و پەروەردە نەیرن.

لەی وتارە ک لەبارەی سیاسەت زوانی لە زوانەیل وەپەراوێز خریایە، لە زوان کوردی لەوای نموونەیگ باس کریەید و جیا لە سیاسەت زوانیێگ ک بۆسە مدوو لەپەراوێزکەفتن زوان کوردی، باس لە سیاسەت زوانی لە ناو خود زوان کوردی کریەید. کریەی لە دەروەچەیل فرەیگەو بنووڕیمنە سیاسەت تەک زوانی و باس لێ بکەیمن. ئڕا نموونە ژیان هەرکەس وە زوان خوەی، لەوای مافێگ بزانیمن ک سیاسەت تەک زوانی ئێ مافە لە ئاخێوەرەیلێ ک زوانییان خریاسە پەراوێز سەنییە. یانێ ماف هەرکەسێگە ک وە زوان خوەی پەروەردە بوێ، ڕسانە و چاپەمەنی وە زوان خوەی داشتوود، لە سەر کار وە زوان خوەی قسە بکەید و کارەیل فەرمی و ئداریێ وە زوان خوەی وەڕێیەو بوەید. هەرلێوا تۆەنیمن لەبارەی خسارەیلێ ک لە ڕێ سیستم تەک زوانی وە ئنسانەیل ڕەسێ باس بکەیم. ئڕا نموونە مناڵ هەوەجە دێرێ وە زوان داڵگی خوەیەو پەروەردە بوێێد، یا وە زوان داڵگی خوەیەو دەس بکەیدە خوەنین و ئێجار زوانەیل دێیم و سێیم و... زیای بکریەن تا وەشێوەی درسێگ بتۆەنێ لە پەروەردە کەڵک بگرێد و وە زوانێگ ک لێ ڕەسێدەو دەرس بخوەنێ، نە ئیە ک ئنرژیێ بنەیدە بان ئەوڕەسین لە زوان سەردەس و لە یای گرتن دەرسەیلێ بمینێدە جیەو. لێواسە ک لە وڵاتەیلێگ وە سیستم تەک زوانییەو، مناڵەیلێگ ک زوان داڵگییان کەفتییەسە پەراوێز و ماف خوەنین وە زوان خوەیان لێیان سەنیاس، نیەتوەنن لە خوەنین خاس پێشبکەفتن و تەنانەت گاجار لە خوەنین دەس هەڵگرن. هەرلێوا هەنای ئاخێوەر بونێ زوانێ تەنیا وە ماڵ و بنەماڵە

سنووردارەو بۆە و زوانێ لە مەدرسە، زانکۆ، کار و ڕسانە و ... کارکردێگ نەیرێ، هەست وە بێئەرزش بۆن زوان خوەی کەید و خوەباوەڕی خوەی لە دەس دەید.

ئێسە ئڕا باس لەسەر سیاسەت زوانی لە زوانەیل وەپەراوێزخریای، جوقرافیای ئێران و زوان کوردی لەوەرچەو گریمن. ئڕا باس لە زوان کوری هەوەجە وە ئاماژەس ک کوردستان دابەش کریاسە ناو چوار وڵات ئێران، عراق، ترکیە و سووریە و ئاخێوەرەیل زوان کوردی لەی چوار وڵاتە و هەرلێوا لە وڵاتەیل تریش ژیەن ک ڕەوش زوان کوردی وەگوورەی سیاسەت هەرکام لەی وڵاتەیلە جیاوازە. هەرچەن دابەش‌کردن شێوەیل زوانی کوردی وەگوورەی شێوەیگ ک هەر زواننناس لەوەرچەو گرتییە جیاوازن، وەلێ کریەی بۆشیمن زوان کوردی شەش زاراوەی کرمانجی، سورانی، کەڵهوڕی، زازاکی، هەورامی و لەکی گرێدەو خوەی ک هەرکام لە ئیانەیش بنزارەیل تایبەت وە خوەیان دێرن.

لە سیستم تەک زوانەی ئێران، گشت زوانەیل، بێجگە زوان فارسی، لە کردەوە قێیەخە کریانە و لە ماف پەروەردە بێبەشن ک زوان کوردییش یەکێگ لێیانە. ویانگەیل سیاسەت تەک زوانی لە ئێران ک لە لایەن ئێ سیستمەو باس لێیان کریەی ویانگەیلێگ لەوای یەکیەتی نەتەوەیل ناو جوقرافیای سیاسی ئێران، پاراستن سنوورەیل ئێران، پێیا کردن هەست نەتەوەیی لە ڕێ یەی زوان هاوبەش، ئاسانکاری لە پەروەردە و ...هەس. کریەی هەرکام لە ئێ ویانگەیلە شییەو بکریەن، ئەمان وە کوڵبر ئاماژەیگ پێیان کریەی. یەکێگ لە ئامانجەیل سەرەکی سیاست تەک زوانی، نەتەوەسازییە و سیستم ناوەندخواز ئێرانیش هەمیشە ئڕا ئێ ئامانجە هەوڵ داس، ئەمان وە پێچەوانەوە و وە تایبەت لە ساڵەیل وەرین ئێ سیاسەت تەک زوانییە نەتەنیا نەتۆەنسێیە شووناس نەتەوەیل تر بسڕێدەو و گشت فارسەو بکەی، بەڵکوو لە بەراییەرێ نەتەوەیل قەیرفارس ئڕا پاراستن زوان و شووناسێیان هەوڵ فرەترێگ دانە. هەست یەکیەتی لە هاڵێگ وەدی تیەی ک خەڵک و نەتەوەیل جیاواز بۆنن مافێیان ژێرپا نیەود و دەرفەتییان ئڕا پێشکەفتن لە هەر بوارێگ، لەیرە زوانی، لەوای یەکە. ئەمان هەنای نەتەوەیگ لە بار سیاسی، کۆمەڵایەتی، زوانی، ئابووری و ... سەردەس بوود و ئەودۆای نەتەوەیل بندەس بوون، نەتەنیا یەکیەتی وەدی نیای،

بەڵکوو لە یەک دوریشەو کەفن. لە بار پەروەردەیشەو ئاشکراس و لێکووڵینەیل نیشان دەن ک ئڕا پێشکەفتن لە پەروەردە هەوەجەس هەرکەس وە زوان خوەی پەروەردە بوٙنێ. وەگشتی گشت مدووەیلێ ک سیستمەیل نادموکراتیک و ناوەندخواز ئڕا سیاسەت تەک زوانی باس لێیان کەن، تەنیا ویانگەیلێگن ئڕا پێشخسن سیاسەتەیلێیان و پەیوەندیێگ وەل کارکرد زوانەو نەیرن.

ئاشکراس ک زوان کوردی ئێسە لە ئێران و ترکیە خریاسە پەراوێز و سیاسەت زوانی لە ئێ وڵاتەیل ناوەندخواز نادموکراتیکە دیارییە، ئەمان باس ئێ وتارە سیاسەت زوانی لە زوانەیل لەپەراوێزخریایە. کوردستانیش لەوای هەر کوومەڵگەی تر، کوومەڵگەی تەک زوانە و یەی دەسێگ نییە و چ لە کوردستانێگ یەی پارچە و ئازاد لە داهاتوو و چ لە هەر پارچەیگ لە کوردستان لە هاڵ هازر و لە بانان وەشێوەیگ ئازاد، سیاسەت زوانی پەیوەندی ڕاسایڕاسێگ وەل ژیان خەڵکەو دیرێد و هەوەجەس سیاسەت زوانی لە زوان کوردی بخریەیدە وەر باس.

هەرلەوا ک سیستم ناوەندگەرای ئێران هەوڵ دەی لە ڕێ تەک زوانییەو، یەی نەتەوەی یەی دەس وەدیباریێ، لە لای ترەو نەتەوەیل بندەس لە پارێزوانی لە خوەیان هاتێ هەر ئێ سیاسەتە ک دژ وە پێین وەڕێیەو بوەن. ئڕا نموونە لە ڕووژهەڵات کوردستان ک ها ژێر فشار سیستم ناوەندی و پسا هەوڵ دەی لە ئاسیمیلاسیون نواگیری بکەی، هاتێ لە بانانێگ ک دەرفەت پەروەردە وە زوان کوردی بوود هەر ئێ سیستم تەکـزوانییە لەوای ڕێکارێگ لەوەرچەو بگریەی وەی بوونەوە ک زوان کوردی پێش بخریەی. یانێ کوومەڵگەیگ ک زوانێ وە مدوو سیستم تەک زوانی کەفتێیەسە پەراوێز، ئڕا پێشخسن زوانێ هەر لەو سیستمە ئوٙڵگوو بگرێد تا لە ئاسیمیلاسیون نواگیری بکەی. هەرلەوا ک لە جوقرافیای ئێران وەسەر فرەزوانە بوٙنەو، زوان فارسی بوٙەسە زوان سەردەس و پەروەردە، ڕسانە، چاپەمەنی و... داوڕییە، هاتێ لە ڕووژهەڵات کوردستانیش (یان کوردستان وەگشتی) لە بەرابەر ئێ سیاسەتە، هەر لەی سیاسەتە کەڵک بگریەید و وەبوون ویانگەیلێگ لەوای ئیە ک دەسڵات و بوودجە و هاز ئیە نەیریم ک ئڕا گشت دیالکتەیل ئمکاناتێگ لەوای پەروەردە و ڕسانە و... دابین بکەیم، لە ناوێن دیالکتەیل کوردی، لە بان یەکێگ لێیان لەوای

دیالکت فەرمی یا معیار کار بکریەید ک وەی شێوە لەینوو وەل خسارەیل سیستم تەک زوانەوە ڕوەڕو بۆمن. لە لێوا ڕەوشێگ، ئاخێوەر زاراوەیل کوردیێگ ک کەفتنەسە پەراوێز، لەینوو وە زوان(زاراوە) خوەیان دەس نیەکەنە پەروەردە و ئەوڕەسین لە خود دیالکتەگە بوودە چاڵشێگ لە سەر ڕێ فێرکاری و هەرلێوا ئاخێوەرەیل ئێ زاراوەیل لەپاراوێزکەفتییە فرەتر خوەباوەڕی خوەیان لەدەس دەن. ئاخێوەر کوردێگ ک تا ئێسە هەست کردێیە لە ناو جوقرافیای سیاسی ئێران زوانەگەی ها لە ئاستێگ ک وە بن ماڵ سنووردارەو بۆە، لە بانانێ ک ماف پەروەردە وە زوان کوردی لە وەرەسەی کوردەیل بوو، ئەمان تەنیا یەکێگ لە زاراوەیل کوردی فەرمی بوو، لەینوو هەست کەی زاراوەگەی نەتەنیا وە نسبەت زوان فارسی، ک وە نسبەت زاراوەی تر لە زوان کوردییش ها لە ئاست خوارترێگ و لێوا هەستێگ بوودە مدوو لەناو چێین خوەباوەڕی و لە پێشکەفتن نواگیری کەی.

هەرلێوا بنزارەیل هەر زاراوەیگ تایبەتمەندییەیلێگ دێرن ک هەوەجەس لە بەرنامەڕیزی زوانی لە وەرچەو بگریەن و لەیریشە ئەگەر وە مدووەیلێگ لەوای جەمعیەت فرەتر، پیشینەی ئەدەبی و نوسمانی و... تەنیا یەی بنزار لەوەرچەو بگریمن و لە تایبەتمەندییەیل گشت شێوەزارەیل ئەو زاراوە کەڵک نەگریمن، ماف ئاخێوەر لەوەرچەو نەگرتیمنە.

لە ئێ شێوە، هەوەجەس دادەیل زوانی بەرفرەیگ لە گشت جیاوازی و تایبەتمەندیەیل بنزارەیل هەر زاراوەیگ کووەو بکریەید و ئێجار زوانناسەیل وەگوورەی ئێ دادەیلە، وەشێوەیگ ک تایبەتمەندیەیل لەوەرچەو بگریەن، کتاوەیل دەستوور زوان و فێرکاری ئڕا ئەو زاراوە بنۆسن. جی باسە ک ئێ شێوە ئڕا زاراوەیلێگ ک هێمان پروسەی معیارسازی لە بانێیان وەڕێیەو نەچێیە وەشێوەی ڕاهەتترێگ ئەنجام گرێ. ئڕا نموونە لە زوان کوردی ئڕا معیارسازی زاراوەی سورانی لە چەن دەهە لەئیەوەرەو کار کریاس و شمار فرەیگ کتاو فێرکاری هەر لە دەسپێک پەروەردە تا پەروەردەی باڵا ها وەردەس و فەرهەنگ و کتاوەیل دەستوور زوان و... فرەیگ ئامادە کریاس، ئەمان لە بان زاراوەیلێگ لەوای کەڵهوڕی و لەکی کار نەکریاس و کریەی لە دەسپێکەو وەی شێوە ئڕایان بەرنامەڕیزی بکریەی.

ئڕا نموونە لە زاراوەی کەڵهوڕی لە زوان کوردی، ک لە پارێزگایل کرماشان و ئیلام و شارەیلێگ لەوای بیجاڕ، ئەسەدئاباد هەمدان و خانەقین لە باشوور کوردستان ئاخێوەر دێرێ هەوەجەس ک دادەیل زوانی بەرفرەیگ کووەو بکریەید و ئێجار ئڕا ئێ زاوارە بەرنامەڕێزی بکریەید تا سەرچەوەیل فێرکاری و زانستی وەی زاراوە ئامادە بکریەی.

هەرچەن ئێسە لە جوقرافیای سیاسی ئێران نەتەوەیل قەیرفارس کەفتنەسە پەراوێز و ماف پەروەردە وە زوان خوەیان نەیرن ئەمان ئڕا بانان وەگشتی سیاسەت تەک زوانی و ئەوسڕین جیاوازیەیل وە ئاخێوەر وە شێوەیل جووراوجوور خسار ڕەسنێد و جیاوازیێگ نەیرێ ک لە چ ئاستێگ بوو، ئڕا نموونە چ لە جوقرافیای سیاسی ئێران و سەردەس بۊن زوان فارسی و چ لەوەرچەو نەگرتن تایبەتمەندییەیل زوانی لە زوان نەتەوەیل تر، ئێ سیاسەت زوانییە نادموکراتیکە و هەوەجەس بەرنامەڕیزییەیل زوانی لە خوار (لە بنزارەیل) وەرەو بان ئەنجام بگرێد و سیاسەتەیل ناوەندخوازانە و وەپەراویزخسن نەداسەپیەیدە سەر ئاخێوەر.

آزینلیقلاشدیریلمیش دیلین و توپلومون ائیتیمی و گوجلندیریلمه‌سی: آذربایجان سیویک نئیشن تجروبه‌سی

وحید رشیدی[1]
مک‌گیل اونیورسیته‌سی

بو مقاله، سؤمورگه‌چیلیک سونراسی (پوست کولونیالیزم) و ساب آلترن (مأدون) تئوریک چرچیوه‌دن ایران آذربایجانیندا تورک ائیتیمچیلرین دیل و ائیتیم (آموزش) چالیشمالارینی اینجه‌له‌ییر. بو اساسدا، ۲۰۰۰-۱۹۹۰ ایللری آراسیندا تبریزده گیزلی و یئرآلتی فعالیت گؤسترن و حاضیردا «آذربایجان سیویک نئشین» آدی ایله کانادانین تورونتو شهرینده سورگونده چالیشمالارینی دوام ائتدیرن قورومون ائیتیم فعالیت‌لری اینجلنمیش‌دیر. قورومون لاله جوانشیر و صمد پورموسوی کیمی ائیتیمچیلری، تورک دیلینی گوجلندیریلمک هدفی ایله اونون ایراندا تک دیللی هگمونیا آلتیندا مارجینلاشماسینا دیرنیش گؤستریرلر. یازی‌نین تئوریک چرچیوه‌سی، آنتونیو قرامشی، رانجیت قوها، و قایاتری چاکراورتی اسپیواک کیمی تانینمیش دوشونورلرین تئوریلرینه دایاناقدادیر و «آذربایجان سیویک نئشین» ائیتیمچیلری‌نین تجروبه‌لرینی، موجادیله‌لرینی، سؤیلملرینی، اوزلشدیکلری چتینلیکلری و فایدالاندیقلاری ایستراتژیلری بو تئوریلر ایشیغیندا آنلاماغا چالیشیر.

آنتونیو قرامشی: هگمونیا، ساب آلترن، اورقانیک آیدینلار، و دؤنوشدوروجو ائیتیم قاورامالاری

آنتونیو قرامشی حبس‌*خانا نوتلاری* اثرینده، هگمونیا و ساب آلترن کیمی قاورامالاردان بحث ائده‌رک، گوج ایلیشکی‌سینده ایدئولوژی‌نین، مدنی توپلومون و آیدینلارین رولونو اینجه‌له‌ییر. او ساب آلترن دئینده ازیلمیش

---

[1] vahid.rashidi2@mail.mcgill.ca

قروپلاری قصد ائدیر. بو ازیلمیشلیک ائتنیسیته، دیل، بؤلگه، جینسیت، دین، عیرق، طبقه و سایره اساسلاریندا اولا بیلر. بو قروپلار بللی تاریخی، سیاسی و ایجتیماعی سورجده، بللی بیر اؤلکه‌ده ویا دونیا سوییه‌سینده گوجسوزلشدیریلیب‌لر. قرامشی، ساب آلترن قاورامی ایله یاناشی هگمونیا ترمینولوژیسینی ده ایشله‌دیر. هگمونیا، بللی بیر قروپون باشقا قروپلار اوزَرینده حاکمیتی دئمکدیر. بو حاکمیت، ازیلمیش قروپلارین حاکیمین دونیا گؤروشونو منیمسه‌مه‌سی و اونو نورمال قارشیلاماسی ایله اولور. هگمونیا و راضیلیغی الده ائتدیب ساخلاماق عینی حالدا زور تطبیق ائدیله‌رک الده اولونور. یعنی حاکیم قروپ اؤز هگمونیاسینی قورویوب ساخلاماق اوچون لازیم گلدیینده زوردان دا ایستیفاده ائدیر.

قرامشی، هگمونیانین ایکی عؤنصوروندن دانیشیر: «مدنی توپلوم» و «سیاسی توپلوم/دؤولت.» او، مدنی توپلومدان دانیشاندا ائیتیم، دین، دیل، عایله، مدنی قورولوشلار و مئدیا کیمی قؤروملاری قصد ائدیر. سیاسی توپلومدان دانیشاندا ایسه دؤولتی و داها چوخ آغیر گوج عؤنصورلرینی یعنی محکمه، پولیس و امنیتی قؤوه‌لری نظرده توتور. هگمون قروپ اؤز کونترولونو «مدنی توپلوم» و «سیاسی توپلوم/دؤولت» واسیطه‌سیله ساغلاییر و مشروعلاشدیریر. قرامشیه گؤره بو ایکی قؤوه بیرلیکده بوتون بیر سیستمی و یا «بؤتونلشمیش دؤولتی» تشکیل ائدیر.

سیاسی و مدنی توپلوم بیر-بیرینه باغلی اولان قؤوه‌لردیر. بونلار بیر-بیرینی دستکله‌یه‌رک بیرلیکده بیر هگمونیا یارادیرلار. بو ایکیسی‌نین آراسیندا اولان فرقلر اورقانیک دئییل، متودولوژیکدیر. مدنی توپلوم کؤلتورل و مدنی قوروملارلا حاکیم دؤشونجه‌نین فورمالاشماسینی تأمین ائدیب اونون تبلیغینی ائدرکن، سیاسی توپلوم و یا دؤولت، وار اولان هگمونیانی قורوماق اوچون سیاسی، حوقوقی و اینتیظامی مکانیزملردن فایدالانیر. لازیم گؤردویونده ده زورا باش وورور. دؤولت و هگمون قروپ آراسیندا یاخین بیر ایلیشکی واردیر و او قروپون ماراقلارینی قوروماق اوچون دواملی گوج و باسقی اویغولاییر.

قرامشی‌یه گؤره ائیتیم هگمونیانین آنا عؤنصورلریندن بیری‌دیر و بوتون هگمونیک ایلیشکیلر اصلینده ائیتیم ایلیشکیلری‌دیر. چونکی هگمونیا

کولتور و ایدئولوژی ایله علاقه‌لی‌دیر و بللی بیر کولتور و ایدئولوژی‌نین حاکیم قیلینماسی‌نین ان تأثیرلی یوللاریندان بیری ائیتیم‌دیر. اونا گؤره ده، وار اولان هگمونیانی دَییشمک اوچون آلترناتیو سیویل توپلوم، کولتور و ائیتیم چالیشمالاری شرطدیر.

قرامشی بو پروسسده و خالقین راضیلیغینی آلماقدا آیدینلارین رولوندان دانیشیر. او، آیدین کیمدیر سوالینا جواب وئریر و آیدینلاری «اورقانیک» و «سونّتی» اولاراق ایکی قروپا آییریر. قرامشی‌یه گؤره آیدین ساده جه فیکیر و دۆشونجه ایله مشغول اولان آکادمیسین‌لر و یا صنعتچیلر دئییل. سوسیال بیر رول آلان، عمومی توپلوم ایله علاقه و باغلانتی قوران و اونلارین ائیتیمی و بیلگیلندیرمه‌سی ایله ماراقلانان و مشغول اولان هرکس آیدیندیر. باشقا بیر سؤزله، قرامشی، هر کسین پوتانسیل بیر آیدین اولماسیندان دانیشیر. اونو فیکیرلرینه اساساً، اورقانیک آیدینلار بللی بیر سوسیال طبقه‌نین اورتایا چیخماسی ویا بو طبقه‌نین منفعتی و تأثیری یؤنونده فعالیت ائدنلردیر. بیرده فیلسوفلار و یا دینی شخصیت‌لر کیمی سونّتی آیدینلار وار. بونلار توپلومسال پرستیژلرینی قورویان، آنجاق آرتیق بللی بیر طبقه ایله و یا اونلارین ماراقلاری ایله هئچ بیر باغلانتیسی اولمایان آیدینلاردیرلار.

قرامشی دئییر کی، هر هانسی هگمونیک ایلیشکیده کؤکلو دَییشیکلیک اوچون ساده‌جه سیویل توپلومون اولماسی یئترلی دئییلدیر، اونونلا بیرلیکده سیاسی توپلوم و یا دۆولت ده اؤز وارلیغینی گؤسترمه‌لی و یئنی سیستمی قورومالی‌دیر.

رانجیت قوها: ساب آلترن چالیشمالاری

قرامشی‌دن تاثیرله‌نن سؤمورگه سونراسی (Post-colonial) آیدینلار خصوصیله هیندیستاندا ساب آلترن تئوریسینی سؤمورگه سونراسی آچیسیندان گئنیشلندیردیلر. اؤزللیکله قرامشی‌نین ساب آلترن قروپلاری‌نین اؤز سیویل توپلوم آلانلارینی یاراتمالاری، اؤز روایت و باخیشلارینی

اورتايا قويمالاری، و اؤز سؤيله‌ملری ايله اؤزلرينی گؤرونور قيلما وورغوسو ۱۹۸۰-جی ايللرده ساب آلترن چاليشمالاری‌نين اورتايا چيخماسينا يول آچدی. بو قروپون اؤنملی قوروجولاريندان بيری رانجيت قوها، هينديستانلی بير تاريخچی‌دير.

قوها هينديستان تاريخينی تنقيدی بير باخيش ايله اينجه‌له‌يه‌رک، هينديستانين آنتی-كولونيال و ميلّی آزادليق حركتينده تاريخی روايتلرين ساده‌جه حاكيم قروپون آچيسيندان يازيلديغينيا ديقّت چكير و دئيير كی، حاكيم روايتده ازيلميشلره و اونلارين سياسی-تاريخی دَييشيم سؤرجينده قاتقيلارينا و مؤباريزلرينه يئر وئريلمه‌ميشدير. بوندان يولا چيخاراق، قوها ساب آلترن قروپلارين اؤز تاريخلرينی و حكايه‌لرينی يازماسی‌نين اهميتينی وورغولايير و بو نؤوع تنقيدی سؤيلم آچيسيندان يازيلان تاريخده هئچ بير قروپون ديشلانماماسيندان بحث ائدير.

قاياتری چاكراورتی اسپيواک: ساب آلترن دانيشا بيلرمی؟

قاياتری اسپيواک، ساب آلترن چاليشمالاری‌نين اؤنجولريندن اولان رانجيت قوها كيمی دؤشونورلرين مسأله‌يه ياناشماسينی سورغولايير. او ساب آلترنين اصلينده دانيشماسی‌نين راحات اولماديغينی سؤيله‌يير. اونا گؤره، ساب آلترن قروپلار نئچه يؤنلو و تاريخی، سياسی، سوسيال باسقيلارلا اؤزله‌شيرلر و بو باسقی سيستملری اونلارين دانيشماسينی، اؤز روايتلری ايله چيخيش ائتمه‌لرينی و سسلری‌نين ائشيديلمه‌سينی مؤمكونسوز ائدير.

اؤرنک اوچون او، سؤمورگه سونراسی توپلوملاردا قادينلاردان و اونلارين اؤزلشديكلری نئچه يؤنلو و باغلانتيلی باسقی سيستملريندن بحث ائده‌رک بو باسقيلارين دوام ائتديينه ديقت چكير و دئيير كی، بو توپلوملارين قادينلاری دانيشماق ايسته‌سه‌لر بئله، اونلارين دانيشماسی و ائشيديلمه‌سی اوچون هر هانسی بير اورتام يوخدور. اسپيواكا گؤره، فرقلی تاريخی-سياسی سؤرجلرده يئرلی و قلوبال هگمون و ساب آلترن

ایلیشکیلرین یارانماسی ایله ساب آلترن اولان اینسان دَیرسیزلشدیریلیب‌دیر. اونلار دانیشماق ایسته‌سه‌لر بئله، دینله‌ین و سؤزلرینه دَیر وئرن یوخدور.

اسپیواک بو شرایطده باشقالاری‌نین ساب آلترنی تمثیل ائده بیلمه‌دیینی سؤیله‌ییر. چونکی باشقا قروپلار ساب آلترن قروپلارین تجروبه‌لری ایله، یاشادیقلاری و اؤزلشدیکلری سورونلار ایله تانیش دئییل‌لر. بوردان یولا چیخاراق، باشقالاری‌نین ساب آلترن قروپلارینی تمثیل ائتمه چاباسیندان اوزاق دورماسی لازیمدیر. بونون یئرینه اونلار باسقی سیستملرینی سورغولاماغا، اونلارین اؤزه چیخماسینی ساغلاماغا و او سیستملردن نئجه تأثیرله‌نیب فایدالاندیقلارینی آنلاماغا چالیشمالی‌دیرلار.

آذربایجان سیویک نئشین: تبریزده یئرآلتی دیل و کولتور درسلریندن سورگونده آنلاین آکادمیک ائیتیمه

ساب آلترن تئوریک چرچیوه‌سی، ۱۹۹۰-جی ایللرده ایراندا لاله جوانشیر و صمد پورموسوی کیمی تورک ائیتیمچیلرین چالیشمالارینا ایشیق توتماق اوچون دَیرلی بیر باخیش آچیسی سونور. وار اولان سیاسی-ایجتیماعی چتینلیکلره باخمایاراق، اونلار تبریزده اوشاقلار اوچون ائولرده تورک دیلی و کولتورو ایله علاقه‌لی درسلر تشکیل ائدیرمیشلر و بو فعالیت‌لری ان آزی ۱۰ ایل دوام ائدیبدیر. آنجاق، چالیشمالاری سببی ایله حؤکومت طرفیندن حبس، ایشکنجه، سالدیری و تهدید کیمی جیدی باسقیلارا معروض قالینجا، نهایتده ۲۰۰۰-جی ایللرین باشیندا اؤلکه‌دن سۆرگونه گئتمه‌یه مجبور ائدیلیب‌لر. اونلار ۲۰۲۰-جی ایلدن بری سۆرگونده «آذربایجان سیویک نئشین» و یا «آذربایجان مدنی میلّت جمعیتی» آدلی یئنی بیر ائیتیم پروژه سی باشلادیبلار. بو ائیتیم پلاتفورمو آراجیلیغی ایله تورک توپلومو و دیلینی گوجلندیرمه‌یه دوام ائدیرلر.

ایراندا دیل هگمونیاسینا قرامشی‌نین بیزه سۇندوغو تئوریک چرچیوه آراجیلیغی ایله باخدیغیمیزدا، هم مدنی توپلوم هم ده دؤولت و سیاسی

توپلومون بیرلیکده بیر بوتون دؤولت کیمی حرکت ائتدیکلرینی گؤروروک. بو هگمونلوغون قورولماسی‌نین اساس مکانیزملریندن بیری اونون تک دیللی‌لییی و یالنیز فارس دیلی‌نین رسمیّتی و تحصیل دیلی اولماسیدیر. بو مسأله دیگر دیللری تحصیل و توپلوم آلانی‌نین خاریجینده ساخلایاراق، اونلارین گئنیش توپلوم ایچینده ایشله‌دیلمه‌سینی محدودلاشدیریر و غیری-مشروع قیلیر. بونونلا دا فارسجانین دیل هگمونیاسی اینسانلارا طبیعی گؤستریلیر.

دیل هگمونیاسی‌نین قوُرولوب مؤحکملندیریلمه‌سینده مدنی توپلومون رولو باخیمیندان تحصیل سیستمی ایله یاناشی، رادیو، تلویزیون، قزئته‌لر، درگیلر و گئنل اولاراق مئدیانین رولونو دا قئید ائده بیلریک. بو آلانلاردا آیدینلار، ژورنالیستلر، یازارلار و تاریخچیلر فارس دیلی هگمونلوغونو و اوندان یانا حاکیم سؤیلمی تبلیغ ائدیرلر. بوندان باشقا، دیگر قوروملاری، مثلاً فارس دیلی و ادبیاتی آکادمیاسینی، سینماسینی، کۆلتور باخانلیغینی و فرقلی سیویل توپلوم قورولوشلارینی دا بو قئیده آرتیرا بیله‌ریک.

مدنی توپلوم آراجیلیغی ایله فارس دیلی هگمونیاسی تطبیق ائدیلرکن، اونون یانیندا سیاسی توپلوم/دؤولت اؤز اینضیباطی، حوقوقی و محکمه کیمی آغیر گۆج قۆوه‌لری ایله ده تک دیللی هگمونیانی قورویور و گۆجلندیریر. مثلاً تورک دیلی فعاللاری بو سیاستی سورغولایاندا و آنا دیلینده تحصیل طلب ائدنده، اونلارین ایستکلری وار اولان دیل هگمونیاسینا بیر تهدید کیمی گؤرونور و سیاسی دؤولت مؤداخیله ائده‌رک فعاللاری کریمینالیزه ائدیر. اونلار حبس، ایشکنجه و موحاکیمه ائدیلیر و حاقلاریندا زیندان کیمی جزالار کسیلیر. بونونلا بیرلیکده، آنا آخیم قزئته‌لرده دیل فعاللارینی خاریجی آژانلار، پان‌تورک و یا بؤلوجو (تجزیه طلب) اولاراق دامغالایان سؤیلمی ده گؤروروک. بئله‌لیکله، بونلار بیر-بیرینی مشروعلاشدیریر و تک دیللی باسقی سیستمینه حاق قازاندیریر. یعنی قرامشی‌نین ایشاره ائتدییی کیمی هگمونیانین یارادیلماسیندا و ساخلانماسیندا سیویل توپلوم و سیاسی توپلوم/دؤولت بیرلیکده چالیشیر.

بو دورومدا تبریزده تشکیل اولونان یئرآلتی تۆرکجه دیل و کولتور درسلری آنتی-هگمونیک و آلترناتیو بیر سیویل توپلوم یاراتما چاباسی

کیمی گؤرونه بیلر. چونکی هدف و نتیجه‌لرینه باخاندا گؤروروک کی، بئر آلتی درسلرده تورک دیلینده یازیب-اوخویاراق، بو دیلده درگی چیخارداراق، ادبیات، تاریخ، رقص و موسیقی درسلری وئریله‌رک ایراندا تک دیللی و تک کۆلتورلو هگمونی سورغولانیر. دیگر دیللرده ده تحصیلین مۆمکون اولدوغو و او کۆلتورلرین زنگینلییی اوشاقلارا و اونلارین عایله‌لرینه گؤستریلیر. تشکیل ائدیلن بو درسلر واسیطه‌سی ایله تۆرک دیلی و کۆلتورونون آشاغیلانماسینا، آسسیمیلاسیونونا و اونون اۆزریندن تۆرکلره قارشی تحقیره دیرنیش گؤستریلیب، اینسانلارا اۆزگوون وئریلیر.

قرامشی‌نین فیکیرلریندن یولا چیخاراق باخساق، بئرآلتی تۆرکجه دیل و کولتور درسلری‌نین ائیتیمچیلری اورقانیک آیدینلاردیرلار، چونکی اونلار آلترناتیو سیویل توپلوم آلانلاری یاراداراق خالقی آیدینلادیر و اونلارا حاکیم دۆشونجه‌لری و دۆنیا گؤروشونو سۆرغولاماقدا یاردیمچی اولورلار. بو یاردیم واسیطه‌سی ایله توپلوم بو پروسسده ایشتیراک ائدیر و بیر توپلومسال حرکت کیمی ایشلری ایره‌لی آپاریر. بئر آلتی ائیتیمچیلرین تبریزده‌کی فعالیتلرینه جزئیات ایله باخدا گؤروروک کی، اونلار اۆز چالیشمالارینا داوام ائتدیرمک اوچون توپلومسال قایناقلاردان فایدالانیرمیشلار. مثلاً عایله‌لر درسلرین تشکیلی اوچون اۆز ائولری‌نین قاپیسینی کؤنوللو اولاراق آچیرمیش، موسیقیچیلر موسیقی بیلیکلرینی پایلاشیرمیش، دیلچی و تاریخچیلر اۆز ساحه‌لرینده یاردیمچی اولورموش، ناشیرلر اوشاقلارین اثرلرینی اۆز درگی و قزئتلرینده نشر ائده‌رک دستک اولورموشلار. یعنی بو اۆیرتمنلرین تبریزده توپلوم ایچینده وار اولان ایمکان، فضا و باغلانتیلاردان فایدالانیب اۆز فعالیتلرینی ایره‌لی آپاراراق مدنی چالیشمالارا قاتقیلاری اولورموش. قرامشی‌نین فیکیرلرینه اساساً، بو نۆوع توپلوما باغلی اولماق و اونون ایچیندن توپلومسال اولاراق فعالیت ائتمک آنتی-هگمونیک مۆباریزه‌نین ان اۆنملی اۆزللیکلریندن‌دیر.

چالیشمالارینی آذربایجان سیویک نئیشن آدی آلتیندا سۆرگونده دوام ائتدیرن بو ائیتیمچیلر ائیتیم اوجاغی کیمی فعالیت گؤستره‌رک یئنه آلترناتیو بیر سیویل توپلوم یاراتما چاباسینداديرلار. دیل، ادبیات، تاریخ، سیاست، ائتنیک، جینسیت، و چئوره کیمی فرقلی قونولاری دارتیشیر و بونو

ائدرکن یئنه توپلوم ایچیندن اولان فعاللار و بیلیم اینسانلاری ایله ایش بیرلیگی ائدیرلر. اونلار بو قونولاری هفته‌لیک سؤنوملار، کونفرانسلار، پانل‌لر، کؤرسلار و فرقلی فورملاردا اله آلیرلار. اؤرنک اوچون تاریخ ایله ایلگیلی آلترناتیو روایتلر فورمالاشماسی یؤنونده اوتوروم و کنفرانسلار تشکیل ائدیرلر. آذربایجان میلّی حؤکومتینی اوز باخیش آچیلاریندان بحث ائدیر و بونونلا تاریخین تک روایتلی دئییل، بیر نئچه روایتلی و چوخ آچیلی اولدوغونو وورغولاییرلار. بو ائیتیم، دَییشیم یؤنلو و یئنی سؤیلملر و روایتلر یاراتما یؤنونده‌دیر. اونون آماجی دَییشیمه و یئنی توپلومسال ایلیشکی‌لرین یارانماسینا قاتقی ساغلاماقدیر. آذربایجان سیویک نئیشن ائیتیم قروپو بونو ائدرکن، قاپساییجی وبوتونسل اولماغا چالیشیر. یعنی ساده‌جه دیله اوداقلانمیر، عینی زاماندا دیلین جینسیت، چئوره، ایقتیصاد، سیاست، ائیتیم و سایره ایله باغلانتیسینی دا اینجه‌له‌ییر.

سونوج:

هگمونیا بؤیوک اؤلچوده دوشونجه، کؤلتور و ائیتیم آراجیلیغی ایله یارادیلیب سؤردورولدویو اوچون، آنتی-هگمونیک و دَییشیم اوداقلی ائیتیم و چالیشمالار اؤنملی‌دیر. بو آچیدان آذربایجان سیویک نئیشنی بیر اؤرنک اولاراق دَیرلندیره بیله‌ریک. چونکی بورا بیر ائیتیم و دوشونجه اوجاغی کیمی یئنی فضالار، باغلانتیلار، دؤشونجه و سؤیلملر یارادارق باسقی و حاکیم هگمونیا قارشیسیندا دیرنیش گؤستریر و توپلوما اؤمید وئریر. فقط کؤکلو دَییشیم اوچون قورومسال (تشکیلاتی)، یاپیسال (ساختاری)، و سؤیلمسل (گفتمانی) دئییشیکلیک‌لر اولمالیدیر. ایران کیمی اؤلکه‌لرده چوخ دیللی‌لیک، چوْخ کولتورلولوک و چئشیدلی‌لیک بیر تهدید کیمی دئییل، بیر گئرچکلیک کیمی قبول اولونمالیدیر و بو هم یاسادا (قانوندا) هم ده تحصیل، مئدیا و دؤولتین فرقلی قورومalarیندا اؤز عکسینی تاپمالیدیر.

زبان، انسان و جامعه: ادبیات و زبان‌های اقلیت در ایران

Qaynaqlar

Amnesty International. (2018, August). *Iran: release Azerbaijani Turkic minority rights activists detained for peaceful cultural gatherings*.
https://www.amnesty.org/en/documents/mde13/8889/2018/en/
Amnesty International. (2019, November). *Iran: Kurdish activist arbitrarily aetained: Zahra Mohammadi*.
https://www.amnesty.org/en/documents/mde13/1390/2019/en/
Amnesty International. (2021, July). *Iran: defender beaten and denied health care: Alireza Farshi Dizaj Yekan*.
https://www.amnesty.org/en/documents/mde13/4484/2021/en/
Apple, M. W., & Buras, K. L. (2013). In Apple M. W., Buras K. L. (Eds.), *The subaltern speak: curriculum, power, and educational struggles*. Routledge.
https://doi.org/10.4324/9780203623428
Asgharzadeh, A. (2008). The return of the subaltern: international education and politics of voice. *Journal of studies in International Education*, 12(4), 334-363.
AZ Civic Nation. (n.d.). Home [YouTube Channel]. YouTube. Retrieved Dec 10, 2023, from https://www.youtube.com/@azcivicnation94
Beverley, J. (1999). *Subalternity and representation: arguments in cultural theory*. Duke University Press.
Frétigné, J. Y. (2022). *To live is to resist: the life of Antonio Gramsci*. University of Chicago Press.
Fusaro, D. (2017). The pedagogy of praxis and the role of education in the prison notebooks. *Antonio Gramsci: a pedagogy to change the world* (pp. 67-85). Springer.
https://doi.org/10.1007/978-3-319-40449-3_4
Gramsci, A. (2000). *The Gramsci reader: selected writings, 1916-1935*. New York University Press.
Green, M. (2002). Gramsci cannot speak: presentations and interpretations of Gramsci's concept of the subaltern. *Rethinking marxism*, 14(3), 1-24.
Guha, R. (1988). On some aspects of the historiography of colonial India. In R. Guha & G. C. Spivak (Eds.), *Selected Subaltern Studies* (pp. 37-44). Oxford University Press.

آزینلیقلاشدیریلمیش دیلین و توپلومون ائیتیمی و گوجلندیریلمه‌سی

Hall, S. (1986). Gramsci's relevance for the study of race and ethnicity. *The Journal of Communication Inquiry*, 10(2), 5-27. https://doi.org/10.1177/019685998601000202

Holst, J. D., & Brookfield, S. D. (2017). Catharsis: Antonio Gramsci, pedagogy, and the political independence of the working class (pp. 197-220). In Pizzolato N., Holst J. D. (Eds.), *Antonio Gramsci: A pedagogy to change the world*. Springer. https://doi.org/10.1007/978-3-319-40449-3_11

hooks, b. (2014). *Teaching to transgress: education as the practice of freedom*. Routledge. https://doi.org/10.4324/9780203700280

Kalan, A. (2016). *Who's afraid of multilingual education?: conversations with Tove Skutnabb-Kangas, Jim Cummins, Ajit Mohanty and Stephen Bahry about the Iranian Context and Beyond*. Multilingual Matters.

Kapoor, I. (2004). Hyper-self-reflexive development? Spivak on representing the Third World 'Other'. *Third world quarterly*, 25(4), 627-647.

Mayo, P. (2015). Gramsci, education and power. In A. Kupfer (Ed.), *Power and education: Contexts of oppression and opportunity* (pp. 41–57). Palgrave Macmillan. https://doi.org/10.1057/9781137415356_4

Mayo, P. (2017). Gramsci, Hegemony and Educational Politics. In Pizzolato, N., Holst, J.D. (eds), *Antonio Gramsci: a pedagogy to change the world* (pp. 35-47). Springer. https://doi.org/10.1007/978-3-319-40449-3_2

Mosaïque Network. (2023, November 23). *V. Rashidi & S. Pourmusavi (Yeraltı dil və kültür ocaqlarını qurmaq ideyası)* [Video file]. YouTube. https://www.youtube.com/watch?v=kircSbV0I_E&t=6s

Pagano, R. (2017). Culture, education and political leadership in Gramsci's thought. In Pizzolato, N., Holst, J.D. (eds), *Antonio Gramsci: a pedagogy to change the world* (pp. 49-66). Springer. https://doi.org/10.1007/978-3-319-40449-3_3

Pizzolato, N., & Holst, J. D. (Eds.). (2017). *Antonio Gramsci: a pedagogy to change the world*. Springer. https://doi.org/10.1007/978-3-319-40449-3

Qarabagli, V. (2023, Feb 09). *"The Azerbaijani Civic Nation: a diaspora-based language education initiative for Azerbaijani-Turks in Iran"*. The Caspian Post. https://caspianpost.com/en/post/the-azerbaijani-civic-nation-a-diaspora-based-language-education-initiative-for-azerbaijani-turks-in-iran

Quluncu. A. (2023, November. 21). *Samad Purmusavi: the cause of many of our problems in Iranian Azerbaijan is languagelessness.* VOA Azerbaijani. https://www.amerikaninsesi.org/a/7363774.html

Reed, J. P. (2013). Theorist of subaltern subjectivity: Antonio Gramsci, popular beliefs, political passion, and reciprocal learning. *Critical Sociology*, 39(4), 561-591.

Spivak, G. C. (1992). "Can the subaltern speak?" In P. Williams & L. Chrisman (Eds.), *Colonial Discourse and Post-Colonial Theory* (pp. 66-111). Columbia University Press.

Tarlau, R. (2017). Gramsci as theory, pedagogy, and strategy: Educational lessons from the Brazilian landless workers movement. *Antonio Gramsci: a pedagogy to change the world* (pp. 107-126). Springer. https://doi.org/10.1007/978-3-319-40449-3_6

یئر آلتی اوشاقلار کیلاسی و آذربایجان میلی حرکتی‌نین کیلاسلارین تشکیلینده‌کی رولو

صمد پورموسوی

ایراندا مودرن ائییتیمین (آموزشین) باشلانیشیندا تورک دیلی

قاجار دؤنمینه قدر ایرانداکی یایغین دیللرین نه یازیلماسینا نه کؤهنه مکتبلرده اؤیره‌دیلمه‌سینه شاهلیقلار طرفیندن معین بیر سیستماتیک مانعین اولماسی درج اولونمامیشدیر. عکسینه کؤهنه مکتب سیستمیندن مودرن ائییتیمه کئچمک دؤورو ۱۲۶۶ گونش ایلیندن باشلایاراق میرزه حسن رشدیه‌نین واسیطه‌سی ایله تورک دیلینده باشلامیشدیر. رشدیه‌نین ایرانداکی ایلک مکتبی تبریزین ششگیلان خیاوانیندا قورولموشدو و اونون تورک دیلینده یازدیغی ***وطن دیلی*** آدلی درسلیک کیتابی اوزون ایللر بوتون قافقازلاردا یئنی اوصول درسلیگی کیمی تدریس اولونوردو. اوسته‌لیک مشروطه دؤورونده اؤزللیکله مسیونرلر واسیطه‌سی ایله آذربایجان شهرلرینده آچیلیب اداره اولونان مکتبلر چوخ دیللی ایدیلر و بو مکتبلرین بیر چوخوندا تورک دیلی ده تدریس اولونوردو.

مموریال مدرسه‌سی‌نین اؤینجیلری و تورک دیلی‌نین اؤیره‌دیلمه‌سی

تورکجه‌نین گونئی آذربایجاندا رسمی‌لشمه‌سی

مشروطه اینقلابی تهراندا مغلوب اولاندان سونرا آذربایجانین نفوذلو سیاسی-اجتماعی کسیمی مرکزدن و مرکزده‌کی سیاسی گئدیشاتدان نااومید اولوب دموکراسی، سیاسی قودرتین بؤلونمه‌سی، میلی حاکمیت و قانون سیستمی‌نین برپاسی کیمی مودرن ایده‌آللارینی اؤز یوردلاری آذربایجاندا گرچکلشدیرمه‌گه قالخدیلار. بو ایش اوچون آذربایجاندا ایکی دفعه جیددی جهد اولوندو. آذربایجان سیاسیلری هر ایکی دفعه مرکزی دؤولتین ضعیفلندیگینی دیرلندیریب، حیزب یارادیب، میلّی حاکمیتلرینی قوردولار. آذربایجاندا بیرینجی یئرل حؤکومت قاجارلارین سونلاریندا، بیرینجی دونیا ساواشی زامانی دموکرات فیرقه سی و خیابانی حرکاتی ایله باش توتودو.

میلی حؤکومت زامانی تورک دیلینده قیز مکتبی

ایکینجی میلی حؤکومت ایسه ایگیرمی ایل اونداد سونرا، ایکینجی دونیا ساواشی دؤنمینده رضا شاهین سورگون ائدیلمه‌سیندن سونرا یئنه ده دموکرات فیرقه سی و پیشه وری رهبرلیگی ایله یاراندی. مرکزی دؤولت ۱۳۲۰-جی ایللردن باشلایاراق اؤز گوج واسیطه‌لرینی آذربایجاندا ایتیرمه‌گه باشلادی. عئینی زاماندا شوروی نیرولاری‌نین آذربایجاندا

موستقر اولماسی اورادا کئچن سیاسی حرکتلری ایران مستبد دولتی‌نین باسقیسیندان قورودو. بو زامانلار، مشروطه و خیابانی حرکاتی تجروبه سینی یاشامیش آذربایجانین سیاسی دوشونورلری، باشچیلاری، فعاللاری و آیدینلاری پیشه‌وری رهبرلیگی آلتیندا دموکرات فیرقه‌سی اطرافینا ییغیشیب بیر میلت اولاراق کئچمیش اینقلابلارین میراثی اولان اؤزونو اداره ائتمه کیمی سیاسی آرزولارینی گرچکلشدیرمه گه قالخدیلار. دموکرات فیرقه‌سی اؤز موقدراتینی تعیین ائتمک اصلینه دایاناراق ۱۳۲۴-جی ایلین شهریور آییندا ۲۰ شهریور بیانیه‌سی ایله یئرل حؤکومتین وارلیغینی اعلان ائتدی. سئچیم اساسیندا آذربایجان میلی حؤکومتی‌نین دؤولت کابینه‌سی قورولوب ایشه باشلادی. یئرل دؤولتین رسمی دیلی تورکجه اعلان اولوندو. باشقا دیللرین اؤیره‌دیلمه‌سی شرطی ایله بیرگه آذربایحانین تحصیل سیستمی تورک دیلینه چئوریلدی. آنادیلی آدلی دیل و ادبیات کیتابلاری یاییملاندی. موختلیف ساحه‌لرده تورک دیلینده درسلیکلر حاضیرلاندی. بیر ایللیک آنا دیلینده تحصیل ائتمک فورصتینی قازانمیش رضا براهنی، غلامرضا ساعدی، محمدعلی فرزانه و بیر چوخ اونلو آذربایجان آیدین و یازارلاری سونرالار بو حاقدا اؤز تجروبه‌لرینی یازیب دانیشمیلار. بیر سؤزله، تورک دیلی هر ایکی حؤکومتین رسمی حاکمیت دیلی اولدو. اؤزللیکله، ایکینجی میلی حؤکومت دؤنمینده کیتابلار قزئته‌لر، مدرسه درسلیکلری دؤولتی سندلر، پاسپورت و سایره تورکجه حاضیرلاندی.

یئرآلتی اوشاقلار کیلاسی و آذربایجان میلی حرکتی‌نین کیلاسلارین تشکیلینده‌کی رولو

میلی حؤکومت زامانی وئریلن سونوج بلگه‌سی (کارنامه)

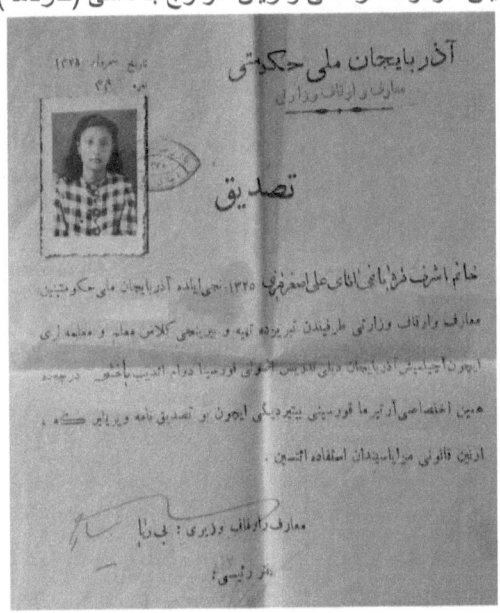

آذربایجان ملی حکومتی
معارف و اوقاف وزارتی

تصدیق

خانم اشرف ... آتاسی علی اصغر ... ۱۳۲۵-نجی ایلده آذربایجان ملی حکومتی‌نین
معارف و اوقاف وزارتی طرفیندن تبریزده ... و بیرینجی کلاس معلم و معلمه لری
ایچون آچیلمیش آذربایجان دیلی تدریس اصولی قورسونا دوام ... درجه‌ده
همین اختصاصی آرتیرما قورسونی بیتیردیگی ایچون بو تصدیق نامه ویریلیر که،
اونین قانونی مزایاسیندان استفاده ائتسین.

معارف و اوقاف وزیری: بی‌ریا

دفتر رئیسی:

دیل تدریسی کورسونو بیتیرمیش موعلیم اوچون وئریلمیش تصدیق‌نامه

تورک دیلی نین ائیتیم سیستمیندن دیشلانیلماسی

اینگلیسین دخالتی و کودتا واسیطه‌سیله رضاشاه قاجار حاکمیتینی اله کئچیردی. قاجار شاهلیق سیستمی هیبرید مشروطه-شاهلیق استبدادینا دؤنوشدو. بونونلا دا، مشروطه دؤورونده کی نیسبی آزادلیق قالدیریلدی، باش قالدیران میلی حاکمیتلر سلب اولوندو، محدود قودرت ایله مجلیس قورولدو و ناقیص بیر آنایاسا دوزنلندی. زامان ایچینده آریانیست کسیم دؤولتین موختلیف اورقانلاریندا یئر آلیب سیاسی ائلیتی اولوشدوردولار و آریانیزم هگمون دؤولت سیاستینه چئوریلدی.[۱] میلی وحدت و مودرن ایران شوعارلاری‌نین ایلک قوربانلیغی ایران جغرافیاسیندا یاشایان موختلیف دیللی، موختلیف کیملیکلی میللتلر اولدولار. بئله‌لیکله ایراندا میلت-دؤولت اولما سوره‌جینده قاجار دؤورونون سونّتی حاکمیتینده‌کی پلورالیزم آرادان گئتدی. قاجاردان سونرا اؤلکه‌ده یاپیسال اقتصادی، اجتماعی گلیشیمین اولماماسی سببی ایله دموکرات و پلورال یئنی دولتچیلیک انشا ائتمک مومکون اولمادی. نتیجه اولاراق، ایران بیر بوتون اولارق قورونوب پرس اؤلکه‌سی کیمی دونیایا تقدیم ائدیلدی. پهلویلر اوچون هر نؤوع کولتورل چیشیدلیلیک سیاسی تهلوکه کیمی گؤرونودو. فارس دیلی میلی وحدتین سمبولو اولوب رسمی دؤولت دیلینه چئوریلدی.[۲] هموژن بیر میلّت یاراتماق اوچون یوخاریدان آشاغی امپوزه ائدیلن یئنی ایران کیملیگی اولوشدورولدو و دؤولت بودجه‌سی ایله آریانیست تاریخ یازیمی باشلادیلدی. بو ایش اوچون ایسه بیر چوخونون اصلیتی یهودی اولان

---

[۱]. قاجالارین سون دؤورلریندن باشلایاراق ایران دؤولت آداملاری و توپلوم ائلیتلری‌نین مودرنلشمه آرزو-ایستکلری غربی آختاریب اؤیرنمه‌گه یؤنه‌لدی. او دؤورلرده اوریانتالیزمین اوزانتیسی اولاراق آریانیزم تئوریلری، اؤزللیکله غربی آوروپا میللتچی‌لیکلری‌نین تملینی تشکیل ائدیردی. قاجار دؤورو تحصیل اوچون آلمانیایا گئدن آیدینلار، آریانیزم تئوریلری ایله تانیش اولوب، بو فیکیرلری ایرانا ادخال ائتدیلر. بونا باخمایاراق رضاشاه دؤوروندن باشلایاراق آریان تئوریلرینی ایران تاریخ یازیمینا اویغولایان ایلک آکادئمیسینلر غربلی تاریخچی و ایرانشوناسلار اولوبلار. بو فاکتی نظرده آلاراق بعضی آراشدیرماچیلار قاجارلارین ییخیلماسینی و فارس کیملیگی ایله یئنی ایران دؤولتی‌نین قورولماسینی تماميله بیر غرب پروژه‌سی کیمی تانیملاییرلار.

[۲]. فارس دیلینین رسمیلشمه‌سی سورجی قاجار دؤوروندن باشلامیشدیر. مشروطه آنایاساسینا گؤره، سیاسی ائلیت فارسجا بیلمه‌دن دؤولت ایشلرینه آلینمیردی.

موختلیف شرقشوناسلار استخدام اولوندو. ائیبتیم سیستمی توپلومون کیملیگینی یئنیدن شکیللندیرمک اوچون پلان اولوندو و دوؤلت سیستمی وار گوجو ایله ایران سرحدلرینده یاشایان غیرفارس میللتلری فارسلاشدیرماغا باشلادی.[۳] اؤزللیکله مرکزی حاکمیتلرین ظولمونه قارشی آذربایجاندا باش قالدیران خیابانی حرکاتی‌نین و میلّی حؤکومتین باسدیریلیب اشغال اولماسیندان سونرا، پهلویلر سوردورولن فارسلاشدیرما حرکتی ایله بیرلیکده موختلیف یوللارلا فارس اولمایان میللتلرین دیل، کولتور و کیملیکلرینه قارشی سیستماتیک دوشمانلیق و موبارزه‌یه باشلادیلار. دموکراسی‌نین اولمادیغی بیر شرایطده میلّتلر اوزون مودّت نه دیللرینی نه کولتورلرینی، قانونی واسیطه‌لرله ساوونوب قورویا بیلمه‌دیلر. تورک دیلی ایسه بوتونلوکله ائیبتیم سیستمیندن دیشلانیب یاساقلاندی.

تورک دیلی نین یاساقلانماسی

۱۳۲۵-جی ایلیده مرکزی دؤولت، میلّی حؤکومت ایله یازدیغی آنلاشما و قراردادلاری پوزاراق نیظامی گوج قوللانیب ارتش یئریده‌رک میلی حؤکومتی دئویردی و موختلیف جنایتلر ائتدی و میلی حؤکومتین یارانماسیندا اؤنملی رولو اولان آیدینلار و سیاسیلر اؤلدورولدو. بو جنایتلرین بعضیلرینی ویلیام داگلاس سندلشدیریب‌دیر. فیرقه‌نین سورگون اولموش آداملاری و چوخ سونرالار فارس یازیچیسی جلال آل احمدین ده یازدیغی کیمی، آذربایجان میلّتی اوزون ایللر نیظامی ایشغال و داخلی استعمار شرایطینده یاشادی. همین ایللرده یازیلیب یاییلانمیش اولان آنا دیلی کیتابلاری میدانلاردا یاندیریلماقلا بیرلیکده، تورک دیلی‌نین هر طورلو اؤیره‌دیم سیستمینه داخیل اولماسینا مانع اولوندو. او قدر کی مدرسه‌لرده تورکجه دانیشانا جریمه و شالاق جزاسی اویغولانماغا باشلادی. بو وضعیتله باغلی بیر چوخ انسان اؤز خاطره‌لرینی یازیبدیر،

---

۳. گونوموزده تانیملانیب رسمیلشمیش فارسی ایچریکلی ایران کیملیگی، او زامانکی ایرانلی آریانیست دوشونورلری‌نین، غرب آریانیست تاریخچیلری‌نین و پهلوی دؤولتی‌نین اورتاق پروژه سی کیمی نظرده توتولا بیلر.

آما بو حاقدا ان تراژیک تصویری آذربایجان یازیچیسی رضا براهنی جانلاندیریر. مدرسه مسئوللاری اونو یازدیغی تورکجه قزئته‌نی یالاماغا مجبور ائدیرلر. براهنی یازیر: من آنا دیلیمی یالاییب اوددوم.

پهلوی عسگرلری‌نین نظارتی ایله تورک دیلینده یاییلمیش کیتابلاری تبریزین ساعات مئیدانیندا یاندیریرلار

تورک دیلینین یاساقلانماسینا قارشی ادبی دایانیشما

باسقیلارین شیدّتینه باخمایاراق فارس دیلی و کولتورونو مجبوری اؤیرنمه‌گه محکوم اولان میلّتین ایچینده هر فورصتده ظولمه قارشی موختلیف یوللارلا دیره‌نیش حرکتلری باشلانمیشدیر.[4] بو آرادا خصوصیله اوشاق ادبیاتی آز اولسا دا اوره‌دیلمیشدیر. مثلا او زامانلار محمدباقر خلخالی‌نین قاجار دؤورونده *کلیله و دمنه* سایاغی حئیوانلار دیلی ایله یازدیغی تورکجه *ثعلبیه* کیتابی موختلیف شکیل‌لرده نشر اولونوبدور. تورک دیلی رسمیّتده یاساقلانیب غیر رسمی صورتده یازیلسا دا، محدود فورمادا توپلوم آراسیندا یاییلا بیلدی. دیل حاقیندا یئر آلتی ادبیاتین ان اؤنملی نومونه‌لریندن بیری دوکتور زهتابی‌نین میلّی حؤکومتین ایشغالیندان

---

[4]. شاه دؤورونده بو باسقیلارا قارشی ائولرده و موختلیف اجتماعی قوروپلارین آراسیندا گیزلی و غیر رسمی فعالیتلرین وار اولماسی ثبت اولونمادیغی اوچون بو حاقدا بیلگیلریمیز محدوددور. آما دیل عدالتسیزلیگینه قارشی چوخلو ادبی متنلر الده وار.

سونرا یازدیغی «سو دئییبدیر منه اولده آنام، آب کی یوخ» شعری‌دیر.[۵] بو شعر هله ده سئویلیب اوخونولور و عینی صورتده رسمی دایره‌لرده اونا قارشی محدودیت اویغولانیر.

دیلین یاساقلانماسینا گؤره یازیلمیش ان اؤنملی شعرلردن بیری ده بولوت قاراچورلونون «طالعیمه سن باخ!» شعری‌دیر:

طالعیمه سن باخ!
دوشونجه‌لریم یاساق
دویغولاریم یاساق
کئچمیشیمدن سؤز آچماغیم یاساق
گله‌جگیمدن دانیشماغیم یاساق
آتا-بابامین آدین چکمه‌گیم یاساق.
آنامدان آد آپارماغیم یاساق
بابا دیاریم ایسه پیدراق-پیدراقدیر.
بیلیرسن؟
آنادان دوغولاندا بئله،
اؤزوم بیلمه‌یه – بیلمه‌یه
دیل آچیب دانیشدیغیم دیلده،
دانیشماغیم یاساق ایمیش، یاساق!
«تهران ۱۳۳۸ بهمن آیی»

ائیتیم سیستمی‌نین تک دیللی اولماسی و عدالتسیزلیگه قارشی مبارزه

تورک دیلی‌نین یاساقلانماسی دؤورو دیل و ائیتیم مسئله‌لرینی رئال زمینده یاشاییب بیلن اوشاق ادبیاتی یازاری صمد بهرنگی، امتیازسیز کوتله‌لرین ایچینده ائیتیمین عدالتلی و دوغرو-دوزگون اولمادیغینا تاکید

---

۵. دوکتور زهتابی‌نین منه شخصا سؤیله‌دیگینه گؤره، نیظامی ایشغال ایللریندن سونراکی قورخونج امنیتی فضادا، تبریزده‌کی بعضی ماغازادارلار بو شعری دویو تایلاری ایچینه یئرلشدیریب و یا یئمه‌لی گؤی باغی اوچون ایشله‌دیلن سارما کاغیذلار کیمی مشتریلره وئریب ائولره گؤندریرمیشلر.

ائدیر و بو عدالتسیزلیگین دیل ایله باغلانتیسینی گؤستریر. بهرنگی اؤز زامانینا گؤره چوخ اؤنجول و تنقیدی بیر باخیشلا، تک دیللی و تک کولتورلو رسمی ائییتیمین آخسارلیقلارینا توخوناراق ائییتیم سیستمی‌نین عدالتسیز اولدوغونو موختلیف موباحیثه‌لرله ایره‌لی سورور.[۶] بهرنگیه گؤره، آذربایجان اوشاقلاری‌نین اؤیرنیب دوشونمکده چتینلیک چکمه‌لری و درسلرده دالی قالماقلاری، اوخودوقلاری مرکزچی باخیش و یاد دیلی ایله یازیلمیش درسلیکلرین مؤحتواسیندان ایره‌لی گلیر. او چؤزوم یولو کیمی تورک دیلی و ادبیاتی‌نین هیبرید شکیلده درسلیکلره داخیل اولوناماسینی و آذربایجان کولتورونه دایانان درسلیک متنلرین حاضیرلانماسینی اؤنریر. بهرنگی‌نین واختی ایله ایره‌لی سوردوگو فیکیرلر گونوموزده هیبرید دیل اؤیره‌دیلمه‌سی، ایکی دیللی ائییتیم سیستملری و نئچه دیللی تحصیل سیستمی کیمی تانینماقدادیر و بیر چوخ اؤلکه‌ده اویغولانماقدادیر. حال بو ایکن، بعضیلرینه گؤره بهرنگی‌نین ایره‌لی سوردوگو فیکیرلر دیل و کولتورون قورونماسی آماجینی داشیمیر. آما سونوج اعتیباری ایله، بو حرکتلر سیستماتیک اولاراق اویغولانان میلی ظولمون موختلیف وجهلرینی آچیقلایاراق تورک دیلی‌نین و آذربایجان کولتورونون اؤیره‌نیلیب یاییلماسیندا رولو اولموشدور. ۱۳۴۰-جی ایللردن بری، صمد بهرنگی باشدا اولماقلا، اؤزللیکله دموکرات فرقه سینین سیاسی-اجتماعی باشاریلارینا و کولتورل گله‌نه‌گینه دایانان آذربایجان سولچو موعلیملری، شفاهی ادبیات و خالقلارین میلی کولتورلرینی و گله‌نکلرینی توپلاییبلار و قورونماسی اوچون فعالیتلر ائدیبلر.

---

۶. بهرنگی‌نین بو باخیشلاری تهرانداکی آیدینلارین حتی شاملو کیمی فارسیست شاعرین دقتینی چکیر. شاملو صمد بهرنگینی تهرانا چاغیریب «کتاب جمعه» دفترینده اونونلا گؤروشور.

اینقلابدان سونرا تورک دیلی و ائییتیم مسئله‌سی

اسلام اینقلابیندان سونرا بیر ایکی ایل نسبی کولتورل و سیاسی آزادلیق دؤورو یاراندی. بو دؤورده تورک دیلینده کیتابلار، قزئته لر و باشقا تورک دیللی ماتئریاللار آذربایجانین مختلیف شهرلرینده نشر اولوب یاییلماغا باشلادی. میلی حؤکومتین ییخیلماسیندان سونرا قوزئی آذربایجانا سورگون اولموش گونئیلی آیدینلارین یازیب یاراتدیقلاری یازیلار اؤزللیکله آذر نشریاتی‌نین عرب الیفباسی ایله یاییملادیغی کیتابلار گونئیه گلدی. بودؤورده یاییملانان کیتابلارین آراسیندا میلی حؤکومتین درسلیکلری، تورک دیلی‌نین قرامرینه عاید کیتابلار و اوشاقلار اوچون نشر اولونموش ماتریاللار دا یئر آلیردی. بوتون بونلار اولارکن، قیسا زامان ایچینده ایرانین یئنی آنایاساسی شکیل‌لندی و مرکزی دؤولت قورولونجا، ایستبداد یئنی فورمادا حاکیم اولماغا باشلادی. ایسلام جمهوریتی آنایاساسینا گؤره فارس دیلیندن باشقا بوتون دیل و کولتورلر محلی آدلاندیریلدی. قانوندا تورک دیلینده تحصیل حاقیندا دانیشیلمادی و اونون یئرینه محلی دیللرین اؤز منطقه‌لرینده اؤیره‌نیلمه‌سینه اشاره اولونوب ایزین وئریلدی. فقط، قانونداکی بو ماده هئچ زامان گرچکلشمه‌دی. عکسینه تورک دیلی‌نین محلی اولماسینا و فارس دیلینه اویغونلاشدیریلماسینا رسمی صورتده اوزون مدتلی پلانلار تؤکولدو. او جومله‌دن بوتون رادیو-تلویزیون محلی پروقراملاری فارس قرامری ایله، یاری فارسجا یاری تورکجه حاضیرلاندی.[۷] بونونلا بیرگه کیتابلارا و نشریاتا محدودیت‌لر قویولاراق، اوزون مدت ایچینده موختلیف فورمادا دیل ایله باغلی سانسور و یاساقلار چوخالدی.

---

[۷] موختلیف دستورلارلا یوخاریدان گلن دیل سیاستلری دیلین فارسلاشماسینا خیدمت ائدیردی. میلّت سونرالار دؤولت طرفیندن یارادیلیب اویغولانان بو دیله فاذری آدی وئریر.

زبان، انسان و جامعه: ادبیات و زبان‌های اقلیت در ایران

اوشاقلار و اؤیرتمن(صمد پورموسوی) یئر آلتی کیلاسدا

تورک دیلینده یئر آلتی ائییتیم و اوشاقلار کیلاسلاری

اینقلابدان سونرا تبریزده اوشاقلار کیلاسی آدی ایله تانینان ییغینجاقلار موختلیف زامانلاردا فرقلی ائولرده دوزنلنمیشدیر. بو کیلاسلاردا اوشاقلارا موسیقی، ماهنی اوخوماق و رقص اؤیره‌دیلیردی. کیلاسلاری دوزنله‌ینلر عموماً اؤزلری موسیقی موعلیمی یا رقص باجاریغی اولان شخصلر اولوردو. او کیلاسلاردان ان اونلوسو، رضی حسینی‌نین اوشاقلار اوچون یاراتدیغی آیلیق جلسه‌لر ایدی. اونون کیلاسلاری آذربایجان کولتورونه دَیر وئرن عایله‌لر آراسیندا تانینیردی.[۸] آقا رضی

۸. رضی حسینی قاوال چالاردی. اینقلابدان سونرا موسیقی‌نین یاساق اولدوغو دؤورلرده آراز قیراغینا گئدیب قوزئی آذربایجان رادیولاریندان موسیقی وئرلیشلرینی کاسئته رکورد ائدیب تکثیر ائدردی. شهرین مرکزینده اولان کیچیک بیر ماغازادا میز آلتی تورکجه کتابلاری و دولدوردوغو آذربایجان موسیقی کاسئتلرینی ساتاردی. آقا رضی آدی ایله تانینمیش صنعت خادیمی، موغاملاری آز دا اولسا تانییار و ماهنیلاری موغاملارینا گؤره کاسئتلره دولدوراردی. آذربایجان فولکلورونو او جومله دن اوشاق شعرلری و

اوزون مدت اوشاقلارا ماهنی اوخوماق، قاوال چالماق و شعر ازبرلەییب اوخوماق اؤیرتمکله بیرلیکده، شهردەکی موختلیف موسیقی مجلیسلرینی تانییب بیلدیگی اوچون، گووەندیگی عایلەلری بیر-بیری ایله تانیش ائدیب، موسیقی جلسەلری‌نین زنگین اولماسینا یاردیم ائدیردی. او بوتون باجاریقلارینی موعلیم‌سیز و سئوگی اوزوندن الده ائتمیشدی. آقا رضی‌نین واختی ایله آذربایجان موسیقی و شفاهی ادبیاتی‌نین عایلەلر و اوشاقلار آراسیندا یاییلماسیندا بؤیوک رولو اولموشدو. تبریزده اوشاقلار اوچون یارادیلمیش باشقا اؤنملی ائو کیلاسلاریندان بیری ده آذر خانیم فرخی، حیات یولداشی ائلدار و موسیقیچی دوستلارینا عاید اولان کیلاس ایدی. فرخی‌لرین ائوی شهرین مختلیف کولتورل ائو اوجاقلاریندان بیری ایدی. آذر خانیمین اوشاقلار اوچون یاراتدیغی رقص کیلاسلارینا اونلارین تانیییب بیلدیکلری عایله لرین اوشاقلاری گلیب رقص اؤیرنمکله برابر ماهنی اوخوماق دا اؤیرەنردیلر.

۱۳۷۰-جی ایللردن باشلایاراق یئرآلتی دیل و کولتور کیلاسلاری

۱۳۷۰-جی ایللردن سونرا ساواشدان چیخمیش ایران حاکمیتی بعضی داخلی سیاستلرینده دییشیکلیک آپاریب یوموشاق یؤنتملره باش ووردو. بو دوروم گونئی آذربایجانین کولتورل و سیاسی فعالیتلرینه اؤز تاثیرینی بوراخدی. میلّی حرکتین فعاللاری نیسبی آچیق سیاسی فضادان ایستیفاده ائدیب، فرقلی ایشلره جان آتدیلار. بو ایللرده چوخلو تورک دیللی کتابلار نشر ائدیلدی، قزئتلر یاییملاندی، تورک دیللی تئاتر صحنەلشدی، موسیقی کونسرتلری دوزنلندی و شهرلرده تورک دیللی مراسیملرین سایی آرتماغا باشلادی. بونونلا بیرلیکده آذربایجان مدنیت اوجاغی دا دوکتور محمدتقی

ناغیللارینی ازبر بیلردی و مجلیسلرده قاوال چالاراق اونلاری بم سسی ایله سسلندیرردی.

زهتابی، حسن دمیرچی، علی خالط آبادی و باشقا میلّی حرکت اؤنجول‌لری‌نین[۹] تشبّوسو ایله قورولوب ایشه باشلادی.

آذربایجان مدنیت اوجاغی او ایللرده تبریزده بیر چوخ میلّی فعال، یازیچی، شاعیر و ضیالی‌نین ایشتراکی ایله یاری رسمی یاری گیزلی بیر تشکیلات کیمی اورتایا چیخدی. اوجاغین آیلیق ییغینجاقلاری ائولرده اولسا دا اونو باشقا ائو ییغینجاقلاریندان فرقلندیرن مسئله لر وار ایدی. اوجاق هر آی دوزنلی ایجلاس قویاردی، اونون مسئول و اجرایی کادرلاری معینلشمیشدی. موختلیف ایش کومیته‌لری قورولموشدو. مثلا اوجاغین قادینلار و اؤیرنجیلر قولو وار ایدی و من (صمد پورموسوی) گنجلر کومیته‌سینده فعالیت ائدیردیم. باشلانقیجدا ائیییتیم و معاریفلنمه اوجاغین اساس هدفلریندن بیری اولسا دا، سونرالار بو قوروم فرقلی اجتماعی-سیاسی فعالیتلره ده باش ووردو. اوجاغا چئشیدلی اجتماعی قوروپلار یول تاپا بیلیردی. اوجاق سورعتله بؤیویوب ائتگین حالا گلدی. اونون اساس سببلریندن بیری اوجاغین هم فیکیر آتاسی هم باش اؤیرتمنی و جاوانلاری جذب ائده بیله‌جک کاریزماتیک کاراکتری اولان دوکتور زهتابی ایدی.

اوجاغین آیلیق ییغینجاقلاریندا دوکتور زهتابی دیل و تاریخ درسلری وئریر هم ده اؤیره‌نمکله برابر، اینسانلاری اؤیرندیکلرینی اؤیرتمه‌گه تشویق ائدیردی. ۱۳۷۲-جی ایلدن باشلایاراق، اوجاقدا فعال اولان و دوکتور زهتابی‌نین دیل و تاریخ درسلری‌نین اؤیرنجیلری اولان ناهید شری‌زاده، رضا غفاری، بهزاد آزرمی، شهرام عطاپور و صمد پورموسوی یئنی اوسلوب اوشاقلار کیلاسی‌نین تملینی قوردولار.

---

۹. دوکتور زهتابی گنج چاغلاریندا میلّی حؤکومتین قورولدوغو دؤورلرده ادبی فعالیت ائتمیشدیر. سونرالار درس اوخوماغا قوزئی آذربایجانا گئدیب فیلولوژی اوزه‌ره دوکتوراسی بیتیرمیشدیر. باکی دولت اونیورسیته‌سینده، بغداد اونیورسیته‌سینده و بیر ایل مودتینده تبریز اونیورسیته‌سینده دیل و ادبیات تدریس ائدیب، عؤمرونون سونونا قدر تورک دیلینده یازیب یاراتماقلا مشغول اولموشدور. اونون گونئی آذربایجانداکی میلّی حاقلارین برپاسی اوچون باش قالدیران میلی حرکتین دیرچلمه‌سینده بؤیوک رولو اولموشدور. دوکتور زهتابی، اوتوزدان آرتیق ادبی و علمی کیتابین مولیفی‌دیر.

یئرآلتی اوشاقلار کیلاسی و آذربایجان میلی حرکتی‌نین کیلاسلارین تشکیلینده کی رولو

شکیلده کی معلیملر: دوکتور زهتابی، رضا غفاری، ناهید شری زاده، صمد پورموسوی

اوشاقلار کیلاسی نین ایکینجی دؤورو موعلیم‌لرین سیراسینا موختلیف گنج میلّی فعاللار و ایستعدادلی موسیقی و رقص اوزمانلاری دا قوشولدو. مثلاً، اوشاقلار کیلاسین سونراکی ایللرینده (۱۳۸۰-۱۳۷۴) صمد پورموسوی و لاله جوانشیرین مودیریتی ایله تورک دیلینی یاخشیجا بیلن،

آذربایجان موسیقی و کولتورونو اؤیرنمیش اؤزل ایستعداد و مهارتلره صاحیب اولانلار معلیم کیمی کیلاسلارا جذب اولوندو. بو ایللرده دنیز پور مختار، حسین عطاپور، بهمن قدمی، رضا حسینی، آرزو پورموسوی، محمدرضا قوچی، امیر باقرزاده و مسود نامور کیمی گنج فعاللار کؤنوللو اولاراق موختلیف زمینه‌لرده درسلیکلر حاضرلاییب اؤیرتمنلیک ائتدیلر. تبریزده‌کی اوشاقلار کیلاسی‌نین شکیللنمه‌سینده بیر چوخ اجتماعی فعال شخصلرین و عایله‌لرین تمناسیز امه‌گی و دسته‌گی اولموشدور. تاسوفله، مختلیف سببلره گؤره بورادا اونلارین آدلارینی گتیرمک مومکون دئییلدیر.

کیلاسین هفته‌لیک درسلری موختلیف ائولرده اولوردو. امنیت سببی ایله ائوین آدرسی هفته سونو بلیرله‌نیردی. بو دؤنم اوشاقلار کیلاسینی کئچمیش اوشاقلار کیلاسلاریندان فرقلندیرن اؤنملی مسئله تورک دیلی درسلری، اونونلا بیرگه آذربایجان تاریخ و ادبیاتی اؤیره‌دیلمه‌سی‌نین اساس هدف آلینماسی ایدی. اوشاقلار کیلاسی رسمی یئرلرده باسقی آلتیندا اولان زده‌لنمیش اتنیک کیملیگی اوشاقلارین ذهنینده اوناریب (تعمیر ائدیب)، اونلارا اؤز کولتورلری ایچینده یاشاییب لذت آلماغا امکان ساغلاییردی.

شکیلده کی معلیم: دنیز پورمختار

ییرآلتی اوشاقلار کیلاسی و آذربایجان میلی حرکتی‌نین کیلاسلارین تشکیلینده کی رولو

شکیلده کی معلیم: محمدرضا قوچی

شکیلده کی معلیم: لاله جوانشیر

اوشاقلار کیلاسی نین اؤزللیکلری

دوکتور زهتابی‌نین بؤیوکلر اوچون یاراتدیغی دیل و تاریخ کیلاسلاریندان ائتکیلنمیش اوشاقلار کیلاسی، هم محتوا و هم فورم باخیمیندان داها فرقلی بیر شکیلده قورولموشدو. اوردا موسیقی، رقص و فولکلور دیل درسلری‌نین خیدمتینده ایدی. علاوه اولاراق، آذربایجان تاریخیندن

پارچالار، اؤنملی آذربایجان شخصیتلری‌نین حیات و یارادیجیلیقلاری مباحثه اولونوردو. بونون اوچون بیر تقویم عیارلانمیشدی و مناسیبتلرین و یا حادثیه‌لرین تاریخینه و گونونه گؤره کیلاسلاردا اوشاقلارا بیلگیلر وئریلیردی. کیلاسلارین اوشاقلارا داها چکیجی اولماسی اوچون فرقلی صنعت نؤوعلری قوللانیلیردی. اوشاقلار اؤیرندیکلرینی فرقلی فورمالاردا ایفالار ائدیردیلر.

اوشاقلار جانلی موسیقی ایله یاللی رقصی ائدیر!

حامد اوشاقلار کیلاسیندا یازدیغی شعری اوخویور.

اؤیره نیلن شعر، موسیقی، رقص و باشقا ماتریاللار خصوصی قوناقلیقلار و موختلیف مناسبتلرده و اجتماعی ییغینجاقلاردا ایفا ائدیردیلردی. اوشاقلار اؤز مهارتلرینی دیکلمه، ماهنی اوخوماق، رقص، رسساملیق و یئری گلنده تئاتر کیمی صنعت نؤوعلری ایله گؤستریردیلر. واختی ایله، اوشاقلار کیلاسی‌نین اؤیرنجیلری تبریز و اورمیه اونیورسیته‌لرینده، حوزه-هنریده، علی افشاری‌نین دوزنله‌دیگی تئاتردا، شرفخانادا دوزنله‌نیلن آذربایجانشوناسلیق سمپوزیوموندا و تهراندا چیچکلر قورولوشونون کونفرانسیندا موختلیف ایفالاری اولموشدور.

شرفخانا، آذربایجانشوناسلیق سمپوزیوموندا

اؤیرنجیلر آذربایجان اوشاق ماهنیلارینی مشق ائدیر

اوشاقلار کیلاسلاردا تورک دیلینده یارادیجی متنلر یازماغا ترغیب اولونوردولار. بو یارادیجی متنلر، شعرلر و یازیلار، غلامحسین فرنودون باش یازارلیق ائتدیگی صمد بهرنگی‌دن یادگار قالمیش مهد *آزادی* درگیسی‌نین *آدینه* صحیفه‌لریننده یاییملانیردی.

یئرآلتی اوشاقلار کیلاسی و آذربایجان میلی حرکتی‌نین کیلاسلارین تشکیلینده‌کی رولو

اوشاقلار کیلاسی نین اؤیرتمنی (صمد پورموسوی) غلامحسین فرنود ایله مهد آزادی قزئته‌سی‌نین دفترینده

داها سونرالار اوشاقلار کیلاسی اؤزونه *قارانقوش* آدلی داخلی نشریه یاییملاماغا باشلادی و اوشاقلارین یازیلاری و موعلیم‌لرین نوتلاری دوزنلی فورمادا اورادا یاییملانماغا باشلادی. *قارانقوش* درگیسی یئرآلتی گیزلی نشریه ایدی. او محدود ساییدا اللی ایله یوز آراسی پرینت آلینیب اوشاقلار کیلاسینا گلن عایله‌لر و شخصلر آراسیندا پولسوز پایلانیردی. درگی ائولرده تایپ اولونوب کس-یاپیشدیر ایله صحیفه‌لری دوزنله‌نیب موختلیف ترجومه، رسیم و یازیلارلا سوسله‌نیردی.[۱۰] اوشاقلار کیلاسیندا دئییشمه فورمتینده شعر دیکلمه سی، ترجومه و قارشیلیقلی موباحیثه‌لر مهارت کیمی مشق اولونوردو. رسمی تحصیل سیستمی‌نین عکسینه، آزاد

---

[۱۰]. بو یاساق اوشاق درگیسی‌نین اون ایکی ساییسی الده‌دیر.

فعالیت و موختلیف تفریحلرله دولو، یوموشاق و چکیجی بیر فضا یاراتماق اوشاقلار کیلاسی‌نین آماجی ایدی. اونون اوچون فولکلور اویونلار و اوشاقلار اوچون ماراقلی اولان باشقا فعالیتلر، اؤیرنمه پروسه‌سی‌نین بیر پارچاسی کیمی اولموشدو.

اوشاقلارین الینده کی درگی گیزلی پرینت اولونموش قارانقوشدور

کیلاسلارا بعضا تبریزین اونلو یازارلاری و بیلگین انسانلاری قوناق کیمی دعوت اولونوردو. اونلار بیر مؤوضوع حاقیندا اوشاقلارا دانیشیب، اونلارین سواللارینی جاوابلاییردیلار. بو جلسه‌لرده گنج موعلیملر ده اوشاقلار ایله بیرگه دینله‌ییجی‌لر سیراسیندا اؤز بیلگیلرینی گلیشدیریردیلر. بئله‌لیکله اوشاقلار کیلاسی تبریزین فرقلی شاعیرلری‌نین، یازیچیلاری‌نین، تاریخچی‌لری‌نین و صنعت آداملاری‌نین دیقّتینی اؤزونه چکه بیلمیشدی. نمونه اوچون زامان-زامان دوکتور زهتابی کیلاسلاردا ایشتراک ائدیب، دیل حاقیندا ساده‌لنمیش قرامر اؤیره‌دیردی. موختلیف تاریخی حادیثه‌لر حاقیندا صمد سرداری‌نیا دانیشیقلار ائتمیشدی.

غلامحسین فرنود جلسه‌لرده اولوب، ادبیات و ادبی یارادیجیلیق حاقیندا هم اورداکی کؤنوللو موعلیم‌لره هم ده اؤیرنجیلره درسلر وئرمیشدی.

غلامحسین فرنود کیلاسدا اوشاقلارا دانیشارکن

بعضی ایستی آیلاردا اوشاقلار عایله‌لری ایله بیرلیکده داغا و یاخین گزمه‌لی یئرلره آپاریلیردی. اوشاقلارین آتا-آنا و باجی-قارداشلاریندان کؤنوللو اولانلار بو کمپلرین اوغورلو کئچمه‌سینه یاردیم ائدیردیلر. اوشاقلار کیلاسی هم عایله‌لرین هم ده اوشاقلارین رغبت و اعتمادینی قازانا بیلمیشدی. بوتون گؤرولن ایشلر کؤنوللو اولاراق، پولسوز، هوس و ماراق اوستوندن دوزنله‌نیب ایره‌لیله‌ییردی.

زبان، انسان و جامعه: ادبیات و زبان‌های اقلیت در ایران

اوشاقلار صمد بهرنگی نین دوغوم گونو امامیه مزالیغیندا

اوشاقلار کیلاسی داغدا قورولوب

نوکته‌لر

یئرآلتی اوشاقلار کیلاسیندا:

- دیل اؤیره‌دیمی اساس مسئله ایدی.
- موعلیم کیمی چالیشانلار میلّی حرکتین فعاللاری و عموماً اؤیرنجی ایدیلر.

- کیلاسلاردان هئچ بیر چیخار گودولموردو.
- هر کس کؤنوللو قاتیلیردی: اؤیرتمنلر، ائو امکانلاری اولانلار و سایره.
- کیلاسلارین فورمو بیر چوخ توپلومسال نورملاری آشیردی. مثلاًقیز اوغلان قاریشیق ایدی.
- درسلر یارادیجیلیق اوداقلی ایدی و اوشاقلارا تکلیف وئریلیب دیرلندیریلیردی.
- آتا-آنالارین گووه‌نینی قازانماق هدف آلینمیشدی.
- اوشاقلارا ائولرینده اولمایان آزادلیق وئریلیردی. آلدیغیمیز فیدبکه گؤره، اوشاقلارین رفتارلاری ائولرده داها یاخشیلاشمیشدی.
- کیلاسلار شهرین اعتیبارلی و ضیالی کسیمی‌نین دسته‌یینی قازانمیشدی.

Çox Dilli Bir Toplumda Assimilyasiya və Dirəniş: İrandakı Türk Qadınlarının Dil Qullanımı və Kimlik Mübarizəsi

Hajar Kabiri

Hacettepe Üniversitesi

Bu sunum İrandakı Türk qadınlarının modernləşmə hekayəsinin bir parçasıdır və onların özgün təcrübələrini vurğulayır. Modernləşmənin müxtəlif boyutları olsa da, biz burada İran millətçiliyi kontekstində Türk qadınlarının modernləşmə təcrübəsinə, xüsusilə kimlik və dil məsələlərinə diqqət yetirəcəyik.

İranda etnik/milli və digər fərqləri göz ardı edərək "İranlı Qadın" olaraq etiketlənən bütün qadınlar üçün homogenləşdirilmiş modernləşmə prosesi ilə bağlı çoxlu araşdırmalar var. Ancaq, qadınlar arasında etnik və milli kimliklərə görə fərqləri vurğulayan araşdırmaların olmaması diqqət çəkir. İranda Türk qadınlarının modernləşmə təcrübəsini kimlik və özəlliklə dil probleminə diqqət yetirərək araşdırmaq, qadınlar arasında mövcud olan fərqli modernləşmə təcrübələrinə işıq salmaqla yanaşı, İranda kəsişən feminist araşdırmalara da yol açacaqdır.

İrandakı türk qadınları olaraq bizim modernləşmə təcrübəmiz millətçilik, qərbləşmə, sömürü (müstəmləkəçilik) siyasətləri və oryantalizm diskursu ilə

iç-içədir. Ona görə də modernləşməyi yaşadığımız kontekstdə araşdırmaq önəmlidir.

Uluslararası Arenada Aryan Modeli

Oryantalist çalışmalarda, Avropanın şərqə müstəmləkə politikasını asanlaşdırmaq üçün Aryan modeli istifadə olunurdu. Aryan irqi sözdə bilimsəl bulğulara dayanaraq digər irqlərlə müqayisədə bənzərsiz, istedadlı, bacarıqlı və gəlişmiş olaraq sunulurdu. Sanskrit və Avropa dilləri arasında oxşarlıq iddialarının ardınca Aryan irq modeli ilə formalaşan dilçilik anlayışı olan Hind-Avropa dil ailəsi nəzəriyyəsi ortaya çıxdı (Vəziri, 2013, s. 3). İrq və dil ailələri arasında əlaqə quruldu və Hind-Avropa dil ailələrinə mənsub olanlar da Aryan irqinin bir parçası olaraq qəbul edildi.

İran millətçiliyi kontekstində elitlər Ari irqi ilə Fars dilinin daxil olduğu Hind-Avropa dil ailəsi arasında əlaqə yaratmağa çalışdılar. Bu modelə görə, iranlılar Ari irqinin bir parçası olaraq avropalılarla qohum olub və digər irqlərdən üstün idilər. İran, bir coğrafi bölgəsini deyil, bir xalqı və dil ailəsini təsvir etmək üçün istifadə edildi. Fars dili İranın tarixi və mədəni xüsusiyyətlərini daşıdığı halda, digər dillərə əhəmiyyət verilməmişdir.

İran coğrafiyası orada yaşayan müxtəlif dil, mədəni və dini qruplara görə sosial mozaikaya bənzədilibdir. İdarəçilik açısından Qacar İmperiyasının sonuna qədər, xüsusən 1906-cı il Məşrutə İnqilabından sonra bu fərqlər Əyalət və Vilayət Məclislərində nisbi muxtariyyət şəklində hüquqi təmsilçilik qazandı. Lakin 1925-ci ildə

Rza şah Pəhləvinin taxta çıxması və müasir milli dövlət quruculuğu ilə bir dil, bir millət, bir dövlət siyasəti həyata keçirilməyə başlandı.

İki əsas söyləm İranın müasir tarixinin gedişatına önəmli dərəcədə təsir göstərmişdir. Dəyişimi dəstəkləyən söyləm, Məşrutə İnqilabı zamanı mərkəzsizləşdirmə, Əyalət və Vilayət Məclisləri və muxtariyyət hərəkatları ilə gündəmə gəldi. Qacarlar dövründə ölkə dörd əyalətə bölünmüşdü və Tehranda mərkəzi hökumət iqtisadi və hərbi cəhətdən əyalətlərə bağlı olsa da, əyalətlər üzərində egemen deyildi. Bu quruluş Məşrutə İnqilabının Anayasasında Əyalət və Vilayət Məclislərinin qurulmasıyla güvəncə altına alınmış və bununla da mərkəzi hökumətin yetkiləri sınırlandırılmışdı. 1920-ci ildə Azadistan hərəkatı və 1945-ci ildə Azərbaycan Milli Hökuməti bu məclislərin yenidən açılmasını tələb etdi.

Düzəni və mərkəziyətçiliyi dəstəkləyən söyləm Ebrahiminin (2016) dislokatif milliyətçilik olaraq adlandırdığı ilə xarakterizə olunur. Milliyyətçiliyin bu forması Ari modelinin mənimsənməsi, Fars dilinin rəsmi və milli dil olaraq bəlirlənməsi, Antik İranın ehtişamına odaqlanılması, daimi İran dövləti qavramı, zərdüştiliyə ilgi şəklində xarakterizə edilibdir. İslam İnqilabı dövründə bu unsurlar şiəlik ilə birləşdirilmişdir.

İranda Millətçilik və Dil

İranın dil siyasətinin intellektual əsası on doquzuncu əsrdə qoyulmuşdur. Fars dilini İran millətinin mahiyyəti kimi tanımlayan önəmli qaynaqlar arasında *Se Məktub*

("Üç Məktub") və *Səd Xətabe* ("Yüz Xitabə") kitablarını göstərmək olar. Mirzə Ağa Xan Kermaninin on doquzuncu əsrin ortalarında yazılmış və İran milliyyətçiliyinin ilk qaynaqlarından sayılan bu kitabları ərəb və türk kimliklərinə qarşı dayanan və beləliklə də onları marginallaşdıran bir İran kimliyi qurmağa çalışmışdır. Kermani dilin millətçiliyin önəmli bir biləşəni olduğunu vurğulayaraq, sağlam millətin güclü dil üzərində qurulduğunu müdafiə edirdi.

Rıza şah Pəhləvi dövründə (1925-1945) fars dilinin İranın milli dili olarq seçilməsi digər dillərin, o cümlədən türk dilinin kənara çəkilməsinə səbəb oldu. Bu doğrultuda fars dili ilə İran millətçiliyi, mədəniyyəti, dövlət quruluşu və tarixi davamlılıq arasında əlaqə yaratmaq amaclandı (Vəziri, 2013). Bu sürəc həm tarixi davamlılıq yaratdı, həm də farsca danışanlara üstünlük verdi (Ebrahimi, 2016).

Pəhləvilər dövründə başlanmış bu dil siyasətləri bu gün də davam edir. İran İslam Respublikası Anayasasının 15 və 19-cu maddələri irqi və dil fərqlərini imtiyaz saymadan media və təhsildə etnik dillərdən istifadə haqqını təmin etdiyi halda, fars dilinin rəsmi dil kimi yüksəldilməsi ilə digər dillərin qorumasının qabağı alındı. Məktəblərdə türk dilindən istifadənin qadağan olunduğu, türkcə danışanların cəza aldığı durumlar da olub. Türk fəalları ana dillərində təhsil tələb etdikləri üçün ağır həbs cəzası ilə üzləşiblər (Shaffer, 2021).

Bu sunum Hacettepe Universiteti Sosyoloji Departamentində doktorluq tezim üçün araşdırmalarımın sonucudan əldə edilən bilgilərdən hazırlanmışdır. Bu

زبان، انسان و جامعه: ادبیات و زبان‌های اقلیت در ایران

araşdırma İranın ulus dövlət quruculuğu sürəcində həyata keçirdiyi assimilyasiya siyasətlərinin türk qadınlarının ana dili tanımlamalarına, ailə içində dil istifadəsinə və uşaqlarla danışmaq üçün dil seçimlərinə təsirini araşdırır.

Bu araşdırmada, amac və qapsama uyğun olaraq nitəl bir yaxlaşım istifadə edilmiş, amaclı və maksimum çeşitlilik örnəkləmə tekniklərindən istifadə edilmişdir. Verilərin analizi üçün Clarke and Braun (2006) tematik analiz metodundan istifadə edilmişdir. Araşdırma müxtəlif şəhərlərdən, nəsillərdən, yaş qruplarından, təhsil səviyyələrindən, müxtəlif sosial-iqtisadi vəziyyət və çalışma durmu olan türk qadınlarını içinə alacaq şəkildə hazırlanıb. Bu çərçivədə Tehran, Təbriz və Xoydan olan ümumilikdə 68 qatılımcı ilə müsahibələr aparılıbdır. Onlardan 19 nəfəri Tehrandan, 24 nəfəri Təbrizdən və 25 nəfəri isə Xoydan iştirak ediblər. İştirakçıların yaş qruplarına nəzər salındıqda hər ailədən üç nəsil təmsil olunur: qızlar (18 yaş və yuxarı), onların anaları və böyük anaları. Bu araşdırma türk qadınlarının dil istifadəsinə və ana dil tanımlamasına nəsillərarası bir perspektiv təqdim etməyi hədəfləyir.

Anadili Tanımlaması və Ailə İçində Danışılan Dil

Bu araşdırmada qatılımcılardan ana dillərini necə tanımladıqları soruşulub. Tehran, Təbriz və Xoydan olan altmış beş qatılımcıdan 56-sı ana dillərini türkcə, üçü türkcə/azərice, üçü farsca, ikisi Təbriz və biri azəri dili olaraq tanımladı.

İştirakçıların ana dilləri gündəlik həyatda istifadə etdikləri dillərdən asılı deyildi. Məsələn bəzi farsca danışanlar ana dillərinin türkcə olduğunu bildirmişlər. Türk dilini ana dili olaraq tanımlamaq yaşadıqları şəhər, ailə daxilində, xüsusilə ananın türkcəyə qarşı tutumu, türklərə yönəlik olumlu baxışlar və kimlik tanımlaması kimi müxtəlif faktörlərdən təsirlənmişdir. Maraqlıdır ki, Təbriz və Xoydan olan qatılımcılardan heç biri öz ana dilini farsca olaraq müəyyən etməyib. Ona görə də Azərbaycan torpaqları əslində bir vətən kimi dilin və kültürün qoruyucusu və daşıyıcısı olmuşdur. Bu durum, Pəhləvi dövründən başlayaraq Azərbaycan eyalətinin parçalanmasının və mərkəzi şəhərlərə köç siyasətinin səbəblərini ortaya qoyur.

Kimlik qavrayışı baxımından türk kimliyini mənimsəyən fərdlər ana dillərini türkcə olaraq tanımlamışdır. Ana dilinin farsca olaraq bildirən qatılımcılar arasında Tehrana köç, Tehranda yaşamaq və nəsil kimi faktorlar təsirli olmuşdur. Üçüncü nəsildən olan şəxslər və Tehranda doğulanlar öz ana dillərini farsca olaraq tanımlamışlar. Dil həyerarşisinə əsaslanan sosial dışlanma və aşağılanma təcrübələri bəzi qatılımcıların türk dili və kimliyindən uzaqlaşmasına səbəb olubdur.

Qatılımcıların ana dillərini bilmələri ilə bağlı önəmli tapıntılar ortaya çıxmışdır. Türk dilini ana dili olaraq təyin edənlər, ümumiyyətlə, türkcə danışmaq və anlamaqda bacarıqlı hiss edirdilər, lakin oxuma və yazma bacarıqlarında əksik olduqlarını ifadə edirdilər. Heç bir qatılımcı özünü ikidilli kimi tanımlamadı. Göründüyü kimi, bir dilin davamlılığı və gəlişməsi üçün gərəkli olan ana dilində, yəni türkcədə oxuma-yazma bacarığı azdır.

Beləcə türk qadınları, fars dili ilə bağlı daha passiv alıcıya çevriliblər. İranda həyata keçirilən siyasət nəticəsində həm assimilyasiya, həm də türk qadınlarının passiv alıcı statusuna və "yarımdilli" vəziyyətinə salınması (Lucchini, 2009, Hansegard, 1962) müşahidə edilmişdir. Bu baxımdan, İranda ana dili farsca olmayan şəxslərin dil bacarığı ilə bağlı daha çox araşdırmalara ehtiyac vardır.

Bu araşdırma, fərdlərin evlənmədən öncə və sonra ailə üzvləri ilə irtibatda istifadə etdikləri dilləri də araşdırır. Ailədə danışılan dilin yaşadıqları şəhər və nəsil fərqlərindən təsirləndiyi gözləmlənmişdir. Ailə içi dilin istifadə edilməsi araşdırıldıqda müəyyən edilmişdir ki, Təbrizdə yaşayan bir qatılımcı və Xoyda yaşayan üç qatılımcı ailəsində farsca danışılır. Tehranda yaşayan qatılımcılar arasında ailə dilinin müəyyənləşməsində nəsil, doğulduğu yer, Tehrana köç, valideynlərin dil bacarıqları və evlilik kimi müxtəlif amillər rol oynayıb. Doğu Azərbaycan, Batı Azərbaycan və Ərdəbil ustanlarında doğulan və sonradan Tehrana köçən üç nəsildən olan qatılımcılar valideynləri, bacı-qardaşları və həyat yoldaşları ilə türkcə danışırlar.

Ailə dilindən istifadənin analizində üç asilimasyon müəyyən edilmişdir: kültürəl assimilyasiya, yapısal assimilyasiya və amalgamasyon (Gordon, 1964). Kültürəl assimilyasiyaya, yəni ailə daxilində farsca danışmağa səbəb olan illətlər arasında "Tehrana köç", "ananın türkcəyə mənfi baxışı", "türk olmayan şəxslə evlənmək" və "üçüncü nəsl olmaq" vardır. Xüsusiylə Tehrana köç və türk olmayanlarla evlənmək yapısal asimilasyonun yolunu açmışdır.

Ailə İçində Uşaqlarla İlətişimdə Dil Tərcihi

Bu araşdırmada qatılımcılar doxsan dörd ifadə vasitəsilə ailədə uşaqlarla danışılması gərəkən dil haqqında fikirlərini paylaşdılar. Bu doxsan dörd ifadədən on altısı ailədə uşaqlarla türkcə danışılması gərəkdiyini vurğulayırdı. Otuz üç qatılımcı yetmiş rəvayət vasitəsilə ailələrindəki uşaqlarla farsca danışmağa üstünlük verdiklərini bildirirdilər.

Onların türkcə danışmağı tərcih etmələrinin altında yatan səbəblər arasında türk dilinə və kimliyinə bağlılıq, uşağın özgüvənini qorumaq, dil qarışıqlığının önünü almaq və idrak qabiliyyətini artırmaq vardır. Qatılımcılar türk kimliyinə bağlılıqlarını və türkcə danışmağın gərəkliliyini vurğulayaraq, farsca danışmağın onların kimlikləri haqqında mənfi təsəvvür yaratdığını bildiriblər. Bundan əlavə, öz ana dilini qorumaq, İranın təkdilli siyasətinə qarşı çıxmaq və türk kimliyini qoruyub saxlamaq istəyi türkcə danışmaq tərcihi səbələri arasında ifadə olunub. Təhsil sisteminin təkdilli siyasəti və bəzi müəllimlərin fars dilinə üstünlük verməsi kimi durumlar türk uşaqlarının özgüvəninə mənfi təsir göstərir. Bu araşdırma göstərir ki, dil üstünlükləri sadəcə irtibat vasitəsi deyil, siyasi duruş, kimliyə bağlılıq və özgüvənlə sıx bağlıdır.

Bu çalışmada İranda yaşayan türk ailələrinin nədən uşaqları ilə farsca danışmağı tərcih etdiklərinin altında yatan toplumsal və siyasi səbəblər araşdırıldı. Ailələrin dil seçimində etnik politika və sosial ilişkilər təsirli bir rol oynamışdır. Fars dilinin təhsil, media və rəsmi dil politikalarına görə imtiyazlı qonumu ailələrin uşaqlarıyla farsca daşışmağı tərcih etmələrinə yol açmışdır. Bu

tərcihin arxasında uşaqlarını sosial ayrı-seçkilikdən və dışlanmaqdan qorumaq və onlara daha yaxşı gələcək təmin etmək istəyi dayanır. Fars dili təhsildə başarı, mediayadan istifadə etmək, ictimai ilişkilərdə üstünlük kimi avantajlar sunaraq simbolik bir güc durumuna gəlmişdir. Bu şərtlər farsca danışmağın toplumda qəbul edilmək üçün önəmli bir vasilə olduğunu sağlamışdır. Ancaq bu seçim türk dilinin və kültürünün ailə və cəmiyyət daxilində aşınması, dil və kimliyin itirilməsi və zədələnməsi kimi problemlərə yol aça bilər. Bütün bu söylənənlərə diqqət yetirdikdən sonra türk dili İranın daxilində və xaricində türklər üçün iki fərqli mövqeyə sahibdir. Türkcə və farscanın sağladığı avantajları nəzərə alaraq türk dili İran sərhədləri daxilində türklərlə ilətişim vasitəsinə məhdudlaşmış, xaricdəki türkdilli dövlətlərlə, xüsusilə Türkiyə və Azərbaycanla ilətişimin yolunu açmışdır. Lakin İran sərhədləri daxilində fars dili təhsil, nəşr və mətbuat dili rolunu oynamış, inkişaf və tərəqqi vasitəsi olmuşdur.

Dil Soyqırımı və Türk Qadınlarının Dirəniş Kimliyi

İranda türk qadınlarının kimliyi və dili ilə bağlı modernləşmə təcrübəsi asimilasyon politikaları ilə dərindən iç-içədir. Bu asimilasyon, dövlətin eyitim, media, yayıncılıq ve milliyətci girişimlər alanındakı stratejiləri tərəfindən yönləndirilən ve sosial etkiləşimlərdəki aşağılama ve dışlama mekanizmalarıyla daha da güclendirilən geniş ölçəkli bir sürəcdir. Bu assimilyasiya girişimlərinə qarşı dirəniş öncəliklə ailə

yapısı daxilində və getdikcə daha çox sosial media platformalarında ifadə edilməkdədir.

Türk qadınlarının ana dilini dəyərləndirməsi İranda türklərə qarşı törədilən linqvistik soyqırımın göstəricisidir. Skutnabb-Kangasa (2000) görə, bir millətin öz müqəddəratını təyin etməsi üçün ilkin şərtlərdən biri dil sahibi olmaqdır. Bu səbəbdən də dövlətlər potensial millətlərin dillərini yox edərək onları aradan qaldırmağa çalışıblar. İranda türklərin ana dilinə qarşı asimilasyon və aşağılama siyasəti həm linqvistik soyqırıma yol açıb, həm türk milli bilincinin silinməsinə və türk kimliyinin parçalanmasına səbəb olubdur (Kabiri, 2022).

Dilsəl soyqırım bir dilin yasaqlanması, bir qrupun dominant qrup tərəfindən asimilə edilməsi şəklində özünü göstərir. Pəhləvilər dövründə zaman-zaman türkcə danışmaq, mərsiyə oxumaq, mətbuat və yayım yasaqlanmışdır. Bundan əlavə, məktəblərdə uşaqların türkcə danışmasına mane olunması və müstəqil bir dil olan türkcə əvəzinə azəri nəzəriyyəsi çərçivəsində öz ana dilini fars ləhcəsi kimi adlandırmaq dil soyqırımını asanlaşdırıbdır. İranda kültürəl assimilyasiya təsiri ilə (Marger, 2015) türk qadınlarının əhəmiyyətli bir hissəsi fars dilini öyrənməyin daha çox fayda gətirdiyinə inanaraq ailə içində uşaqları ilə farsca danışmağa üstünlük verir. Qatılımcıların açıqlamalarına baxıldığında, farscanı tərcih etmək qonusunda "etnik siyasətlər" və "toplumsal ilişkilər" olmaq üzrə iki təməl başlıq ortaya çıxıbdır. Qatılımcılar, dövlətin etnik siyasətlərindən danışdıqlarında "fars dilinin bir tərəfdən təhsilin, digər tərəfdən nəşrin və mətbuatın, üstəlik İranın təkcə milli və rəsmi dili olduğunu" qəsd etdiklərini qeyd ediblər. Onlar

fars dilində ləhcəsiz danışmağı "toplumsal ilişkilərdə simvolik bir güc və aşağılanmaqdan qaçmaq üçün bir yol" kimi təsvir ediblər. Buna baxmayaraq, türk dili yalnız "ilətişim aracı, türk kimliyinin göstəricisi və Türkiyə və Azərbaycan toplumu ilə ilətişim vasitəsi" kimi fəaliyyət göstərmişdir.

Ancaq bu siyasətlərə baxmayaraq, türk qadınları arasında dirəniş eyləmləri də gözləmlənmişdir. Türk kimliyini "bilincli şəkildə əldə etmək, öyrənmək, həyata keçirmək və daşımaq" üçün səy göstərən qadınlar, xüsusilə İranda türklərə qarşı həyata keçirilən assimilyasiya, ayrı-seçkilik və aşağılama siyasətlərinə diqqət çəkərək müxtəlif qaynaqlardan türk dili və tarixi ilə bağlı məlumatlar əldə etməyə çalışıblar. Onlar türklərin kültürəl mirasının qorunub saxlanması və uşaqlarına çatdırılması məsələsində də həssasiyyət göstərmişlər. Bu qatılımcılar İranın türklərə qarşı siyasətinə dirənmiş və öz türk kimliklərini və dillərini gündəlik həyatlarında yaşadaraq bu siyasətlərə qarşı etirazlarda iştirak etməklə bu güc dinamiyində öz eyləmliliklərini ortaya qoymuşlardır.

Buna görə də "türk kimliyini edinmiş" (Kabiri, 2022) qadınlar, İranda həyata keçirilən assimilyasiya siyasətlərinə qarşı öz durumlarını aktiv bir agent kimi düşünərək türk kimliyi, dili və tarixi haqqında bilgi əldə etməyə çalışmışdır. Bu bağlamda, İranda dövlətin türk kimliyinə qarşı dışlayıcı, assimilyasiya və marjinallaşdırıcı siyasətlərinə baxmayaraq, bu siyasətlərin uğurlu olmadığı, dirənişin bilinç yüksəltmə və ayaqlanma yoluyla davam etdiyi ortaya çıxmışdır.

Qaynaqca

Braun, V., & Clarke, V. (2006). Using thematic analysis in psychology. *Qualitative Research in Psychology, 3*(2), 77–101.

Ebrahimi, R. Z. (2016). *The emergence of Iranian nationalism: race and the politics of dislocation*, Columbia University Press.

Gordon, M. M. (1964). *Assimilation in American life the role of race, religion, and national origins*, New York: Oxford University Press.

Kabiri, H. (2022). *The role of Turkish women in the process of identity and language transfer in the context of the policies implemented in Iran*, PhD Thesis, Hacettepe University.

Kermani, M. A. H. (t.y.). *Sad khatabeh*, https://www.goodreads.com/book/show/31950030

Lucchini, S. (2009). Semilingualism: a concept to be revived for a new linguistic policy?. Dans B. Cornillie, J. Lambert & P. Swiggers (dir.): *Linguistic identities, language shift and language policy in Europe*. Orbis / Supplementa. Leuven - Paris: Peeters, 61-71.

Marger, M, N. (2015). *Race and ethnic relations: American and global perspectives*, Belmont, CA: Wadsworth Cengage Learning.

Shaffer, Brenda (2021). *Iran is more than Persia: ethnic politics in the Islamic Republic*, Washington DC: FDD PRESS.

Skutnabb-Kangas, T. (2000). *Linguistic genocide in education—or worldwide diversity and human rights*, London: Lawrence Erlbaum Associates.

Vaziri, M. (2013). *Iran as imaged nation: the construction of national identity*. New York: Paragon House.

تأثیر و تهدید زبان در برون‌آیی اقلیت‌ـ[1] های جنسی جنسیتی ایرانی در چهار دهه‌ی گذشته

ساقی قهرمان[2]
شاعر

تا بیست سال بعد از انقلاب اسلامی در ایران، شاخه‌های گوناگون دگرباشی جنسی نامی نداشتند که کرامت انسانی آنها را حفظ و بیان کند. عبارت‌های سرکوب‌گر بارونی، کونی، ابنه‌ای، اواخواهر، همجنسباز، دوجنسه، و بهترین‌شان، یعنی منحرف جنسی به خشونت جسمی و جانی و روانی موجود در قوانین شرع[3] اضافه شد، به دگرباشان جنسی هجوم آورد، در را به روی خودکشی، و ناتوانی روانی در دفاع فیزیکی از خود باز کرد.

[1] من از عبارت اقلیت جنسی جنسیتی برای اشاره به تبعیض نهفته در لفظ اقلیت، و نابرابری حقوقی با اکثریت جنسی جنسیتی استفاده می‌کنم.

[2] بخشی از این متن را در سمپوزیوم موزائیک زبان‌های ایرانی دانشگاه مک گیل، نوامبر ۲۰۲۳، ارائه کردم.

[3] مادهٔ ۲۲۰ قانون مجازات اسلامی: در صورتی که پدر یا جد پدری فرزند خود را به قتل برساند، قصاص نمی‌شود. ماده ۲۳۴ قانون مجازات برای فاعل در صورت عنف، یا احصان، اعدام مقرر کرده، و برای مفعول در هر صورت، اعدام. در طرحی که در ۱۴۰۱ برای افزودن ماده ۵۱۲ به قانون مجازات پیشنهاد شد، اظهارنظر در شبکه‌های اجتماعی جرم‌انگاری می‌شود. این ماده بهانه‌ای برای دستگیری، و سرکوب اعضا و کنش‌گرهای جامعهٔ کوئیر در شبکه‌های اجتماعی ایجاد می‌کند.

آسیب زبان، پیش از انقلاب اسلامی هم وجود داشت، اما تأثیر عمده‌اش شرم و انزوا بود. بعد از انقلاب اسلامی، که همجنس‌گرایی، جرم‌انگاری و مشمول مجازات اعدام شد؛ تراجنسیتی‌ها[4] وادار به عمل‌های تطبیق جنسیت شدند؛ و بیناجنسی‌ها، بی‌آنکه فرصت رسیدن به سن انتخاب داشته باشند، با تصمیم خانواده زیر عمل جراحی تعیین جنسیت رفتند، این آسیب، عملاً خطرآفرین شد. شهروند دگرباش را با ابزار سرکوب‌گر زبان به نام‌های کونی و بارونی و دوجنسه معرفی کردند، یعنی حقیر، خطاکار، مخلّ جامعه، و پیشاپیش در چشم شهر، سزاوار مجازات و حذف شد؛ خانواده‌اش، و حامیان بالقوه‌اش از وجود او شرمنده شدند؛ وکالت حقوقی او دشوار شد.

چیزی حدود بیست سال بعد از انقلاب اسلامی، تأثیری که نام در سرنوشت، خودشناسی، ارتباط‌گیری و برون‌آیی، دستیابی به حمایت در حلقه‌های خصوصی و عمومی و حقوقی دارد، هنگامی روشن شد که نام‌های جایگزین معرفی و مطرح شدند: همجنس‌گرا، دوجنس‌گرا، تراجنسی [و، با فاصله‌ی زمانی اندک، تراجنسیتی.]

[4] عبارت ترا- جنسی معادل ترانسکسوال، و ترا- جنسیتی معادل ترنسجندر است و هر دو معادل فارسی و انگلیسی دقیقاً به قاعدهٔ هم ساخته شده‌اند. اگر در یک مقطع زمانی، جامعهٔ ترنسجندر معادل انگلیسی را ترجیح می‌دهد، نظر آنها محترم است، اما به معنای نارسایی، یا اهانت‌آمیز بودن عبارت‌های تراجنسی و تراجنسیتی نیست.

عبارت‌های تازه، به اضافه‌ی عبارت دگرباش جنسی، که نام چتری است، و عبارت‌های غریبه LGBT،[۵] گی، لزبین، ترنسجندر که آن سال‌ها هنوز در محیط‌های معمول خانه و خیابان با اسم‌های توهین‌آمیز این‌همانی پیدا نمی‌کرد، میان شاخه‌های اقلیت‌های جنسی تحوّل ایجاد کرد و برون‌آیی در فضای آنلاین و مجازی را اندکی آسان کرد.

همین تأثیر مثبت، چند سال بعد و به تدریج در رویارویی حضوری فرد دگرباش با خانواده، جامعه‌ی پزشکی، روان‌پزشکی، و جامعه‌ی حقوقی تکرار شد. بیان هویت جنسیتی و گرایش جنسی حتی در فضای مجازی آن سال‌ها، حتی در سایه‌ی نام‌هایی مانند تراجنسی و تراجنسیتی، و همجنس‌گرا هولناک بود، اما در مقایسه با بار سنگین و مخرّب بارونی و کونی و دوجنسه، محیطی امن‌تر و پذیراتر برای تعریف و معرفی فرد دگرباش فراهم می‌کرد.

حوالی ۱۳۷۵، در اتاق‌های یاهو ۳۶۰، و از ۱۳۷۸ به بعد در وبلاگ‌ها، اعضای شاخه‌های دگرباشی جنسی با تکیه به نام‌هایی که تازه طرح شده بود، به کنش‌گری، روشن‌گری، مبارزه با پیامد خطرناک نام‌های توهین‌آمیز و سرکوب‌گر قبلی پرداختند.

وقتی می‌گوییم زبان ابزار ارتباطی است، ابهامی که در لفظ ارتباط هست، کاربرد ارتباطی زبان را مبهم می‌کند. اگر بخش بزرگی از ارتباطی که با زبان ایجاد می‌شود، پیوند و مشارکت اجتماعی باشد، بخش بزرگ‌تری

---

[۵] غریبه برای جامعهٔ رسمی ایران در مقطع زمانی یادشده که از یکسو افشا شدن فرد را به تعویق می‌انداخت، و از سوی دیگر برای مخاطب درون خانه و خیابان، خاطره‌های مرتبط با رسوایی و جرم‌انگاری گی، لزبین، تراجنسی و تراجنسیتی را نداشت .

از ماشین پیچیده و مهندسی‌شده‌ی زبان برای استیلا، کنترل، و سرکوب تنظیم شده. مرزهای تخیل، تفکر و امکان بیان را زبان جامعه و زبان رسانه معین می‌کند. زبان است که به شهروند می‌گوید در هر زمان‌مکانی در کجای پهنه‌ی امنیت و ناامنی ایستاده است. زبان، ابزار انتقال مفاهیمی است که برای جامعه‌ی دگرباش، و دیگر بخش‌هایی که از حضور فعال در بدنه‌ی جامعه بیرون رانده می‌شوند، خطرناک است. سرکوبگر است. پیچیده است. از کنترل شخص بیرون است و کسانی از میان ما تلاش می‌کنند از کنترل‌اش بیرون باشند.

زبان رسمی، همان‌قدر که گویندگان زبان‌های غیررسمی را به حاشیه می‌راند و از میدان مشارکت در تولید اندیشه و دانش و ادبیات جامعه‌ی رسمی پس می‌زند، اعضای غیررسمی جامعه را، با محدود کردن زبان به واژه‌های جامعه‌ی رسمی، و مسدود کردن زبان به روی واژه‌ها و معناهای مورد نیاز جامعه‌ی غیررسمی، از میدان‌های ارتباطی جامعه، و در ادامه، از مشارکت در گستره‌ی جامعه‌ی رسمی محروم می‌کند؛ به این معنا که تنها به آن شخص یا به آن بخش از شخصیت شخص که با فرهنگ حاکم همخوانی دارد، امنیت و ثروت زبانی می‌دهد. به شخص‌های دیگر و بخش‌های دیگر شخصیت شخص، از طریق محدود نگاه داشتن واژه‌هایی که هویت، و روابط اجتماعی اقلیت غیررسمی را تعریف می‌کند، امکان مشارکت در عرصه‌ی عمومی نمی‌دهد.

بار گسترده‌تر معنای واژه را قوانین فرهنگی، حقوقی،[۶] و شرعی معین می‌کنند. جسارت، جنگ، نوآوری، سخت‌کوشی و سرسختی خود بخود معنای مثبت یا منفی ندارند. قدرت حاکم تعیین می‌کند این واژه‌ها در چه مقطع زمانی و از سوی چه کسانی معنای مثبت دارند، کی و کجا منفی‌اند و مجازات می‌شوند.

واژه‌های مرد و زن، با اشاره به اعضای درونی و بیرونی تولید مثل در تن منتسب به مرد و تن منتسب به زن، مجموعه‌ای از محدودیت و مسؤولیت‌های حقوقی و شرعی را همراه با برچسب جنسیتی، به سرنوشت فرد مسلط می‌کنند.

مجموعه‌رفتارهایی که مرد، و به تبع آن پدربزرگ، پدر، برادر، عمو دایی، پسرهای عمو دایی عمه خاله، شوهر، معشوق و دیگرانی که مرد محسوب می‌شوند باید آموخته باشند و در محیط خانه و خیابان اجرا کنند، در واژه‌ی مرد خلاصه شده، و شنونده را از توضیح بیشتر بی‌نیاز می‌کند. مجموعه‌رفتارهایی که زن، و به تبع آن مادر، مادربزرگ، خواهر عمه خاله و دخترهاشان، زن رسمی، معشوقه باید آموخته باشند و بر اساس آن، در خانه و در دادگاه پاسخ‌گو باشند، در واژه‌ی زن خلاصه شده است. زبان، که برای فرد از دقیقه‌ای که به دنیا می‌آید تا دقیقه‌ای که می‌میرد، و بعد از آن، برای سنگ گورش رفتار و کردارِ مشخص تعیین کرده، برای اعضای جامعه‌ی دگرباش که در این تعریف‌ها جا نمی‌گیرند، و اخیراً با وقوف بیشتر به معنای طیف جنسیت، و بی‌جنسیتی، و عبور از دوتایی جنسیتی، خود را با عبارت نادوتایی

---

[۶] تمرکز من روی بار فرهنگی نام‌گذاری‌ها بود. یاور خسروشاهی بار سنگین حقوقی و شرعی را یادآوری کرد.

جنسیتی، یا نان‌باینری[7] معرفی می‌کنند، محدوده‌ی امن باقی نگذاشته است. بخش بسیار بسیار بزرگی از جامعه‌ی ایران و دیاسپورا که درگیر و در ارتباط با شبکه‌ی اجتماعی نیست و به کانال‌های کنش‌گری نزدیک نیست، هنوز در زندگی خود و در تصویری که از جهان دارد، جایی برای کسی که خود را نه زن می‌داند و نه مرد، باز نکرده است.

چه کسانی عضو جامعه‌ی دگرباش، یا جامعه‌ی کوئیر، یا LGBTIAQ+ به شمار می‌آیند؟ کسانی که موقع تولد کس یا کیر، یعنی عضو بیرونی تولید مثل داشته‌اند، و به همان بهانه برچسب مرد یا زن روی شناسنامه‌شان خورده، اما به دلیل هویت جنسیتی و گرایش جنسی‌جنسیتی خود، با وظایف رفتاری‌کرداری‌احساسی مشخصی که برای آن برچسب جنسیتی معین شده، هم‌خوانی ندارند، هم‌ذات نیستند، و قادر به اجرای این مجموعه‌رفتاروکردارها نیستند.

حدود ده سال پیش از انقلاب اسلامی، فریدون فرخ‌زاد در جواب خبرنگار مجله‌ی بانوان که از او پرسید: "آیا تو مرد هستی؟ گفت: من مرد هستم اما رستم نیستم." یعنی بله. کیر دارم. اما کیر من با هویت فرهنگی متعارف مردانه هم‌خوانی ندارد.

بحث این است که ما، در شاخه‌های گوناگون اقلیت‌های جنسی جنسیتی، که با برچسب‌های فرهنگ مردسالار تعریف نمی‌شویم، و زبان حاکم در جامعه‌ی رسمی، واژه‌های مورد نیاز ما برای توصیف و تعریف‌های شخصی و اجتماعی ما را ندارد، پیش از آنکه طرد، زندانی،

---

[7] Non-binary

کشته یا اعدام شویم، از دو عرصه با ابزار زبان حذف شده‌ایم، یک ـ از گذران رضایت‌مندانه‌ی عمر طبیعی، و دو ـ از عضویت تمام‌وکمال و برابر در جامعه.

گذشته از خطرات زندان خانگی و قتل ناموسی و زندان و قتل دولتی، شکل دیگری از کنترل قانونی با ابزار زبان به حریم خصوصی شخص دگرباش مسلط می‌شود. نامی که در شناسنامه‌ی زن‌های تراجنسیتی و مردهای تراجنسیتی ثبت شده، نامی است متعلق به جنس و جنسیت دیگر که از آن آنها نیست. هر بار به زبان کسی یا خودشان می‌آید، دوگانگی و اضطراب روحی ایجاد می‌کند. علاوه بر این، در نظام نام‌گذاری خویشاوندی که خویشان را بر اساس جنسیت زمان تولد دسته‌بندی کرده، و پدر و پدربزرگ و عمو و دایی و برادر را در یک دسته، مادر و مادربزرگ و عمه و خاله و خواهر را در دسته‌ی دیگر، وقتی یک زن تراجنسیتی یا یک مرد تراجنسیتی با خواهر و برادر خود، پدر و مادر خود، خاله و عموی خود روبرو می‌شود، از آنجایی که جنسیت او، خلاف باور آنها، و خلاف جنسیت قانونی او است، اینجا هم دچار همان دوگانگی و اضطراب روحی می‌شود. زن تراجنسیتی، طبق شناسنامه پسر خانواده است، و مرد تراجنسیتی طبق شناسنامه، دختر خانواده است. تمام زن‌ها و مردهای تراجنسیتی که با اجبار و تهدید خانواده، در طول این سال‌ها، وادار به ازدواج شده‌اند، تا اصلاح شوند یا افشا نشوند، همین تناقض جنسیتی را در رابطه‌ی خود با همسر، و با فرزند خود دارند، و بار برچسب جنسیتی نام پدر، مادر، را دائما تجربه می‌کنند. این تناقض، و اضطراب، با ابزار زبان به شخص تزریق می‌شود.

برای مرد و زن همجنس‌گرا، لفظ همسر معنای گویا ندارد. اما پیش از آن، همسر داشتن، در جامعه‌ای که همجنس‌گرایی غیرقانونی است، رؤیایی است خطرناک و مرگبار. ازدواج، برای یک همجنس‌گرا در کشور ایران مصرف مشخص دارد. یا ازدواج اجباری است، یا برای فرار از خطرهای افشا شدن است، یا پروژه‌ی مشترک[8] یک زن و مرد همجنس‌گرا برای پوشش گذاشتن روی وضعیتی است که اگر چاره نشود، خطر قتل دولتی یا قتل ناموسی به همراه می‌آورد. در هیچ‌کدام از این موارد، آن همسر، تصویری که همسر دلخواه به ذهن گوینده، و همسر متعارف به ذهن شنونده می‌آورد، نیست. همین‌طور، هر وقت دو زن همجنس‌گرای ایرانی تصمیم گرفته‌اند علی‌رغم خطر، شریک زندگی غیررسمی داشته باشند، نام آن شریک زندگی، خلاف رسم معمول، شوهر نیست. در ازدواج سفید میان دو زن، هر دو، زن هم هستند. دو مرد همجنس‌گرا، در همین شرایط، هر دو شوهر هم هستند. اما در زبان برای "زن" در جایگاه همسر یک مرد و "شوهر"، در جایگاه همسر یک زن، نه تنها در چارچوب تعریف دوتایی جنسیتی، جنسیت معینی در نظر گرفته شده، وظایف معینی هم برای هرکدام مشخص شده. تا همین اواخر، سؤالی که مدام از زوج‌های همجنس و همجنسیت پرسیده می‌شد، این بود که از شما دو تا کدام شوهر است، کدام زن.

زبان در خدمت فرهنگ است. فرهنگ دیرپا است. بخشی از جامعه‌ی رسمی که مایل به رواداری است، حضور یک زوج هم‌جنس را زودتر می‌پذیرد، تا معنای عبارت هم‌جنس را و بلافاصله، زوج هم‌جنس را در

---

[8] https://www.spokesman.com/stories/2005/may/28/women-pay-in-bearded-relationships/
https://thewisdomdaily.com/are-you-a-beard/

نقش‌های معمول جنسیتی زوج‌های دگرجنس می‌بیند، و بر آن اساس می‌پرسد کدام شما زن رابطه‌اید، کدام شما مرد رابطه‌اید. عبارت هم‌پرواز، هم‌بال، از نام‌هایی است که یک روزنامه‌نگار همجنس‌گرای پناهنده برای اشاره به شریک زندگی‌اش بکار می‌برد. اما مرد یا زن همجنس‌گرا که در ایران با همجنس خود ازدواج سفید می‌کند، این خطر را هم به جان می‌خرد که اگر ناغافل، در جمعی که خودی نیست، به مردی دیگر بگوید شوهرم، یا به زنی دیگر بگوید زن من، در واقع گرایش جنسی خود را لو داده و افسار خطری غیرقابل جبران را گسیخته است.

زبان، مشابه این ناامنی زبانی را در همه‌ی شاخه‌های دگرباشی تولید می‌کند.

مسؤولیت‌های فردی و حقوقی جنسیت‌محور فرد بیناجنسی در زبانی که با تفکیک‌های جنیستی، موقعیت او را دائم متزلزل می‌کند، چطور تعیین می‌شود؟

مشکل، هویت جنسیتی نیست. مشکل، بار معناهای فرهنگی و حقوقی و دینی جنسیت در واژه‌های زن و مرد، و قواعدی است که برای رفتار و کردار دو جنسیت رسمی زن و مرد و جای مشخص هر کدام در ارتباط با دیگران معین شده، و باقی گستره‌ی طیف جنسیت و ما که خود را در گوشه‌های این گستره هویت‌یابی می‌کنیم را از معادله حذف کرده است.

فراتر از این، تن، تن‌کامی، عشق، تعلق، خانواده، شادی، شجاعت، دین، فرزند، تفریح، لباس، حریم، مدرسه، اشتغال، لذت، قانون، خانه، خیابان، که همان مفاهیم مرسوم جامعه‌ی رسمی را برای جامعه‌ی

تأثیر و تهدید زبان در برون‌آیی اقلیت‌های جنسی جنسیتی ایرانی در چهار دههٔ گذشته

دگرباش ندارد، زبان را برای ما از رضایت خالی، و از اضطراب پر می‌کند.

زندگی، و روزمره‌ی همه‌ی شاخه‌های دگرباش با واژه‌هایی که برای تعیین جنس بر اساس عضو بیرونی تولید مثل، و با هنجار دوتایی جنسیتی، ساخته شده‌اند، مبهم و متزلزل و خطرناک شده است. مثال فراوان است. برای ما واقعیت روزمره است، اما برای شنونده‌ی ناآشنا به این جهان موازی که اعضای جامعه‌ی دگرباش در آن زندگی می‌کنند، موضوعی است که دقت و حساسیّت می‌طلبد. زبان اگر دچار تفکیک جنسیتی نباشد، موقعیت ایمن‌تری ایجاد می‌کند، و ناامنی ناشی از نام‌ها، و ضمایر جنسیت‌محور را از پیش پا برمی‌دارد. اگر سلطه‌ی فلج‌کننده‌ی زبان سایه‌اش را روی ما نینداخته بود، ما با قانون خطرناک و تبعیض‌آمیز حاکم، و با مردم خطرناک در خانه و خیابان، با توان بیشتری دست‌به‌یقه می‌شدیم.

در سال ۲۰۱۰ وقتی عکس‌وخبر اولین روز ملی دگرباشان جنسی روی وبلاگ‌های ما منتشر شد،، یکی دو روزنامه‌ی رسمی ایران خبر را با متنی کوتاه، مناسب و منطقی و با عبارت‌های جدید "همجنسگراها" و "دگرباشان جنسی" منتشر کردند. اگر این عبارت‌ها ساخته نشده بود، روزنامه‌ها چه باید می‌نوشتند که خوب در متن روزنامه تبدیل به بد نشود؟ احتمال دیگر این است به جای روز ملی دگرباشان ایرانی، در خبرها به گزارشی از شورش همجنس‌بازها اشاره می‌شد، و یا در خبرها می‌آمد که گروهی از منحرفین جنسی دور هم جمع شدند و جشن گرفتند.

دو حرکت دیگر در ۲۰۰۹ و ۲۰۱۰ رخ داد که در تغییر موقعیت جامعه‌ی دگرباش ایرانی در زبان، و تغییر موقعیت جامعه‌ی دگرباش در جامعه‌ی رسمی مؤثر بود. در سال ۲۰۰۹، همزمان با فستیوال جهانی کتاب تهران، با پیشنهاد وبلاگ‌نویس‌های گی ایران، نشر افرا در کانادا حدود ۲۹ عنوان کتاب به قلم نویسندگان گی، لزبین، دوجنس‌گرا،[۹] تراجنسی[۱۰] منتشر کرد، که در کتابخانه‌ی ملی کانادا نیز ثبت شد، ودر وبلاگی به نام نمایشگاه بین‌المللی کتاب دگرباش که به همین خاطر باز شد، به نمایش درآمد. بر پیشانی آن وبلاگ توضیح داده شد: از آنجایی که نویسنده و شاعر و مقاله‌نویس دگرباش، حتی حق درخواست مجوز انتشار از وزارت ارشاد ندارد... تا سپس شاکی از عدم صدور مجوز باشد... الی آخر.

سال پیش از آن، در وبسایت رادیو زمانه یک ستون دائمی برای انتشار متن به قلم دگرباشان و در ارتباط با موضوعات مربوط به جامعه‌ی دگرباشی جنسی‌جنسیتی ایرانی در اختیار من[۱۱] گذاشته شده بود و تا

---

[۹] در مقطع زمانی ۲۰۰۹ و تقریباً تا ده سال بعد از آن، دوجنسگرا عبارت معمول بود. در سال‌هایی که درک طیف جنسیت، و رد دوتایی جنسیتی میان جامعهٔ دگرباش رایج و مستقر شد، عبارت همه‌جنس‌گرا جایگزین عبارت دوجنس‌گرا شد.

[۱۰] در مقطع زمانی ۲۰۰۷ تا حدود ۲۰۱۵ عبارت تراجنسی، و ترنس بیشتر از تراجنسی و ترنسجندر بکار می‌رفت.

[۱۱] من، سال ۲۰۰۹ با یکی از اعضای شورای مدیریت رادیو زمانه در هلند صحبت کردم، و پیشنهاد یک ستون دائم برای انتشار مطالب مربوط با دگرباشان جنسی جنسیتی دادم. این پیشنهاد، ایدهٔ خود من نبود، و مثل ایدهٔ انتشار کتاب همزمان با فستیوال بین المللی کتاب تهران، از سوی چند وبلاگ‌نویس گی از ایران با من مطرح شد. اگر درست به خاطر داشته باشم، ادارهٔ این ستون حدود سال ۲۰۱۳ به یکی دیگر از اعضای جامعهٔ کوئیر در کانادا منتقل شد و هنوز فعال است.

تأثیر و تهدید زبان در برون‌آیی اقلیت‌های جنسی جنسیتی ایرانی در چهار دههٔ گذشته

مدت‌ها این ستون پرخواننده‌ترین و پرکامنت‌ترین بخش رادیو زمانه بود. اما اهمیت این سه مورد ورای دستاوردهای بلافاصله است. جامعه‌ی دگرباش با واژه‌سازی، نمایش حضور در عرصه‌ی ادبیات به عنوان شاعر و نویسنده‌ی متن، به بحث گذاردن خود و زندگی خود و دیدگاه‌های خود در معتبرترین و حساس‌ترین رسانه‌ی وقت، زبان، و لحن مخاطب در رابطه با خود را تغییر داد، ارتقا داد، و به مخاطب اعلام کرد که دارد در کنار ادبیات کیرمحور، برای ادبیات کون‌محور جا باز می‌کند، یا، به جامعه‌ی رسمی یادآوری کرد که تفاوت ما با عضو جامعه‌ی رسمی، قلمی است که در دست دشمن است. اعتبار بشری و شهروندی ما را ماشین سرکوب‌گر زبان، یا ماشین زبان سرکوب‌گر دزیده و مسخ کرده است. آمده‌ایم اعتبارمان را پس بگیریم.

در خیزش‌های چهل ساله‌ی گذشته، هر چند سال یکبار جامعه‌ی رسمی ایرانی به‌ناچار از حوزه‌های امن خود بیرون آمده، و نسل آخر الفبا حالا چنان شباهتی به ذهنیت دگرباش دارد که فاصله‌ی قابل مشاهده‌ای میان دگر و هم و همه‌جنس‌گرا و تراجنسیتی‌ها بجا نمانده. این نسل جوان‌تر سال‌ها است درگیر زبان‌های غیرایرانی هم است و در شبکه‌های اجتماعی به زبان‌های دیگر می‌نویسد و می‌خواند. بخش بزرگی از دگرباش‌های ایرانی در کشورهای خارجی پناهنده یا مهاجر یا دانشجو اند، و به زبان مشترک انگلیسی ارتباط می‌گیرند. به نظر می‌آید ترم‌های انگلیسی را برای تعریف هویت‌های جنسیتی و گرایش‌های جنسی به معادل‌های فارسی ترجیح می‌دهند. عبارت LGBTIAQ+[۱۲] حالا نام چتری رایج است و دارد به رسانه‌های فارسی هم راه پیدا می‌کند و

[12] Lesbian, Gay, Bi-sexual, Transgender, Intersex, Asexual, Queer+

جایگزین عبارت‌های پیشین می‌شود. این جایگزینی، شاید برای شنونده‌ی ناآشنا هم تأثیر مثبت داشته باشد، و تأثیرهای معمول منفی مردم در مواجهه با دگرباشان را به تعویق بیندازد. نظر من اما این است که اگر در ایران، در زبان رسمی فارسی، و در زبان‌های غیررسمی ایرانی واژه‌سازی شود، در درک و پذیرش گستره‌ی هویت جنسیتی بسیار مؤثر خواهد بود. مسأله‌ی جنسیت و طیف جنسیت و سیالیت جنسیت و گرایش‌های جنسی و جنسیتی و سیالیت گرایش‌های جنسی و جنسیتی، اگر به زبان مادری توضیح داده شود، علاوه بر واژه‌سازی، فرهنگ‌سازی هم می‌شود، و زمینه‌های جرم‌زدایی از دگرباشی جنسیتی را آماده می‌کند.

علاوه بر این، حرف من این است که جامعه‌ی رسمی، و جامعه‌های رسمی زبان‌های ایرانی، حتی برای تغییر و تعیین سرنوشت خود نیز باید به خطرهای زبان واقف شود، و در ایجاد خطر زبان‌محور همکاری نکند. راه را برای غنی‌شدن زبان از واژه‌های روادار به هویت‌های جنسیتی باز کند. راه را برای زدودن زبان از واژه‌های تبعیض‌گر و جرم‌انگار باز کند. با ما در آموختن و بکار گرفتن واژه‌هایی که اعتبار بخش‌های طردشده و غریبه‌انگاری شده و جرم‌انگاری شده‌ی جامعه بازپس می‌گیرد، همراهی کند.

اگر همه‌ی ماهایی که جزو جامعه‌های رسمی ایران به حساب نمی‌آییم خانه‌ها و خیابان‌های ایران و دیاسپورا از سرکوبگری زبان‌های مادری و زبان رسمی خالی کنیم، آنها که باقی می‌مانند، آنقدر پرشمار نخواهند بود که چرخ‌دنده‌های ماشین سرکوب رژیم را به حرکت در آورند.

از چشم فخر: بررسی فیگور مؤلف در آثار و زندگی حرفه‌ای هوشنگ گلشیری

سوزان کریمی
دانشگاه اوترخت

متن حاضر برگردان کتبی ارائه‌ای شفاهی در سمپوزیوم "زبان، مردم و جامعه: زبان‌های اقلیت ایرانی و سنت‌های ادبی" است. ارائه‌ای که خود برگرفته از پایان‌نامه‌ی کارشناسی ارشد من در زبان و ادبیات فارسی از دانشگاه تهران و به راهنمایی مرحوم دکتر شهرام آزادیان در پاییز ۱۳۹۸ بوده است. "از چشم فخر" فی‌الواقع اسم کلیت آن پروژه است که امید دارم در آینده‌ای نزدیک در قالب کتاب بازنویسی و منتشر گردد. عنوان به‌اصطلاح دانشگاهی پایان‌نامه اما بود: "نقد ادبی فمینیستی بر آثار و زندگی حرفه‌ای هوشنگ گلشیری."

تمرکز اصلی‌ام در آن پایان‌نامه و ارائه‌ی حاضر این بوده است که برساخت فیگور مؤلف در نثر معاصر فارسی را از خلال فیگور هوشنگ گلشیری بازخوانی کنم. بدین ترتیب، عنوان پایان‌نامه‌ی من به این معنا نبوده است که در یک مرحله آثار این نویسنده را بررسی کرده باشم و در مرحله‌ای مجزا به زندگی حرفه‌ای او، به عنوان یک مرد نویسنده، پرداخته باشم. به‌عوض، سعی‌ام بر این بوده است که انعکاس این دو حوزه را در یکدیگر ببینم – زیست حرفه‌ای نویسنده چه نمودی در آثاری که به دست

از چشم فخر: بررسی فیگور مؤلف در آثار و زندگی حرفه‌ای هوشنگ گلشیری

او تولید شده‌اند داشته است، و آن آثار چگونه به زیستی عینی و مادی که برسازنده‌ی فیگور نویسنده بوده است ارتباط می‌یابند. همچنین، در طول این ارائه تلاش خواهم کرد نشان دهم که چرا هوشنگ گلشیری، به‌عنوان فیگوری که بعضاً "آقای نویسنده" هم خوانده شده است زمین مساعدی را برای دو مورد مطالعه‌ی تؤامان فراهم می‌آورد: خوانش تؤامان ادبیات داستانی معاصر و مسئله‌ی جنسیت از یک سو، و خوانش تؤامان متنیت (هرآنچه در متن است) و مناسبات مادی و روابط قدرت پیرامون تولید متن از سویی دیگر.

مختصراً به برخی دلایل انتخاب هوشنگ گلشیری برای یک چنین مطالعه‌ی انتقادی اشاره می‌کنم:

گلشیری هم یکی از پرکارترین نویسنده‌های معاصر است، هم فیگوری که از او می‌شناسیم یکی از نخستین مواردی است که در آن نویسنده را همزمان در جایگاه آموزگار داستان، جایگاه سنجش‌گر ارزش ادبی، و در جایگاه تسهیل‌گر انتشار آثار دیگران و دسترسی آنان به صحنه‌ی تولید ادبیات مشاهده می‌کنیم. دلیل دیگر این است که گلشیری، از اتفاق، به میزانی تقریباً مساوی قبل و بعد از انقلاب پنجاه و هفت در ایران فعالیت نویسندگی کرده است. من هم در پژوهشم مطالعه‌ی زندگی و آثار گلشیری را بین این دو دوره تقسیم کرده‌ام. دوره‌هایی که عبارتند از دوره اول: از سال ۱۳۳۹ و داستان "چنار" تا سال ۱۳۵۶ و سخنرانی "جوانمرگی در نثر معاصر" که در شب‌های شعر موسسه گوته ایراد شده است، و دوره دوم: از ۱۳۵۸ و داستان "معصوم پنجم" تا آخرین اثر گلشیری "زندانی باغان" در سال ۱۳۷۷. در گذار از دوره‌ی اول به دوم، و مشخصاً حوالی رویداد انقلاب ۱۳۵۷، گسستی بارز در آثار او، به

لحاظ جهان‌بینی و مختصات بازنمایی و سبکی اتفاق می‌افتد. این گسست از چند وجه و بخصوص از منظر جنسیت قابل بررسی است. از منظر جنسیت این گسست هم خود را در نحوه‌ای که زنان در آثار بازنمایی می‌شوند نشان می‌دهد و هم در جایگیری زنان در حلقه‌های تولید نوشتاری که پیرامون هوشنگ گلشیری برقرار بوده‌اند ـ چه در مقام خواننده و چه در مقام مولد اندیشه و متن.

پیش از پرداختن به این گسست باید به نکته‌ی دیگری اشاره کنم. این ابتکار من نبوده است که زندگی حرفه‌ای هوشنگ گلشیری را در انعکاس آثارش و بالعکس بخوانم بلکه او خود نیز به کرات این کار را کرده است. برای نمونه، او مجموعه‌ای را که در میان‌سالی از عمده‌ی آثار خود گرد می‌آورد "نیمه تاریک ماه" می‌نامد و مقدمه‌ای بر آن می‌نویسد به نام "در احوال این نیمه روشن" که در آن روایت و تفسیر خود را از زیست حرفه‌ای به مثابه نویسنده‌ی معاصر، و به یک معنا از هوشنگ گلشیری بودن، و یا از چگونگی شکل گرفتن فیگوری در ادبیات معاصر، بیان می‌کند. حالا با این مقدمات می‌توانم از یافته‌هایی بگویم که از تعقیب آقای نویسنده از ابتدای کار حرفه‌ای‌اش تا پایان به دست آمده‌اند.

دوره‌ی نخست نویسندگی گلشیری بیش از هرچیز با یک نوع تفکیک قاطعانه‌ی جنسیتی متمایز می‌شود. در این دوره نقش‌ها و ذواتی که که برای دو جنس در نظر گرفته می‌شوند کاملاً متمایز و منفک از یکدیگرند؛ اعمالی که هر یک از دو جنس می‌توانند انجام دهند کاملاً مشخص و معین‌اند و تقسیم‌بندی آن‌ها به‌هیچ‌وجه سؤال‌برانگیز نمی‌شود. شاید نیازی به گفتن نباشد که در این زمان جنسیت‌ها هم البته یکسره مبتنی بر همان تلقی دوگانه از جنس‌ها هستند و اصلاً هنوز

صحبتی از طیف جنسیتی و احیاناً دوگانه نبودن جنسیت پیش نیامده است. بدین ترتیب در این دوره و در زمینه‌ی این تفکیک قاطعانه به سادگی می‌توان مشاهده کرد چه اموری به انحصار مردان درمی‌آیند و چه چیزهایی به زنان واگذار می‌شوند. به بیانی دیگر دیدن این که در جهان داستان‌های این دوره زن و مرد چه هستند و هر کدام چه سهمی از جهان پیرامون‌شان دارند کار دشواری نیست.

طبق آنچه دیده‌ام گلشیری در این دوره جهانی مردانه ساخته است. در این جهان اغلب اول‌شخص‌های موجود جنبه‌ای مردانه دارند. یعنی مثلاً گذشته از اول‌شخص‌های مفرد و اول شخصی که اغلب خود نویسنده است، یا با اول شخص جمعی سر و کار داریم که شامل یک گروه روشنفکری و یا حلقه‌ای از مردان است که به هر دلیلی دور هم جمع شده‌اند، یا با اول شخص جمع کلی‌تری که ایران، سرزمین، فرهنگ و مردمی یکپارچه در برابر غرب است. بدیهی است که کلیت یک‌پارچه‌ی ملت، خود انگاره‌ای کورجنسیت است و اغلب به نحوی یکدست‌سازانه تمامی تفاوت‌ها و تنش‌های درونی را به مختصات وجودی یک سوژه‌ی معیار و ضروتاً مرد فرومی‌کاهد. این اول‌شخص‌ها تقریباً در هر حالتی که باشند اغلب مسئله‌ای بحرانی محسوب می‌شوند. آن‌ها نیازمند به وجود یک "دیگری"اند، به طرزی وسواس‌گون دنبال یک دیگری‌اند، که در نسبت و تضاد با او خود را تعریف کنند. مثلاً در این دوره وقتی که اول‌شخص مورد اشاره، اول‌شخص جمع ایرانی است، طبعاً دیگری او غرب است، به خاطر رواج همان آل‌احمدیسم که المیرا بهمنی هم در بحثش به آن اشاره کرد و من دیگر واردش نمی‌شوم.

اما اول شخص جمع به معنی مجموعه‌ی مشخصی از مردان، در دو سطح مطرح است. در داستان‌های این دوره به کرات، با جمع‌هایی متشکل از مردان روبرو می‌شویم که به دلایل مختلف دور هم جمع شده‌اند؛ با هم حرف می‌زنند و برایشان اتفاقاتی می‌افتد. از طرف دیگر، وقتی به روایت گلشیری از مسیر نویسندگی خود نگاه می‌کنیم می‌بینیم که کار و بار نویسندگی او نیز تقریباً یکسره در جمع‌هایی مردانه یا محفل‌هایی که یکی‌یکی ازشان نام می‌برد صورت پذیرفته است. در طول ۲۵ صفحه‌ای که "در احوال این نیمه‌ی روشن" باشد ۱۱ بار عبارت "حشر و نشر" اغلب در اشاره به این جمع‌ها به کار رفته است. می‌توانیم تصور کنیم که "حشر و نشر" به نحوی آن مکانیسمی بوده است که مردان را در این جمع‌ها قادر به انتقال دانش به یکدیگر، یا ورود به رقابت و یا رفاقت با یکدیگر می‌ساخته است. به بیانی دیگر، منازعه‌ی فکری و مبادله‌ی فکری و اندیشگی چیزی بوده است که صرفاً بین دو سوژه‌ی مرد ـ طرفین حشر و نشرـ ممکن بوده است اتفاق بیفتد.

اما درون خود این جمع‌های مردانه نیز کماکان یک پدیده‌ی تمایزبخش وجود دارد و آن یک سوژه‌ی ویژه و متفاوت با دیگران است. در طول پژوهش به این سوژه‌ی ویژه، در عین نمودها و بروزهای متفاوتش، با عنوان "خودِ مردانه" اشاره کرده‌ام. "خود مردانه" چیزی است که همچنان در همان موقعیت بینابینی، میان زندگی حرفه‌ای نویسنده و آثار تعریف می‌شود. اما اول به موقعیتش در داستان‌ها می‌پردازیم. اگر همین دوره‌ی اول نویسندگی گلشیری را مد نظر قرار دهیم، در ۲۵ مورد از ۲۶ داستان و رمان منتشرشده، حتماً یک راوی مرد یا یک شخصیت اصلی مرد وجود دارد. توجه کنید که آثار گلشیری عمدتاً یا از زاویه اول‌شخص مفرد نوشته می‌شوند یا از زاویه‌ی سوم‌شخص محدود به این معنی که

از چشم فخر: بررسی فیگور مؤلف در آثار و زندگی حرفه‌ای هوشنگ گلشیری

یک شخصیت خاص در طول داستان دنبال می‌شود. و همواره دست‌کم یکی از این دو مورد مرد است. تنها موردی در دوره‌ی اول که داستانی راوی غیرمرد دارد، داستان "عروسک چینی من" است که راوی آن دختربچه‌ای است که فقدان پدرش را که یک زندانی سیاسی است روایت می‌کند. اما مشخصه‌ی این خود مردانه صرفاً مرد بودن او نیست. باید دید این خود مردانه چیست و چگونه از دیگران متمایز می‌شود.

این پدیده از مجموعه داستان اول گلشیری "مثل همیشه" به بعد کم‌کم حضور پررنگ‌تر و محسوس‌تری پیدا می‌کند. او جایگاهی دارد که تقریباً هیچ‌وقت دچار تحولی بنیادین نمی‌شود؛ ناراحت می‌شود، عاشق می‌شود، به هرحال اتفاقاتی برایش می‌افتد اما به تعبیری سوژگی او هرگز زیر سؤال نمی‌رود. این سوژه اغلب از یک‌جور سرمایه‌ی اجتماعی هم برخوردار است. معمولاً در داستان‌ها در جایگاه کسی است که موضع درست را اتخاذ کرده است و بهتر از بقیه از واقعیت ماجرا خبر دارد. به تبع همین، معمولاً یکی از این سه مورد است: یا نویسنده است مثل خود گلشیری، یا فعال سیاسی است، یا هنرمند است. و سایر عناصر داستان نیز اغلب به نحوی با توجه به نسبتی که با او برقرار می‌کنند تعین می‌یابند. در مواقع متعددی بقیه‌ی افراد به او مراجعه می‌کنند تا چیزی را بهشان یاد یا برایشان توضیح دهد ـ خصیصه‌ای که در دوره‌ی دوم آشکارا تشدید می‌شود و امیدوارم به آن برسیم.

یکی از امتیازات انحصاری و مهم این خود مردانه امتیاز "دیدن" است. باید توجه کنیم که درون‌مایه‌ی دیدن در آثار گلشیری کارکردی مکرر و مشهود، و البته در نگاه گلشیری به ادبیات نیز نقشی تعیین‌کننده دارد. گلشیری اغلب از یک "واقعیت" صحبت می‌کند، خود را نویسنده‌ای

هوادار واقع‌گرایی یا رئالیسم معرفی می‌کند ـ که بعدها البته به‌صورت "رئالیسم ایرانی" در برابر اقسام وارداتی (!) رئالیسم نظیر رئالیسم سوسیالیستی یا جادویی مطرح می‌شود: کسی که قرار است "واقعیت" را خلاف آنچه همگان می‌بینند ببیند. اما نسبت خود این بیننده با واقعیت چندان مسئله نیست. یا این بیننده قرار نیست نسبت بخصوصی هم با این واقعیت برقرار کند، بلکه صرفاً قرار است این واقعیت را جور دیگری به روایت درآورد. در آثار گلشیری و نیز گفته‌های مستقیم او (یعنی یادداشت‌ها و مصاحبه‌ها) یک‌جور قاعده یا مکانیسم مطرح می‌شود که از این قرار است: دیدن می‌دهد نوشتن، و نوشتن ابزاری است برای شناختن. از دیدن است که نوشتن حاصل می‌شود، و نوشتن به قصد به شناخت رسیدن یا به شناخت رساندن انجام می‌گیرد. در این مورد و جنبه‌ی شخصیِ به شناخت رسیدن از طریق نوشتن، بارها از گلشیری می‌شنویم که فلان داستان را نوشته است که ببیند به چه فکر می‌کرده است یا مثلاً "کریستین و کید را نوشتم که ببینم آیا عاشق بودم." پس با چرخه‌ای روبرو هستیم که از امکان دیدن آغاز می‌شود، به نوشتن می‌رسد و از نوشتن می‌رسد به شناخت ـ و خود این شناخت امتیازاتی را رقم می‌زند که اشغال جایگاه بیننده، و امکان دیدن بیشترِ دیگران و واقعیت پیرامون را تسهیل می‌کند. نکته اینجاست که در تمام موارد منفکی که به آن اشاره کردم، چه در محافلی که گلشیری در دوره‌ی اول نویسندگی‌اش از آن‌ها یاد می‌کند چه در موقعیت‌های داستانی، این امتیاز دیدن، که درپیوسته‌ی نوشتن و شناختن است، شامل حال زن نمی‌شود. حالا باید پرسید پس زن در این داستان‌ها چه کار می‌کند؟

در تمام ۲۶ مورد داستان و رمانی که گفتم، تنها ۱۵ مورد اسم شخصیت زن، یعنی شخصیت زنی که اسمی هم داشته باشد به چشم می‌خورد. و

از چشم فخر: بررسی فیگور مؤلف در آثار و زندگی حرفه‌ای هوشنگ گلشیری

از این ۱۵ تا هم تنها یک یا دو مورد اسم فامیلی دارند که جزو شخصیت‌های اصلی هم نیستند. درحالی که مردان داستان‌ها اغلب با اسم فامیلی‌شان، که درواقع یک‌جور اتیکت لازم برای حضور در سپهر عمومی است، مورد اشاره قرار می‌گیرند. اما در برابر این اختلاف در داشتن نام و نام فامیلی چه داریم؟ حداقل پنجاه مورد توصیف جسمانی بدن زنان. این توصیف‌های جسمانی از سنخی هم نیستند که به‌اصطلاح کاشت و برداشت روایی در موردشان صورت بگیرد، به این نحو که اگر مثلاً سینه‌ی زنی یا بازوی سفید او به تأکید توصیف شده است در داستان هم قرار است برای آن‌ها اتفاقی بیفتد. نه، این‌ها توصیف ـ برای ـ توصیف‌اند چنان‌که گویی مخاطبی که پیشاپیش مرد دگرجنس‌گرا فرض شده است قرار است از خواندن این توصیفات به خودی خود لذت ببرد و نویسنده مرد هم توصیف جنسی، به همین صورت فتیشیستی و متمرکز بر اعضای بخصوصی از بدن زن را کافی دانسته است. از این نظر این هم جالب است که در این دوره بسامد بالایی از توصیف جنسی وجود دارد اما به همان میزان محدودیت‌های فراوانی هم در نحوه‌ی توصیف و بازنمایی جسمانیت زن و امر جنسی به طور کلی به چشم می‌خورد: هم فتیشیسم مشخصی در کار است هم قواعد بازنمایی محدود و معینی که اغلب مبتنی بر یک زیبایی‌شناسی ابتدایی و مطابق معیار و تمایزگذاری قاطعانه‌ای بین فاعل و مفعول و یا لذت‌جو و لذت‌رسان‌اند.

به این ترتیب "زن" را به طور کلی در دوره‌ی اول می‌توانیم در دوگانه‌ای بخوانیم که بارزترین مصداق آن در دوگانه فخری ـ فخرالنساء، دو شخصیت اصلی در رمان "شازده احتجاب" دیده می‌شود. یک سر این دوگانه نشانگر جسمانیت محض است، یک جور سنگینی، که معمولاً

تن پرگوشت فیگور "کلفت"، مثل مورد فخری، سطحی عالی از آن را بازنمایی می‌کند. و بعد در سر دیگر همین طیف، زنی بیش از حد ایده‌آل‌سازی شده را می‌بینیم که نمونه‌ی کمیابش همان فخرالنساء است که بیشتر رویش مکث خواهم کرد. اما درباره‌ی جسمانیت محض باید بگویم به طور کلی یک وجه آن شامل سنگینی جسم و سرباری وجود زن است ولی یک وجه دیگر آن به برطرف کردن نیازهای مادی مرد اختصاص می‌یابد: چه برطرف‌کننده‌ی نیازهای روزمره و مراقبتی در قالب همان فیگور کلفت و نظایرش، چه البته نیازهای جنسی مرد که گاهی هم به صورت فیگور روسپی در داستان‌ها ظاهر می‌شود. اما در برابر این قطب، زن بدون جسمانیت و تا حدی منفک از مادیت مطرح است. مثلاً کارکرد استعاری زن، باز همان‌طور که المیرا بهمنی هم در بحث خود به مواردی اشاره کرد، در همین سر طیف معنا می‌یابد؛ کارکرد زنی که قرار است چیزی بیرون از خودش را نشان دهد و اساساً چیستی و بالاخص جسمانیتی از خود ندارد. اما مورد دیگر، هیئت نه‌چندان رایجی از شخصیت زن است که در فخرالنساء نمود یافته است و ظاهراً برای خود گلشیری هم اهمیت ویژه‌ای داشته است.

در مصاحبه‌ی زنده‌ای که در سال ۱۳۴۸ در دانشگاه شیراز برگزار شده است، مصاحبه‌کننده می‌گوید "از فخرالنساء بگویید که برای ما هم عقده‌ای شده است." و گلشیری پاسخ می‌دهد: "برای خود من هم عقده‌ای است. فخرالنساء عقده‌ی همه‌ی ماست." گذشته از محاسن ظاهری و هوش و زکاوتش، فخرالنساء زنی است که برخلاف قاعده‌ی رایج در سایر داستان‌ها می‌تواند جریان داستان را دگرگون کند و نقشی مستقیم در تعیین روند داستان ایفا نماید. ویژگی بارز و متمایز فخرالنساء را باید در عینکی که به چشم می‌گذارد بازجست. عینک

از چشم فخر: بررسی فیگور مؤلف در آثار و زندگی حرفه‌ای هوشنگ گلشیری

المانی است که در این دوره تنها به مردان داستان‌ها تعلق یافته است. اما فخرالنساٰء با عینکی که به چشم زده است سایرین و پیرامونش را زیر نظر دارد. او زنی است که قابلیت دیدن پیدا کرده است. این قابلیت به نوعی چنگ انداختن به امتیاز انحصاری دیدن برای آقای نویسنده و همچنین خود مردانه‌ی داستان‌هاست. فخرالنساء خود مردانه‌ی داستان را که شازده احتجاب (و در احتجاب و پوشیدگی) است دچار تشویشی بنیادین ساخته است. فخرالنساء، در این زمینه‌ی تفکیک‌شده به لحاظ جنسیتی، کماکان در موقعیت یک بیگانه قرار دارد اما بیگانه‌ای خطرساز است؛ بیگانه‌ای است که نزدیک آمده است و می‌تواند بخواهد که این جایگاه قدرت را ادعا کند.

به دلیل اندکی فرصت مجبورم بحث را خلاصه‌تر کنم: به عقیده‌ی من پس از گسستی که به دنبال انقلاب ۵۷ در محیط زندگی اجتماعی و همچنین در زندگی شخصی و خانوادگی گلشیری (با متأهل شدن او) اتفاق می‌افتد، دوگانه‌ای که از آن یاد کردم دچار تغییرات عدیده‌ای می‌شود و رفته‌رفته جای خود را به دوگانه‌ی دیگری از زنان می‌دهد که در رمان "آینه‌های دردار" بروز می‌یابد.

فرزانه طاهری، همسر هوشنگ گلشیری در یکی از مصاحبه‌هایی که انجام داده است می‌گوید که گلشیری پیش از آشنایی با او انتظار زنی با ویژگی‌های او را نداشته است. باید توجه کنیم که فرزانه طاهری موقع ازدواج با گلشیری ۲۱ سال دارد؛ یک زن دانشجوی ادبیات انگلیسی که احتمالاً شخصیتی مستقل برای خود داشته است و دغدغه‌هایی. گلشیری در این زمان ۴۲ ساله است. این جمله‌ی طاهری ما را وامی‌دارد بپرسیم چگونه یک نویسنده، یک روشنفکر، در این سن هرگز با زنی با

زبان، انسان و جامعه: ادبیات و زبان‌های اقلیت در ایران

شرایطی که ذکر آن رفت برخورد نکرده بوده است؟ این گویای مناسبات جنسیتی موجود در جامعه‌ی پیرامون آقای نویسنده است و آن فضای روشنفکری که وی در آن حاضر بوده است. اما در پنجاه و هفت، در زمینه‌های متعدد از زیست اجتماعی، تحولی بنیادین روی می‌دهد. شرایط به گونه‌ای تغییر می‌کند که تبعیض آشکاری که نسبت به زنان در حوزه‌ی عمومی اعمال می‌شود غیرقابل چشم‌پوشی است، دست کم برای نویسنده‌ای که علاقه‌مند به نظاره‌ی واقعیت پیرامون خود است. این موضوع یکی از عواملی است که امکان این را که زن‌ستیزی رایج در دوره‌ی اول و یا همان احساس گریز نسبت به زن و یا سربار و بیگانه یافتن او کماف‌ی‌السابق برقرار بماند از بین می‌برد. از طرفی دیگر، فضای عمومی خود شدیداً محدودتر و مناسبات تازه‌ای پیرامون ارتباطات اجتماعی وضع می‌شود که محافل و جمع‌های سابق را به فضاهای خصوصی و داخلی می‌راند و آن‌ها را تا حدی پراکنده‌تر و کوچک‌تر می‌کند. سرریزِ همه این تغییرات در جهان داستانی به این منتهی می‌شود از یک طرف زن دیگر آن بیگانه و سرباری که بود نباشد، و از طرف دیگر آن خودِ مردانه نیز در جمع‌های کوچک‌تر و معین‌تری ظاهر شود، و شاید بیش از پیش مرکز توجه باشد. به عبارت دیگر، در این دوره هرگاه خود مردانه‌ی داستان‌ها نویسنده است، منطبق با شخصیت نویسنده‌ای است که دیگر به خوبی شناخته شده است، فیگور شده است و البته بیشتر از قبل می‌تواند منیت مردانه‌ی خود را در جایگاه قدرت نویسنده به کار گیرد و بروز دهد. باید به شکل‌گیری دوگانه‌ی جدیدی که زنان را در جهان داستانی گلشیری بازنمایی می‌کنند در همین راستا و از چشم‌انداز چنین تحولاتی نگاه کرد.

از چشم فخر: بررسی فیگور مؤلف در آثار و زندگی حرفه‌ای هوشنگ گلشیری

دوگانه‌ای که در آینه‌های دردار برقرار می‌شود دیگر متشکل از دو شق متخاصم که به طرزی متضاد در تقابل قرار گرفته باشند نیست. دوگانه‌ی صنم‌بانو_مینا در این رمان، متشکل است از دو زن تقریباً همسن و سال که یکی عشق قدیمی و دیگری همسر کنونی شخصیت نویسنده است. آن‌ها هر دو ستایشگر این شخصیت‌اند و هر دو در موقعیتی به داستان‌های این نویسنده وارد شده‌اند، یا خود از نویسنده خواسته‌اند که به داستان واردشان کند. دوگانگی آن‌ها با ویژگی‌های ذاتی‌شان تعریف نمی‌شود بلکه در فاصله‌شان از خود مردانه‌ی داستان و نسبت‌های متقابلی که با او برقرار می‌کنند نمود می‌یابد. لازم به ذکر است که در این دوره از نویسندگی گلشیری هرچقدر که زمان می‌گذرد، تا پایان عمر او، کم‌کم مرزهای خود مردانه به‌عنوان محور یا پیش‌برنده‌ی داستان، با شخص نویسنده کمرنگ و کمرنگ‌تر می‌شود، تا به جایی که در شماری از داستان‌های آخر، گلشیری دیگر خاطرات خودش را نقل می‌کند. این روند به گونه‌ای طی می‌شود که اگرچه نحوه‌ی بازنمایی زنان و نوع نگاه کلی به زن تغییرات مثبتی می‌کند اما جایگاه خود مردانه و بالاخص سیمای نویسنده، به عنوان پدیده‌ای که کمابیش واجد خصایص و عقاید این فیگور مشخص (هوشنگ گلشیری) باشد، بیش از پیش تثبیت بیابد. از طرفی دیگر نوشتن هم بیش از پیش به صورت یک جور امر قدسی تصویر می‌شود، امری درخور حرمتی ویژه که قابلیت کشف سر واقعیت و یا پیش‌گویی در آن نهفته است. احتمالن به دلیل همین خصلت رازآمیز است که در داستان‌های این دوره به موارد متعددی برمی‌خوریم که "مردم عادی" به آقای نویسنده مراجعه می‌کنند و _ مثل مورد مینا در آینه‌های دردار_ از او می‌خواهند که آن‌ها را وارد جهان داستان کند و یا داستان و ملزوماتش را به آن‌ها بیاموزد.

اگر بخواهم حرفم را خلاصه کنم: نهایتاً جایگاه قدرتی که نویسنده در این دوره می‌سازد بسیار مهم‌تر و تعیین‌کننده‌تر است از تحول بازنمایی دوگانه‌ی زنان. یعنی اگر زن دچار زن‌ستیزی بی‌پروای خاص دوره‌ی اول نیست، یا به جایگاهی رسیده است که می‌تواند طرف صحبت مردان داستان‌ها هم قرار بگیرد، اما همچنان فاصله‌ای قابل ملاحظه ــ و شاید حتی بیشتر از قبل ــ با جایگاه خداگونِ نویسنده دارد. در چنین جهانی زن، اگر فرضاً بخواهد دست به قلم هم ببرد، کماکان با موقعیت دوگانه‌ای مواجه است که ایجاب می‌کند بین حذف و ادغام دست به انتخاب بزند. یعنی یا خودش را از اختصاصات تنانه ـ زنانه‌ی خود خالی کند و به سیما و فیگور نویسنده‌ی مرد تشبه بجوید یا به حذف شدن تن دهد و نهایتاً در جایگاه مخاطب، ستایشگر، حامی و غیره باقی بماند.

متأسفانه ناچارم بحث را تمام کنم و به ظرایف بیشتری که در سرگذشت حرفه‌ای آقای نویسنده وجود دارد نپردازم! ارائه‌ام را با گفتن این نکته به پایان می‌برم: بسیاری از آدم‌هایی که فضای نوشتاری را در ایران تجربه کرده‌اند می‌دانند که فیگور نویسنده، به هیئت هوشنگ گلشیری، کماکان زنده است و در صحنه‌ی تولید و عرضه‌ی ادبیات ایفای نقش می‌کند. کماکان این تکرارها، فروبستگی‌ها و سوژه‌های اول‌شخصی که زیر سؤال نمی‌روند به قوت خود باقی‌اند، و البته وراء سانسور و سرکوب حکومتی در هر دو دوره‌ی پهلوی و جمهوری اسلامی، سهمی بسزا در خفه کردن ادبیات(های) اقلیت دارند. به نظر من پرداختن به آن‌ها مهم است خاصه به این دلیل که ما هنوز که هنوز است، حتی بعد از این که انقلاب شگفت‌انگیز زن ـ زندگی ـ آزادی را تجربه کرده‌ایم، به آن صورت سبقه‌ی تاریخی واضحی نداریم که در آن گوینده‌ی زن، در حالتی غیر از حذف ـ یا ـ ادغام به اقتضای مختصات فیگورهای مرد نویسنده،

پذیرفته شده باشد. به همین منوال هنوز سبقه‌ای تاریخی در ادبیات فارسی نداریم که در آن زن به شکلی فعال و در هیئت‌هایی بجز مکمل، هیچ، سربار، کلفت یا فرشته‌ی خانه و از این دست حاضر آمده باشد. و بجز این‌ها همچنین بستری که در آن گفت‌وگوی نوشتاری زن با زن (یا زنان) هم میسر شده باشد، دست‌کم به شکلی چشمگیر هنوز فراهم نیامده است. شاید این‌ها افق‌هایی باشند که بایستی در سطح نقد و تولید نوشتار به سمت‌شان حرکت کنیم. متشکرم.

منابع

ایرنا. (۱۳۹۸). در محفل آقای نویسنده. *خبرگذاری جمهوری اسلامی*
https://www.irna.ir/news/83357189/%D8%AF%D8%B1-
%D9%85%D8%AD%D9%81%D9%84-
%D8%A2%D9%82%D8%A7%DB%8C-
%D9%86%D9%88%DB%8C%D8%B3%D9%86%D8%AF%D9
%87

طاهری، ف. (۱۳۸۷). ما هنر زندگی کردن داشتیم. *بی‌بی‌سی‌فارسی*.
https://www.bbc.com/persian/arts/story/2008/06/080623_an-farzaneh-taheri-interview

کریمی، س. (۱۳۹۸). نقد ادبی فمینیستی بر آثار و زندگی حرفه‌ای هوشنگ گلشیری. پایان‌نامه کارشناسی ارشد. تهران. دانشگاه تهران.

گلشیری، ه. (۱۳۷۱). *آینه‌های دردار*. چاپ اول. تهران. نشر نیلوفر.

گلشیری، ه. (۱۳۷۸). *باغ در باغ*. دوره دوجلدی، تهران: نشر نیلوفر.

گلشیری، ه. (۱۳۴۸). *شازده احتجاب*، تهران : کتاب زمان.

گلشیری، ه.) ۱۳۵۰). *کریستین و کید* ، تهران: انتشارات زمان.

گلشیری، ه. (۱۳۴۷). *مثل همیشه*، تهران: کتاب زمان.

گلشیری، ه. (۱۳۹۵). *معصوم پنجم*، تهران: نشر نیلوفر .

گلشیری، ه. (۱۳۸۰) . *نیمه تاریک ماه*، تهران: نشر نیلوفر .

شکل‌گیری فیگورهای ایده‌آل و بازتولید مناسبات جنسیتی در ادبیات فارسی

المیرا بهمنی
دانشگاه تربیت مدرس تهران

سلام به همه. پیش از هر چیز قصد دارم این ارائه را پیشکش کنم به سروناز احمدی، زن پرکار، شجاع و جوانی که مدت‌هاست در بند است و من هم مثل بسیاری از دوستانش چشم انتظار آزادی‌اش و بیشتر خواندن و آموختن از او هستم.

در ارایه امروز من بنا دارم عشق را به مثابه یک مسئله ساختاری، جامعه‌شناختی، و زبانی بررسی کنم. برای همین امیدوارم بتوانیم از پس این ارائه درک روان‌شناختی و فردگرایانه از عشق را ـ دست کم به شکل موقت در این ۲۰ دقیقه‌ـ در پرانتز بگذاریم و کمی از فاعل عشق و زبان‌ورزی عاشق سخن بگوییم، به سکوت و سکون زبانی معشوق اشاره کنیم، و عشق را به بیان رولان بارت در فوران‌های زبان جستجو کنیم. در ادامه، قصد دارم نسبتی را که میان دوگانه‌ی مرد عاشق زبان‌ورز و زن معشوق بی‌زبان در فرهنگ تجاوز ایجاد می‌شود تا جایی که مجال داشته باشم توضیح دهم. بنابراین امروز از فیگور عاشق سخن می‌گویم از عشق به مثابه گفتمان و یک پدیده اجتماعی در بستر فرهنگی خاص ایران. بنا به دلایلی تصمیم گرفتم مصادیق این فیگور را از دل برخی از متون ادبی

شکل‌گیری فیگورهای ایده‌آل و بازتولید مناسبات جنسیتی در ادبیات فارسی

معاصر و نوشته‌های روشنفکران ایرانی استخراج کنم. دلیل اصلی من برای انتخاب متن روشنفکران تاکید دوباره‌ام در اینجا بر ساختاری بودن عشق است. چون به نظرم در فهم عشق رمانتیک دگرجنس‌خواهانه ما با نوعی از *کامن سنس* مواجهیم که مایل است میان عشق مبتذل و عشق هنرمندانه و والا تمایز بگذارد و اولی را در ادبیات عامه‌پسند و دومی را در ادبیات فاخر و روشنفکرانه جستجو کند. اگر در پایان این ارائه موفق شوم که خلاف این ادعا را ثابت کنم و از خلال مثال‌ها بتوانم به این نتیجه برسم که عشق در واقع نوعی کلان روایت است و نه تجربه‌ای تکینه و شخصی، فکر میکنم امروز در بیان مسئله‌ام موفق شوم.

برای شروع اجازه بدهید گریز نظری بسیار کوتاهی بزنم به نوشته درخشان شولامیث فایرستون، فیمنیست رادیکال امریکایی، درباره عشق رمانتیک که در کتاب *دیالکتیک جنس* منتشر شده است. فایرستون در فصلی از کتابش تحت عنوان "عشق" مدعی است که کتابی درباره فیمنیسم رادیکال، اگر با مفهوم عشق سر و کله نزند یک شکست سیاسی است. از نظر فایرستون دقیقا به همین دلیل که در همان لحظه‌ای که ما عشق را پرابلمتیک می‌کنیم، نوعی از اضطراب بر فضای جامعه حاکم می‌شود خود نشانه بارزی است بر اهمیت سیاسی عشق. عشق همواره امری شخصی دانسته می‌شود به رختخواب، به پستوی خانه‌ها، به خلوتگاه عشاق رانده می‌شود. عشق هرچند در رمان، سینما، و ادبیات به تصویر کشیده شده اما همواره توصیف، یا به بیان بهتر، باز تولید شده است و هرگز تحلیل نشده است.[1]

---

[1] Firestone, 1970.

همه ما قطعا گزاره‌هایی از این دست را شنیده‌ایم که زنان در هنر و ادبیات همواره ابژه نگاه خیره مردانه و یا میل گیز بوده‌اند. زنان در سکوت و سکون خود منبع الهام مرد عاشق بوده‌اند و گزاره‌هایی از این دست.در همین راستاست که فایرستون معتقد است فرهنگ، و یا به بیان خودش فرهنگ مذکر، همواره خاصیت انگلی داشته و هنوز هم دارد؛ چون از قدرت عاطفی زنان، از حضور ساکت و صامت و ابژه‌وار زن در پس و پشت هر شاهکار هنری استفاده می‌کند بی‌آنکه در ازای آن چیزی به زنان عرضه کند.

در منتها علیه منطقی این تحلیل در فرهنگ مردسالار، عشق رمانتیک نوعی فریب می‌شود؛ یک برساخت مردسالارانه که با دادن وعده حمایت و مراقبت از زنان یک موازنه نابرابر از قدرت را در رابطه دگرجنس‌خواهانه ایجاد می‌کند و هدف غایی‌اش تثبیت خانواده هسته‌ای است. زمانی که عشق مردانه با مالکیت و قیمومیت تعریف می‌شود، زن تبدیل به مایملک مرد یا عضو الحاقی ایگوی او می‌شود.

دوبوار در جنس دوم به تاسی از نیچه می‌نویسد: "مرد عاشق حتی اگر در برابر معشوقه به زانو در آیند آنچه باز آرزو می‌کند تصاحب او، به خود منضم کردن اوست. مردها در دل زندگی خود چون نفس‌های مسلط باقی می‌مانند. {برای او} معشوق زن چیزی جز ارزشی در میان سایر ارزش‌ها نیست. مردها می‌خواهند که زن را جزئی از هستی خود کنند نه آنکه تمام هستی خود را در او غرق کنند."[۲]

---

[۲] دوبووار، ۱۳۷۹، ص. ۵۶۸.

از سوی دیگر اگر ما بر سر این مسئله توافق داشته باشیم که فرهنگ تجاوز اساسا محیطی را تعریف می‌کند که در آن خشونت جنسی و جنسیتی بدیهی انگاشته می‌شود و افسانه‌های تجاوز در آن تقویم می‌یابند و اگر فرهنگ تجاوز را همبسته شی‌انگاری زنان و سوژه‌گی‌زدایی از آنان بدانیم و در نهایت اگر فرهنگ تجاوز را مقوم فرمان‌های سکوت مکرر به زنان در مقابل این خشونت‌ها و رویت‌ناپذیری‌های سوژه بدانیم، در این صورت، ساکت و صامت ماندن زن، به سکوت واداشتن زنان، و در نهایت مفعول و منفعل تلقی کردن زنان، ضرورتا در فرهنگ موجود اتفاق می‌افتد.

در Culture با C بزرگ است که ما با فرهنگ تجاوز، به عنوان یک جزء، روبرو می‌شویم. همچنان که فرهنگ تجاوز از دل این فرهنگ به وجود می‌آید، فرهنگ رمانس نیز هم طبعا بن‌مایه‌اش را از همین فرهنگ می‌گیرد. بنابراین امکان ندارد که فرهنگ تجاوز بر شیوه شکل‌گیری فرهنگ رومانس تاثیری نداشته باشد. حالا عاشق کیست؟ عاشق کسی است که عجز و لابه می‌کند؛ کسی است که میل به وصل دارد، کسی است که طالب تسخیر روان و بدن معشوق است. او صاحب نگاه خیره است. ما همواره از نگاه عاشق است که به معشوق نگاه می‌کنیم. همواره همراه با عاشق، معشوق را تجربه می‌کنیم. بنابراین در رابطه عاشقانه، معشوق و عاشق هرگز تجربه یکسانی از عشق ندارند؛ یکی ابژه تجربه است و دیگری سوژه تجربه‌ورز.

در این فوران‌های احساسی اغلب با توصیفی جز توصیف بدن معشوق روبرو نیستیم: توصیف پستان‌هایش، انحناهای بدنش، موهایش، چشم‌ها، لب‌ها، عشوه‌ها، گریه‌ها، ضعف‌ها و بی‌وفایی‌هایش.

ما زمانی که از خلال زبان‌ورزی‌های عاشق به معشوق می‌نگریم، هرگز چیزی فراتر از روایت عاشق از معشوق نمی‌دانیم. عاشق چنان حق به جانب و چنان فاعلانه دست به توصیف تکانه‌های عاطفی خود می‌زند که ما نیز اغلب در ادامه این روند Narration با او همراه و همدل می‌شویم. پس تاریخ عشق پر است از عجز و لابه عاشق دلخسته و ناکام در مقابل معشوق بی‌رحمی که به تمناهای عاشق آری گویی ندارد. ما یاد گرفتیم که با رنج عاشق همراه بشویم. ما از آن جهت رنج عاشق را رنجی اصیل، با ارزش و شایسته تأمل می‌دانیم که برای سال‌ها متون بسیاری حول این رنج و در وصف آن تولید شده‌اند. فرهنگ موجود فرهنگی است که تمام فاعلیت را بر دوش عاشق می‌گذارد، برای بیان رنج عاشق زبان می‌سازد، آن زبان را بسط می‌دهد و آن را جرح و تعدیل می‌کند.

عاشق صاحب میل است. میل عاشق است که حدود روایت عاشقانه را به جلو می‌راند. او صاحب میل خود و توأمان صاحب میل معشوق است. بنابراین او حق دارد که میل معشوق را به تسخیر خود در بیاورد. برای روشن‌تر شدن بحثم مثالی می‌زنم. می‌خواهم از نامه‌های غلامحسین ساعدی خطاب به طاهره کوزه گرانی چند خطی را برایتان بخوانم. نامه‌هایی که ۱۵ سال طول کشید و به نظرم در این نامه‌ها می‌توانیم نقطه اوج پیوند میان مالکیت، نگاه خیره، خشونت جنسی، دزدیده شدن میل و در یک کلام پیوند فرهنگ تجاوز با فرهنگ رمانس را ردیابی کنیم.

قبل از هر چیز جا دارد به این مسئله اشاره کنم که مثال آوردن از نامه‌های ساعدی به معنی زیر سوال بردن تمام کارنامه فکری یک نویسنده نیست.

شکل‌گیری فیگورهای ایده‌آل و بازتولید مناسبات جنسیتی در ادبیات فارسی

از آنجا که ساعدی فیگور محبوبی است و در وضعیتی قدرنادیده هم از دنیا رفته است، شاید لازم باشد که باز هم بر نکته‌ای که در ابتدای ارائه به آن اشاره کردم تاکید کنم؛ اینکه قصدم در اینجا تاکید بر فیگور عاشق است و از آنجایی که عشق وضعیتی است دارای ساختار، پس عجیب نیست که در سخن عاشقانه چندان تفاوتی میان نامه‌های یک روشنفکر و کاراکتری سطحی در یک رمان عاشقانه عامه‌پسند و یا یک سریال تلویزیونی کم‌مایه نبینیم.

ساعدی که به طور مکرر به طاهره نوجوان نامه می‌نویسد، از سکوت او ناراضی است. بنابراین در نامه‌ای می‌نویسد: "چرا وقتی که با من مصادف می‌شوی، وقتی مرا می‌بینی، چشمانت را پایین می‌اندازی، سرت را به زیر می‌اندازی؟ آیا زیبایی خود را، صورت قشنگ چشمان مسحور خود را از من دریغ می‌داری؟..با اینکه خودت می‌دانی یک نگاه تو، یک حرکت تو، یک ذره تمایل تو، چه عکس‌العمل بزرگی در روح من ایجاد می‌کند؟ ولی تو چرا محبت من را قبول نمی‌کنی؟ شاید عاشق هستی؟ وگرنه چرا از دیدن من ابا داری؟"

ساعدی در مقام عاشق، دقیقا در لحظه‌ای که از سکوت معشوق ناراضی است، به سرعت معشوق را متهم می‌کند به اینکه با مردان دیگری در رابطه است؛ به اینکه درواقع دارد از دست او و از سلطه او فرار می‌کند. برای مثال بعد از اینکه از طاهره گله می‌کند که چرا از او فرار می‌کند و به او نگاهی نمی‌اندازد، می‌گوید: "من صورت زیبای تو را به هیچکس نمیدهم. اگر کسی این قدرت را داشته باشد که عشق مرا پامال کند، با خشم خودم او را می‌سوزانم. دیوی را که صاحب چشمان تو خواهد شد، شکم خواهم درید، خونش را خواهم نوشید. اگر یک نفر دیو یا هرکس

دیگری که می‌خواهد باشد صاحب بدن طلایی و موهای زرین و روح بلورین‌ات بشود، اگر خودم را هم نکشم، آن یک نفر، آن صاحب تو را خفه می‌کنم. باور نمی‌کنی؟ خواهی دید." (ساعدی، ۱۳۸۸، در نامه بعدی باز هم لابه‌های عاشقانه از سوی مرد را می‌بینیم که در مقابل سکوت معشوق گله و شکایت می‌کند: "دانسته‌ای که تشنه محبت تو هستم ولی مرا نادیده گرفتی و گذشته‌ای." (ساعدی، ۱۳۸۸، ص.۳۶) ...هر وقت تو صورت درد آلود مرا دیده‌ای از شادی لبریز گشته‌ای. آن روز که مقابل دانشسرا با آن پسر لات حرف می‌زدی، می‌دانی چه حالی به من دست داد؟ به خدا خون خونم را می‌خورد. کم مانده بود که با عجله خودم را به تو رسانده گلویت را بفشارم. طاهره، طاهره من با مرد بیگانه حرف زد؟" (ساعدی، ۱۳۸۸، ص. ۳۷)

بار دیگر سکوت معشوق با تهدید او به مرگ همراه می‌شود: "دفعه اول که به تو نامه نوشتم انتظار داشتم که تو هم دو کلمه جواب آن را بگویی ولی یک کلمه هم ننوشتی... نمی‌دانم آیا تو مرا فریب می‌دهی؟ اگر واقعا بدانم که تو می‌خواهی مرا عاشق وهواخواه خود سازی و با ناز و تکبر از مقابلم گذر کنی، من شرافت دارم. اگر بدانم که تو واقعا می‌خواهی مرا فریب داده و بیچاره کنی، می‌دانی چه خواهم کرد؟ تنها تو را خواهم کشت. یک شب غافلگیرت می‌کنم و به هر وسیله که باشد خفه‌ات می‌کنم. به خدا اگر تو مرا فریب بدهی تو را خواهم کشت! خواهم کشت، خواهم کشت." (ساعدی، ۱۳۸۸، ص.۳۸)

در جایی دیگر در نامه‌ها نیز سکوت معشوق و تهدید او در کنار هم می‌آیند. این‌بار عاشق در پی محدود کردن حدود تظاهرات اجتماعی معشوق است: "دوای درد من در دست توست من از تو خواهش می‌کنم

شکل‌گیری فیگورهای ایده‌آل و بازتولید مناسبات جنسیتی در ادبیات فارسی

برای آرامش خاطر من دیگر درس نخوان. بیهوده است. به خدا قسم بیهوده است. درس نخوان زیرا دیگران پشت سر تو حرف درمی‌آورند. من انتظار دارم تو مانند یک فرشته پاک و تمیز باشی و در دل تو جز سادگی و معصومیت چیزی نباشد. وقتی تو به کلاس می‌روی من حس می‌کنم که تو مثل دخترهای دیگر در بدنامی وکثافت فرو می‌روی؛ در حقیقت هم که چنین است تو پاکی منزهی. مثل خدا و فرشتگان قابل تقدیسی چرا می‌خواهی با مردم دیوصفت و کثیف و حریص معاشرت کنی؟" (ساعدی، ۱۳۸۸ ، صص.۴۰ ـ ۴۱)... "یاد من باش. یاد این همه محبت من باش. فراموش نکن اگر قلب مرا بشکنی، مرا برای همیشه از دست خواهی داد. درس نخوان آری با مردم کثیف معاشرت نکن زیبایی و پاکی تو درس است. تو باید پاک باشی. درس نخوان و این خواهش مرا فراموش نکن."(ساعدی، ۱۳۸۸ ، ص.۴۲)

عاشق از معشوق می‌خواهد که از مدرسه (یا همان جامعه) کناره بگیرد و این کناره‌گیری را نشان پاکی او می‌داند. پس زن در جایی پاک است که نامرئی باشد. همزمان پاکی معشوق، او را لایق عشق‌ورزی می‌کند. بنابراین زن اگر وجود داشته باشد ناپاک است و تنها زمانی لایق عشق‌ورزیست که حداقلی از عاملیت و قدرت را داشته باشد.

اما نشان گفتمانی بودن عشق در واقع در مقدمه‌ای متجلی می‌شود که پنجاه سال بعد نامه‌های ساعدی، نگاشته شده است. جمع‌آوری کننده نامه‌ها در سال ۸۸ طاهره را منبع الهامِ ساعدی خوانده و لحنش چنان است که گویی احساسات ساعدی عاشقی دل‌خسته، شایسته همدردی است. در مقدمه نویسنده خالی بودن رنج معشوق حتی اهمیتی هم ندارد. (ساعدی، ۱۳۸۸ ، صص. ۹ ـ ۱۱)

در اینجا نیز کسی که رنج عاشقانه می‌برد همان کسی است که توانایی تولید متنی حول عشقش داشته است. از آنجا که تنها کسی صاحب زبان است که امکان تولید داشته باشد، و از آنجا که متون همواره در توصیف رنج عاشق از امتناع معشوق نگاشته می‌شوند، پس می‌توان گفت که زبان عشق، همان زبان عاشق است و زبان معشوق در فرهنگ عاشقانه غایب است. بنابراین اگر بخواهیم بر این نقل‌قول‌ها تامل بیشتری کنیم، می‌توانیم نسبتی که بین فرهنگ رومانس ــ تجاوز و سلطه بر بدن زن ایجاد می‌شود را این‌گونه توصیف کنیم: بدن زن، بدنی‌ست که باید به تصاحب در بیاید و بنابراین این بدن ابژه‌ی مشترک فرهنگ رمانس و فرهنگ تجاوز شده است. در اینجا نقطه تمایز مشخصی بین فرهنگ رومانس و فرهنگ تجاوز موجود نیست. گویی هر دو در پی یک چیزند: تصاحب بدن زن و خالی کردن/خالی خواستن این بدن از سوژگی. این بدن در هر دو وضعیت از آن مرد می‌شود. اگر بدن را یک شکلی از حریم مادی برای هویت و سوژگی بدانیم، بدن جایی است که فرد در آن زندگی می‌کند. کنترل بدن و تهاجم به این حریم، میل به سلطه‌جویی و مالکیت بر این حریم، در حقیقت مخدوش کردن مرزهای حریم شخصی و دستکاری هویت فرد است.

مالکیت‌طلبی تلاش برای مالکیت بر اراده فرد است و تجاوز نقطه نهایی درهم شکستن اراده است. بنابراین کاملا منطقی است اگر بگوییم مالکیت‌طلبی پیش‌زمینه تجاوز است و هموار کننده‌ی مسیر آن. در فرهنگ مردسالار، سوژه‌ی اصلی و "حقیقی" مرد دگرجنس‌خواه همان‌سو جنسیتی‌ست. مرد در فرهنگ رومانس ــ تجاوز یک ابر قهرمان است. کسی که صاحب سکسوالیته و به پیش برنده‌ی آن است . در این فرهنگ است که مرد صاحب میل، نگاه و زبان می‌شود. محوریت یافتن

شکل‌گیری فیگورهای ایده‌آل و بازتولید مناسبات جنسیتی در ادبیات فارسی

سوژه‌ی مردانه در فرهنگ تجاوز- رمانس زن را به ابژه این فرهنگ تبدیل می‌کند. پس اینجا شاید بتوان نسبت بین دو فرهنگ عشق و تجاوز را راحت‌تر نشان داد. به یاد داریم که آزار جنسی- برخلاف تصور عمومی- نشانی از بیماری جنسی، ناکامی در سکس و فوران میل جنسی افسارگسیخته نیست، بلکه نشانی از اعمال اقتدار و سلطه بر بدن دیگری و تلاشی به قصد نابودی اراده فرد است. به همین معنا اگر فرهنگ عاشقانه هرگز از معشوق نام نمی‌برد و تمامیت خود را حول سوژگی عاشق/فاعل تعریف می‌کند، پس معشوق/مفعول/زن را در ابژگی و انفعالش شناسایی می‌کند. تنگ ساختن حدود تحرک اجتماعی‌اش (به مدرسه نرو)، افسار زدن به میل او (با آن پسره حرف نزن)، تصاحب بدنش (آن دیوی که صاحب بدنت بشود را خواهم کشت) همگی نه از زبان یک فرد، بلکه از دل گفتمان عاشقانه تولید می‌شود. همین است که دهه‌ها بعد نیز این نوشته‌ها نه همچون تهدید به مرگ و نشانه سلطه‌جویی، بلکه همچون سند عاشقی‌کردن و عشق ورزیدن در دسترس عموم قرار می‌گیرد. احساس مالکیت را همبسته عشق تعریف می‌کنند و این همبستگی بدیهی انگاشته می‌شود. عاشق/مرد بابت این احساس مالکیت (غیرت-حسادت) سرزنش نمی‌شود. در چنین وضعیتی است که وصال عاشقانه از خلال فانتزی مرد به یک تجربه‌ی مردانه بدل می‌شود. این عاشق است که بدن معشوق را تجربه می‌کند و معشوق تنها تجربه می‌شود. معشوق همواره ساکت است. در عشق رمانتیک عاملیت چنان از معشوق گرفته شده که او تقریبا هرگز فرصت زبان‌ورزی، مکتوب شدن و به گفتمان درآمدن نداشته است. در طول تاریخ ادبیات ما همچنان که با رنج عاشق همراه می‌شویم، معشوق را از یاد می‌بریم.

اجازه دهید به یکی از تمثالی‌ترین شکل‌های بازنمایی فیگور معشوق منفعل بپردازیم. اثر صادق هدایت با نام عروسک پشت پرده، تصویری اعجاب‌آور از عاشقی را نشانمان می‌دهد که به‌شکلی اغراق شده و نمادین درصدد تهی ساختن معشوق از هر نوع سوژگی و تسخیر بدنش است. مهرداد یک جوان فرنگی‌ماب در ابتدای مدرنیته‌ی ایرانی است که در پاریس زندگی می‌کند. روزی در ویترین یک مغازه مانکنی را می‌بیند، عاشقش شده، آن را می‌خرد و به ایران می‌آورد. کمی بعد ازدواج می‌کند اما میلی به همسرش ندارد. هر شب به خانه می‌رود، پرده را کنار می‌زند، به عروسک پشت پرده خیره شده و دستی به زلف و بدن او می‌کشد. به این شکل به قول هدایت "تمام زندگی عشقی او به همین محدود می‌شد و این مجسمه برایش مظهر عشق، شهوت و آرزویش بود." (هدایت، ۱۳۳۱، ص.۹۳) هدایت جمله‌ی درخشانی در توصیف احساس مهرداد می‌آورد: "آنچه که پیش از هر چیز توجه مهرداد را به خود جلب می‌کرد این بود که این دختر با او حرف نمی‌زد، مجبور نبود به او با حیله و دروغ ابراز عشق بکند، مجبور نبود برایش دوندگی بکند، حسادت بورزد، همیشه خاموش، همیشه به یک حالت قشنگ منتهای فکر و آمال او را مجسم می‌کرد. همیشه راضی، همیشه خندان ولی از همه‌ی اینها مهمتر این بود که حرف نمی‌زد. اظهار عقیده نمی‌کرد. او از آدم زنده که حرف بزند، که تنش گرم باشد، که موافق یا مخالف میل او رفتار بکند، که حسادتش را تحریک بکند می‌ترسید و واهمه داشت." (ساعدی، ۱۳۸۸، ص.۸۴) یک شب همسر مهرداد، برای کسب محبت و توجه او، لباس مانکن را می‌پوشد و آرایش آن را تقلید می‌کند و به‌جای او پشت پرده منتظر مهرداد می‌نشیند. زمانی که مهرداد پرده را کنار می‌زند کنار و به عادت معمولش به آن دست می‌زند، متوجه ضربان نبض در

"مانکن" می‌شود. می‌ترسد، تفنگ رو درمی‌آورد و مانکن زنده‌شده را می‌کشد. تنها زمانی که خونی روی زمین جاری می‌شود، مهرداد درمی‌یابد یک انسان را کشته است. (ساعدی، ۱۳۸۸، ص.۹۶)

مانکنی که مهرداد عاشقش شد به نظر من معشوق ایده‌آل در فرهنگ تجاوز را به تصویر می‌کشد. گویی که معشوق آرمانی در هستنِ خود برآورنده‌ی نوعی حس نکروفیلیا در عاشق است. مانکن هدایت تمثالی است از سکوت ممتدی که به معشوق نسبت داده شده است. نشانی است از اینکه معشوق تنها در همان سکوت و سکونش زیبا و خواستنی است. خاموشی مطلق معشوق، از آن رو که او را از سوژگی و بنابراین انسانیت تهی می‌کند، هرگز معنای عشق رمانتیک و همزمان وضعیت عاشقانه را بحرانی نمی‌کند. از آن رو که او در گوشه‌ی اتاق، پشت پرده، ساکت و ثابت و صامت ثابت نشسته، منتظر است که مرد به سراغش برود و نگاه خیره‌اش را به او دوخته و با لذت و اقتدار محض به صورت و سینه‌اش دست بکشد. او هرگز مانعی در عشق‌ورزی مرد ایجاد نمی‌کند و هرگز میل مرد را به تعویق نمی‌اندازد. او فانتزی زن زیباروی خانه نشین‌_پرده‌نشین و صبور و کم‌حرفی است که همواره با کمال‌میل در مقابل میل مردانه سر خم می‌کند.

مهرداد در داستان هدایت مردی است فرنگی‌مآب. نماد شکلی از مردانگی که روشنفکری چون هدایت از او بیزار بود. مردی بدون اصالت، خودباخته و حقیر. مردی که یک "عروسک فرنگی" را به زن زنده ایرانی ترجیح می‌دهد. هدایت در داستان خود مرد فرنگی‌مآب را چنین توصیف می‌کند. مردی که محو ظاهر غرب است و طوطی‌وار محو "جمال" غرب است. او هرگز نمی‌تواند غرب را درونی کند _ یا آنطور

که روشنفکران هم‌نسلش آرزو داشتند- و هرگز نمی‌تواند بدون خودباختگی متمدن شود. آن عروسک فرنگی که هدایت به‌عنوان نمادی از غرب در داستانش می‌آورد، سال‌ها بعد به شکلی طعن‌آمیز وارد ادبیات سیاسی-اجتماعی روشنفکران ایرانی می‌شود. آنان که علیه غرب‌گرایی و خودباختگی در برابر غرب و در دفاع از اصالت ایرانی به مثابه آلترناتیو می‌نوشتند، زن غربی را به‌عنوان نماد فساد و انحطاط فرهنگ غرب و زن ایرانی را نسخه بدل و عروسکی او می‌دانستند. "زن عروسک فرنگی" زنی بود که در دهه‌های بعد تا پیروزی انقلاب اسلامی مورد تحقیر مردان روشنفکر می‌شد. او مترسکی بود فاقد سوزگی و گناه اصلی‌اش این بود که خودخواسته تبدیل به مترسک شده بود. بنابراین او همزمان که مانند مهرداد تنها به ظاهر غرب دل بسته بود، از او پست‌تر نیز بود. چرا که خودش را تبدیل به "کالا" و "ابژه" کرده بود.

از اولین دفعاتی که فیگور زن مستفرنگ (غرب‌زده) و بزک کرده ظاهر می‌شود داستان "شوهر آمریکایی" اثر جلال ال احمد است. این بار نه مرد غرب‌زده که زن غرب‌زده نمونه الگووار وضع فرهنگی اسف‌بار و رو به انحطاط ایرانیان و نماد بی‌هویتی آنان است.

داستان "شوهر امریکایی" آل احمد از این جهت نمادین است که می‌توان از قِبل آن پیوند مفهومی محبوب روشنفکران مدرن میان زن و وطن را بار دیگر دنبال کرد: دغدغه‌های مشروطه‌خواهان از برباد رفتن ناموس و وطن و بعدها دل‌نگرانی روشنفکر ایرانی از تهاجم فرهنگی امپریالیسم در ایران دوران پهلوی دوم. در این داستان یک دختر طبقه متوسط ایرانی که نماینده زن مستفرنگی است که - آل احمد بی‌رودربایستی و بارها نشان می‌دهد از آنان بیزار است- با مردی آمریکایی که معلم زبان

شکل‌گیری فیگورهای ایده‌آل و بازتولید مناسبات جنسیتی در ادبیات فارسی

انگلیسی‌اش است وارد رابطه عاشقانه می‌شود. زن، از آنجا که قرار است سطحی، کودن و کم‌سواد باشد، به انگلیسی دست‌وپاشکسته‌ای با مرد صحبت می‌کند. با او به کلاس رقص، سینما، قایقرانی و مهمانی‌های سنتی مسیحیان مانند هالووین و کریسمس میرود. اگر دقت کنیم می‌بینیم هر جا که زن با مرد می‌رود جایی است که در فرهنگ ایرانی نماد غرب، برهنگی یا فوران میل جنسی است، گویی که این سه با هم همسان گرفته می‌شوند. زن در نهایت با رضایت تام و تمام پدر غرب‌زده (و ظاهرا بی‌غیرتش) با این مرد زیباروی آمریکایی ازدواج می‌کند. پس از مدتی که با او به امریکا می‌رود متوجه می‌شود که مرد در واقع گورکن است و نه فردی با شغلی آبرودار، چنانچه ادعایش را داشته. همین مساله نیز باعث سرافکندگی زن و جدایی‌شان می‌شود. (آل احمد، ۲۵۳۶)

در شوهر امریکایی زن که در حال شکوه از وضعیت خود است دائما از این "واقعیت" گله دارد که مرد تحصیل کرده ایرانی حاضر است با دختر رخت‌شور غربی ازدواج کند اما نه با دختران پاک ایران. این گفته زن اشاره به یکی مباحث پرتکرار میان روشنفکران ایرانی در اوایل قرن بیستم دارد. منظورم زمانی است که مشروطه‌خواهان طالب بازگشایی مدارس دخترانه و تحصیل زنان بودند تا خانواده هسته‌ای مدرن متشکل از همسرانی که برای نقش‌های جنسیتی خود آموزش مدرن دیده‌اند قوام و گسترش یابد. در همین زمان یکی از استدلال‌های روشنفکران برای تشکیل سریع‌تر این شکل از خانواده ازدواج مرد ایرانی با زنان غربی بود.

در مقابل سنت‌گرایانی که با تشکیل مدارس دخترانه نوین مخالف بودند استدلال می‌کردند که این مدارس موجب از دست رفتن عفت زنان

می‌شود. در روایت‌های آموزنده‌ای که در آن زمان پای منبرها گفته و در جزوات اسلام‌گرایان نوشته می‌شد اشاره به پیوند میان مدارس دخترانه، از دست رفتن بکارت و عصمت دختران و نابودی اسلام بسیار پررنگ بود. دخترانی که به مدارس نوین می‌رفتند و زبان خارجه و هنر و دروسی چون ریاضیات و فیزیک را یاد می‌گرفتند بلاشک توسط معلمان مورد تجاوز قرار گرفته و حامله می‌شدند. این دختران پس از از دست رفتن بکارت اغلب به ورطه "فساد جنسی" درافتاده، دچار سیفیلیس می‌شدند و اگر باردار می‌شدند اغلب خودخواسته به آن پایان می‌دادند که خود قتل نفس و گناهی کبیره بود (و همچنان نیز هست). بنابراین زن تحصیل‌کرده ایرانی حجاب از سر برمی‌داشت و با اغفال مردان جوان و همبستری با آنان، موجب شیوع سیفلیس در جامعه و در نهایت کم شدن نسل مسلمانان در کره زمین می‌شدند. این همه فلاکت برای ملت ایران و امت مسلمان از جنبش حق تحصیل زنان حاصل می‌شد. مدارس دخترانه جایی بود که مردان فرنگی‌مآب، فکلی، زانی، خوک‌صفت و بی‌غیرت به تدریس مشغول بودند و دختران را اغفال می‌کردند تا از مستورگی دربیایند. تمام این فجایع از دل ایده‌های غربی، و خواست روشنفکران ملی‌گرا برای "غربی شدن" ایران بر سر ایران نازل می‌شد.[۳]

میان این داستان‌های اخلاقی آموزنده اسلام‌گرایان حول خطرات تحصیل زنان و راوی داستان "شوهر امریکایی" شباهتی وجود دارد که خبر از دغدغه‌ای مشابه می‌دهد. همچنان که اسلام‌گرایان اوایل قرن

---

[۳] برای بحثی مفصل در این باره ن.ک به: محمد توکلی طرقی، «زنی بود زنی نبود: بازخوانی وجوب نقاب و مفاسد سفور»، نیمه دیگر، شماره ۱۴، بهار ۱۹۹۱، صص۷۷ـ ۱۱۰.

شکل‌گیری فیگورهای ایده‌آل و بازتولید مناسبات جنسیتی در ادبیات فارسی

نگران سلطه فرهنگی کفار بودند، ال احمد و همفکران او در نسل‌های بعد نگران سلطه فرهنگی امپریالیسم غرب بودند. در هر دو روایتی که نقل کردم کسی که زن ایرانی را اغفال می‌کند یک معلم است. معلمی که یا غربی است یا غرب‌زده. در هر دو داستان مرد به زن موسیقی، رقص و زبان خارجی یاد می‌دهد. در هر دو داستان مرد بی‌غیرت است. در هر دو داستان دختران اغفال شده سرزنش می‌شوند. اما از ان رو که همین زن کم‌عقل و کم‌ارزش در تحلیل نهایی ناموس وطن و حریم تن‌اش همچون حریم ایران است، پیوند او با مرد غربی/غرب‌زده نشانی از سلطه تام و تمام بیگانگان بر ایران است. این پیروزی دقیقا در لحظه‌ای اتفاق می‌افتد که بین زن نوجوان جویای تحصیل و مرد غربی/غرب‌زده دخول جنسی اتفاق می‌افتد. فرقی نمی‌کند که این دخول به شکل تجاوز باشه و یا به شکل پیوند شرعی ازدواج. در هر دو صورت زن دیگر "لکه‌دار" و به او "نفوذ" شده است و در نهایت از دست مردان وطن، صاحبان واقعی‌اش، بیرون آمده است. همزمان مردی که خود خواسته غربی شود ـ و بنابراین خودخواسته اجازه‌ی دست‌درازی به ناموسش را بدهد ـ بی‌غیرت است. مرد غرب‌زده، فکلی و قرتی که به فرهنگ غرب علاقه دارد تمثال این شکل از مردانگی است که بعدها در نوشته‌های آل احمد هم زن‌صفت خطاب می‌شود. اما برای زن‌ـ ناموس‌ـ وطن سرنوشت بدتری از پیوند با مرد غرب‌زده وجود دارد و آن وصال با مرد غربی، و در واقع به تصاحب درآمدن توسط اوست. مرد غربی به مرزهای وطن، به مرزهای بدن، به مرزهای بدن زنان وطن دست درازی کرده است. چنین چیزی نابخشودنی و نشان فلاکت تام و تمام فرهنگی است. چراکه ربوده شدن زن، ربوده شدن وطن است. ربوده شده زن، لکه‌دار شدن ناموس مردان وطن است. و مرد بی‌غیرت

و غرب‌زده که اجازه دهد ناموسش از دست برود مردی است زن‌صفت و بی‌اخلاق. به قول آل احمد غرب‌زده افمینه است. برای همین است که مردان ایرانی در داستان "شوهر امریکایی" همگی سست‌عنصر، بی‌غیرت و بی‌عمل تصویر می‌شوند. در حالی که غرب، زن ـ وطن را به تاراج می‌برد آنان در خوابند. شکلی که در اینجا آل‌احمد از دست رفتن زن ایرانی و تعلق خاطر او به مرد ـ فرهنگ آمریکایی را بازنمایی می‌کند بسیار شبیه به پیوندی است که نخبگان سکولار یا سنتی در دوره قاجار، میان از دست رفتن وطن ـ ناموسشون با تجاوز بیگانگان یا کفار ایجاد می‌کردند.

هدف من از باز کردن بحث امروز تاکید بر پیوند میان مالکیت و فرهنگ رومانس بود. اگر اساس فرهنگ تجاوز را بنا شده بر روی کلیشه‌های جنسیتی دوگانه انگاری بدانیم که مرد را به شکل طبیعی مهاجم و میل‌ورز و زن را به شکل طبیعی تسلیم و منفعل می‌داند، و همچنین اگر قبول داشته باشیم که در فرهنگ رومانس زبان، میل، نگاه و کردار از آن مرد/عاشق است، در این صورت پیوند میان فرهنگ تجاوز و فرهنگ رومانس بیش از پیش مشخص می‌شود. اگر مالکیت بر بدن را، تسخیر بدن، میل به کنترل اراده، کنترل هویت، و تعیین حد و حدود زبان‌ورزی و میل‌ورزی بدانیم در این صورت معشوق/مفعول/زنی که از پس این دوگانه‌ها بازنمایی می‌شود کمتر مجالی برای سخن گفتن پیدا می‌کند. او ناچار است که همچون آیدا در شعر "عقوبت" شاملو تنها با جلوه‌ای خاموش و زیبا بر جلوخان منظر مرد عاشق خسته از هجوم اجتماع، مرد عاشق هنرمند، مرد عاشق شاعر، مرد عاشق روشنفکر و مرد عاشق عامی قدم بزند و منبع الهام، منبع آرامش و مایملک او باشد.

شکل‌گیری فیگورهای ایده‌آل و بازتولید مناسبات جنسیتی در ادبیات فارسی

منابع

Shulamith Firestone (1972) *The dialectic of sex*, New York, published by arrangement with William morrow and company inc. p. 126-145.

دوبووار، سیمون (۱۳۸۲)، *جنس دوم*، ترجمه قاسم صنعوی، تهران: انتشارات توس، صص. ۵۶۷-۶۰۴.

ساعدی، غلامحسین (۱۳۸۸) *طاهره طاهره عزیزم*، تهران: نشر مشکی.

آل احمد، جلال (۲۵۳۶ شاهنشاهی) *پنج داستان*، تهران: انتشارات رواق، صص. ۶۷-۸۲.

هدایت، صادق (۱۳۳۱)، *سایه روشن*، تهران: چاپ سینا، صص. ۷۹-۹۶.

معرفی نویسندگان و ویراستاران

به ترتیب الفبای فارسی

المیرا بهمنی

المیرا بهمنی فعال فمینیست و پژوهشگر حوزه جنسیت و دانش آموخته کارشناسی ارشد جامعه‌شناسی از دانشگاه تربیت مدرس تهران است. عنوان پایان نامه او "بررسی جامعه‌شناختی جنبش مدنی زنان از انقلاب مشروطه تا انقلاب سفید" است و از آن زمان تاکنون بر تاریخ جنبش زنان در دوره مشروطه و پهلوی اول و اشکال جنسیت زدگی روش‌شناختی در تاریخ‌نگاری جنسیت در ایران متمرکز است. در حال حاضر کتاب nation and its fragments اثر partha chatterjee را در دست ترجمه دارد.
دیگر حوزه علاقه‌مندی‌ها : بررسی شالوده‌های فرهنگی آزار جنسی و فرهنگ تجاوز در جامعه ایران.

صمد پورموسوی

صمد پورموسوی، تبریز دوغوملودور. داغچی و آذربایجان کولتورونو سئون بیر عایله‌ده بویا-باشا چاتمیشدیر. اوشاقلیق ایللریندن آذربایجان رقصلرینی اؤیرنمکله یاناشی آشیق سازی چالماغا باشلامیشدیر. معمارلیق اوزره یوکسک لیسانس آلمیشدیر. معمارلیق اؤیرنجیسی اولدوغو زامان اوچ نفرلیک بیر قروپدا عربستان بین‌الملل معمارلیق یاریشیندا ایکینجیلیک

اؤدولو قازانمیشدیر. شاطریان موسیقی مکتبینده ساز موعلیمی کیمی ایشله‌میشدیر. چوخ گنج ایکن آذربایجان میللی مسأله‌لری ایله تانیش اولوب، دوکتور زهتابی‌نین دیل و تاریخ کیلاسلارینا قاتیلیب، آذربایجان مدنیت اوجاغینا عضو اولموشدور. دوکتور زهتابی‌نین ایران تورکلرینین اسکی تاریخی کتابی‌نین ائدیت هئیتینده یئر آلمیشدیر. ۱۳۷۰-جی ایللردن باشلایاراق اونیورسیته‌لرده باش توتان میلّی حرکتین ائیلملرینه قاتیلمیشدیر. ۱۳۷۰-۸۰ آراسی ایللرده گنج میلّی فعاللار ایله بیرلیکده اوشاقلار اوچون یئرآلتی دیل و کولتور کیلاسلاری دوزنله‌میشدیر. لاله جوانشیر ایله بیرلیکده اوشاقلار اوچون یئر آلتی قارانقوش اوشاق درگیسینی و بایقوش آدلی مدرن ادبیات درگیسینی چیخارتمیشدیر. ۱۳۷۸-جی ایلده تبریز اونیورسیته‌سی اولایلاریندا توتولوب فعالیتلری اوزوندن محاکمه اولونموشدور. ۱۳۸۲-جی ایلده ایش یئریندن ائوه دونرکن جانینا سوء-قصد اولونموشدور. همن ایل اؤلکه‌سینی ترک ائتمه‌گه مجبور اولموشدور. ایکی ایل آذربایجان جمهوریتی باکی شهرینده یاشادیغی مودّتده آصف زیناللی آدینا موسیقی فاکولته‌سینده قدیم موسیقی متنلرینی چئویرمکده رافیق عمرانی‌یه یاردیم ائتمیشدیر. لاله جوانشیر، راسیم قاراجا و نرمین کمال ایله بیرلیکده آلاتوران درگیسینده گونئی آذربایجان یازیچیلارینا اؤزل سایی حاضیرلامیشدیر. ۲۰۰۵-جی ایلدن بری کانادانین تورونتو شهرینه یئرلشمیشدیر. تورونتوداکی آذربایجان اجماعسی‌نین کولتور و موسیقی فعالیت‌لرینه قاتیلمیشدیر. ۲۰۰۶-جی ایلدن باشلایاراق "تورونتو آذربایجان رقصلری توپلولوغو"-نو یاراتمیشدیر. قروپ ایله بیرلیکده کانادانین بیر چوخ رقص و موسیقی فستیواللارینا قاتیلیب آذربایجان مدنیتینی تمثیل ائتمیشدیر. ۲۰۱۱-جی ایلدن اعتباراً اونتاریو معمارلار اوداسینین عضوودور. همن ایللردن لاله جوانشیر ایله بیرگه آیلیق آذربایجان رقص و موسیقی گئجه‌لری دوزنله‌ییب، ۲۰۱۹-جو ایلدن باشلایاراق "آذربایجان سیویک نئشن" آدلی دوشونجه جمعیتینی و ۲۰۲۲-جی ایلدن بری بایقوش نشریاتینی قوروب، گونئی آذربایجاندا سانسورا اوغرامیش کیتابلاری یاییملاماغا داوام ائدیر.

ئانیسا جەعفەری‌مێهر

ئانیسا جەعفەری‌مێهر نوسەر و هاوسەرووک ناوەند پن کوردە. لە زانکو کوردستان تا ئاست کارناسی باڵای زواننناسی خوەنیە و لەبارەی شێوەی کار لە سەر کوردی کەڵهوری وە ئامانج فێرکاری کار کەید و لەی ڕێیە کتاوێگ وە ناو هەنگاوێگ وەرەو معیارسازی زوان لە کوردی کەڵهوڕی بڵاو کردێیە. کۆرتەچیرووک و ڕومان نوسێد و ئەندام دەسەی ڕێوەبەری کۆڤار زوانی و ئەدەبی ژ بۆە.

لاله جوانشیر

لاله جوانشیر، تورونتو اونیورسیتەسینده تورک و عثمانلی آراشدیرمالاری اوزره فلسفه دوکتورودور. یاخین و اورتا شرق آراشدیرمالاری اوزره یوکسک لیسانس آلمیشدیر. عینی زاماندا کیتابخانا و اینفورماسیا علملری اوزه ایکینجی یوکسک لیسانسا صاحیب‌دیر. بو دوغرولتودا تورونتو اونیورسیتەسینده تورکجه، فارسجا و عربجه نادیر اثرلر اوزەره چالیشیب آراشدیرمالارینا داوام ائتمکدەدیر .او، عینی اونیورسیتەده تورک دیلی و عثمانلی تورکجەسی و ادبیاتی اوزره درسلر وئرمکله بیرلیکده تورک ادبیاتی و عثمانلی تاریخی اوزره گنیش تدقیقاتلار آپارمیشدیر .اونون ۱۷-جی یوز ایله عاید عثمانلی تاریخی متنی اولان پاشانامەنین تنقیدی نشری و ترجومەسی، آکادئمیک باشاریلاری آراسیندا یئر آلماقدادیر. آذربایجان ادبیاتی ساحەسینده شعر یازماق، ترجومه ایشلری گؤرمک و مقاله قلمه آلماقلا مشغولدور. فارس ادبیاتیندان آذربایجان و تورک ادبیاتینا چئویردیگی حکایەلر و بیر رومان واردیر. بونلار باکی و استانبولدا ایشیق اوزو گؤرموشدور .
آکادمیانین یانیندا، لاله جوانشیر ایجماع فعالیتلری ایله ده مشغولدور. او، چئشیدلیلیک، سؤمورگەدن (موستملکەدن) آرینما و قاپساییجیلیق مؤوضوعلاریندا دیالوقو تشویق ائتمک هدفی ایله آذربایجان سیویل میلّت جمعیتی‌نین قوروجو هیئتینه قاتیلمیش و گونئی آذربایجاندا باسدیریلان

سسلری دویورماق اوچون بایقوش یایینلاری‌نین تملینی آتمیشدیر. عینی زاماندا، 2006-جی ایلدن اعتباراً تورنتو شهرینده رقص و موسیقی واسیطه‌سی ایله کورلتورل موبادیله‌نی و قاپساییجیلیغی تشویق ائتمک ایله مشغول اولموشدور.

سیما حسن‌دخت فیروز

سیما حسن‌دخت فیروز دانش‌آموخته‌ی دکتری زبان‌شناسی از دانشگاه شهید بهشتی تهران است و در دو رشته‌ی مترجمی و مطالعات اجتماعی نیز تحصیلاتی آکادمیک دارد. او مقالاتی در حوزه‌های زبان گیلکی، تحلیل انتقادی گفتمان، استعاره و زبان‌شناسی شناختی نوشته است. آخرین پژوهش او در حوزه‌ی تاریخ مفهوم‌های راینهارت کوزلک بوده که با استفاده از این رویکرد به مطالعه‌ی میدان واژگانی فرودستان در سپهر سیاسی-اجتماعی ایران معاصر پرداخته است. زمینه‌های پژوهشی و علاقه‌مندی‌های او زبان، تاریخ معاصر، مطالعات اجتماعی و فرهنگی، ترجمه و ویراستاری است.

وحید رشیدی

وحید رشیدی بریتیش کولومبیا اونیورسیته‌سینده سوسیولوژی و جینسییت، عیرق، سئکسواللیق و سوسیال عدالت بؤلوملرینده لیسانس تحصیلینی تامالاییبدیر. مک‌گیل اونیورسیته‌سیندن تحصیل و توپلوم اۆزره یوکسک لیسانس درجه‌سینه صاحیبدیر. او، یوکسک لیسانس تئزینده، ۲۰۰۰-۱۹۹۰ ایللری آراسیندا تبریزده یئرآلتی فعالیت گؤسترن و حاضیردا «آذربایجان سیویک نئشین» آدی ایله کانادانین تورونتو شهرینده سورگونده چالیشمالارینی دوام ائتدیرن قورومون تورک دیلی و ائیتیم فعالیت‌لرینی اینجه‌له‌میشدیر. رشیدی‌نین اساس آراشدیرما آلانلاری آراسیندا ساب آلترن ائیتیم، دیل سوسیولوژیسی، توپلومسال حرکتلر، چئشیتلی‌لیک مسأله‌لری، عیرقچی‌لیک و تنقیدی سؤیلم آنالیزی یئر آلماقدادیر.

سارا سیاوشی

سارا سیاوشی، نویسنده و زبان‌شناس زبان اشاره است. او فارغ‌التحصیل مقطع دکتری از دانشگاه نیومکزیکو در امریکاست. همچنین در دانشگاه‌های ردباد در هلند (زبانشناسی) و علامه در ایران (آموزش فارسی)، در مقطع کارشناسی ارشد تحصیل کرده است. پژوهش‌های او آغازگر زبانشناسی زبان اشاره در ایران در دهه‌های ۸۰ و ۹۰ خورشیدی بوده است. این پژوهش‌ها شامل مستندسازی زبان اشاره ایرانی، بررسی دستور و ویژگی‌های زبانشناختی این زبان، و تلاش برای شناساندن فرهنگ و زبان منحصر به فرد جامعه‌ی ناشنوای ایران بوده است. او به همراه همکاران ناشنوا، دو کتاب آموزشی برای آموزش زبان اشاره ایرانی و یک کتاب در معرفی زبان اشاره ایرانی و فرهنگ ناشنوا منتشر کرده است. او همچنین نویسنده‌ی داستان‌های کوتاه است و دو مجموعه از داستان‌های او تاکنون منتشر شده است.

جەعفەر شێخولئیسلامی

دوکتۆر جەعفەر شێخولئیسلامی پرۆفسۆری زمانناسییی گشتییە لە زانکۆی کارلێتون لە شاری ئۆتاوا ، لە وڵاتی کەنەدا. لە ناوچەی مەهاباد لە دایک بووە و لە فێرگەی حکوومی بە فارسی خوێندوویەتی. لە کۆتایی حەفتاکاندا (یان پەنجاکانی ئێران)، واتە لە تافی مێرمنداڵییەوە، شێخولئیسلامی خۆی فێری خوێندنەوە و نووسینی کوردی کردووە. لە سەردەمی شۆڕشی ١٩٧٩وە، لەگەڵ شێعر و ئەدەب و شانۆی کوردی تێکەڵاو بووە و، چەند ساڵان لە بواری میدیا و، وەرگێڕان و نووسین بۆ ڕادیۆدا کاری کردووە. لەو کاتەوە و هەتا ئەم ساڵانەی دواییش، شیعر، وتار و وکورتەچیرۆکی لە دەیان گۆڤاری کوردیی ڕۆژهەڵات، باشوور، باکوور و هەندەراندا چاپ کردووە. لە تەمەنی ٢٦ساڵیدا ئێرانی بە جێ هێشتووە، چووە بۆ وڵاتی تورکیا و، ساڵی ١٩٨٨ گەیشتووەتە کەنەدا. لەو وڵاتە، خوێندنی باڵای لە فوق دیپلۆمەوە هەتا دوکتۆرا لە چەندین بواردا تێپەڕاندووە، وەکوو: زانستی کتێبخانە و زانیاری، زمانناسیی گشتی، زمانناسیی جێبەجێکارانە، خولی مامۆستایەتیی زمانی ئینگلیسی، و میدیا و پێوەندییە گشتییەکان. پرۆفسۆر شێخولئیسلامی لە چەند بواردا لێکۆڵینەوەی کردووە و وانەی گوتووەتەوە، وەکوو: گوتاری ناسنامەی نەتەوەیی و ناسیۆنالیزم، میدیا و زمان، میدیای نوێ و زمانی کوردی، دیالەکت و زمان لە ژینگەی کوردستاندا، سیاسەت و پلانی زمانی، جۆراوجۆریی وشە لە نێو شێوەزارە کوردییەکاندا، مێژووی سەرهەڵدان و پەرەگرتنی زمانی ستانداردی کوردیی ناوەندی/ناوەڕاست (سۆرانی)، خوێندنەوەکانی ژانرە و دیسکۆرسناسی، و هتد. زۆرتر لە هەموو بوارێکی دیکە، شێخولئیسلامی لە بواری زمانناسیی کۆمەڵایەتی و شیکاریی ڕەخنەگرانەی گوتاردا لێکۆڵینەوەی کردووە، بەرهەمی چاپ کردووە و وانەی پێشکەش کردووە، لە چەند زانکۆی باکووری ئەمریکا، ئورووپا و کوردستان. ئێستا پرۆفیسۆرە لە بەشی "زمانناسی و خوێندنەوەکانی زمان" لە زانکۆی کارلێتون. شێخولئیسلامی تاوەکوو ئێستا سەرپەرشتیی تێزی زۆرتر لە بیست خوێندکاری مەستر و دوکتۆرای کردووە، لە زۆرتر لە ٧٠ کۆنفرانسدا وتاری پێشکەش کردووە و، زۆرتر لە ٥٠ بەرهەمی بە

زمانی ئینگلیزی لە سەرچاوە ئەکادیمییەکاندا بڵاو کردووەتەوە. دوایین بەرهەمی شێخولئیسلامی، کە بە هاوکاری ٤ی زمانناسی دیکە لە پرۆسەی بەرهەمهێناندا یە، بریتییە لە "بەردەستەکتێبی زمانناسیی کوردیی ئاکسفۆرد" . ئەم کتێبە لە لایەن وەشانخانەی ئاکسفۆردەوە چاپ دەکرێت و، نزیکەی ٤٠ لێکۆڵەری شارەزای لایەنە جۆربەجۆرەکانی زمانی کوردی وتاریان بۆ نووسیوە. بۆ زانیاری زۆرتر، هەڵبەت بە ئینگلیسی، بڕواننە ماڵپەڕی بەڕێزیان لە زانکۆکەیان:

https://carleton.ca/slals/people/sheyholislami-/jaffer

ساقی قهرمان

ساقی قهرمان مادر، پناهنده، شاعر و شهروند کانادا است. بیش از ۳۰ سال پیش برای فرار از دستگیری توسط جمهوری اسلامی، ایران را ترک کرده است. نادوتایی جنسیتی و همه‌جنس‌گرا است. از ۲۰۰۷ به اینسو در حمایت از حقوق بشری و شهروندی هویت‌های جنسیتی و گرایش‌های جنسی‌جنسیتی در جامعه ایران و دیاسپورا کنشگری کرده است. قهرمان از سال ۲۰۰۸ تا ۲۰۱۹ که سازمان داوطلبانه و طبق قوانین کشور کانادا، منحل شد، مدیریت شورای سازمان دگرباشان جنسی ایرانی، و مدیریت علنی بخش‌های گوناگون پناهندگی و انتشارات سازمان ایرکو IRQO را بعهده داشت. اولین انتشاراتی آنلاین دگرباشان جنسی را به نام گیلگمیشان در کانادا ثبت کرد. ساقی قهرمان شاعر و داستان‌نویس است، با ۴ مجموعه شعر و ۱ مجموعه داستان کوتاه که انتشارات افرا در تورنتو منتشر کرده است. از زمانی که وبلاگ‌نویسی و شبکه‌ی اجتماعی به ابزار انتشار و ارتباط تبدیل شد،

شیوه نوشتاری خود را به سمت وبلاگ‌نویسی و چکیده‌نویسی برد، همزمان شیوه خود را در شعر و داستان کوتاه ادامه داد.

یلدا کاوه

دکتر یلدا کاوه استادیار آموزش دو زبانه در دانشکده تربیت معلم مری لو فولتون در دانشگاه ایالتی آریزونا است. او در زمینه جامعه‌شناسی زبان و استفاده از زبان در خانه‌های دو زبانه، مدارس و جوامع تخصص دارد. تحقیق‌های او بر آشکال مختلف قدرت مانند نژاد، طبقه اجتماعی، قومیت و ایدئولوژی‌های زبانی‌ای که سیاست‌های زبانی در مدارس و خانواده‌های مهاجر دو/چند زبانه را شکل می‌دهند، تمرکز دارد. در طول دهه گذشته، او با معلمان، والدین و کودکان از زمینه‌های زبانی و قومی مختلف در نقاط مختلف ایالات متحده همکاری کرده است. در نقش خود به‌عنوان عضو هیئت علمی دانشگاه، او معلمان و محققانی را که با زبان‌آموزان دو/چند زبانه در ایالات متحده و سراسر جهان کار می‌کنند آموزش می‌دهد. تحقیقات دکتر کاوه در نشریات علمی معتبری همچون
Language Policy, Bilingual Research Journal, International Multilingual Research Journal, Equity & Excellence in Education و TESOL Quarterly
منتشر شده است.

Hajar Kabiri

Hajar Kabiri, 2022-ci ildə Hacettepe Universitetinin Sosyoloji bölümündə doktorluq dərəcəsi alıb. Onun akademik fəaliyyətinə İrandakı patriarxat və assimilyasiya siyasətləri ilə bağlı təcrübələri dərindən təsir edib, qadın və öyrənci hərəkətlərinə diqqət yetirməsinə yardımcı olub. İnsan haqları və siyasi fəaliyyətinə görə onun İranda ali təhsilini davam etdirməsinə mane olunub (2010). Ali təhsilini və akademik həyatını davam etdirmək üçün 2010-cu ildə Türkiyəyə mühacirət edib. 2017-2024 illəri arasında Türkiyədə qaçqın və köçmənlərin haqlarını müdafiə etmək üçün UNHCR ilə işləyib. Onun araşdırma ilgisi ortadoğuda gender, etnik/millət, queer və sinfin kəsişməsinə xüsusi diqqət yetirməklə, multikultural və çoxdilli bağlamlarda marjinalləşdirilmiş və irqiləşdirilmiş qadın və öyrəncilərin dənəyimləri sahəsindədir. Bu doğrultuda 2024-cü ildən Columbia University Middle East Research Center'də intersectionality üzərində çalışmalarını dəvam ettirməkdədir.

امیر کلان

دکتر امیر کلان، استاد گروه مطالعات تلفیقی در آموزش در دانشگاه مک‌گیل است. محور پژوهش‌های دکتر کلان ایجاد نوعی جامعه‌شناسی زبان است که به ابعاد فرهنگی، سیاسی و روابط قدرت در

استفاده از زبان و متن بپردازد. وی از تحلیل گفتمان، مردم‌نگاری، تحقیق روایی و پژوهش هنرمحور برای مطالعه ابعاد جامعه‌شناختی خواندن، نوشتن و آموزش زبان استفاده می‌کند. علاقه اصلی او بررسی تجربه‌های دانش‌آموزان اقلیت در زمینه‌های چندفرهنگی و چندزبانه است. تحقیقات او اغلب ماهیتی میان‌رشته‌ای دارد و در تحقیقات آموزشی خود از فلسفه، جامعه‌شناسی، تاریخ و مطالعات فرهنگی بهره می‌برد.

سوزان کریمی

سوزان کریمی فعال فمینیست و نویسنده است. از او کتاب "زنان در بازار"، ترجمه‌ی یک اثر از لوس ایریگاره و تحشیه‌ای بر آن، و مجموعه داستانی با عنوان "وقت کتایون" در ایران به چاپ رسیده است. او پژوهشگر مطالعات جنسیت در اوترخت و فارغ‌التحصیل زبان و ادبیات فارسی از دانشگاه تهران است. در حدود ده سال گذشته او کوشش خود را صرف تولید ادبیات خلاق در قالب شعر و داستان از یک سو، و فعالیت فکری و سیاسی فمینیستی (اغلب در قالب پژوهش مبارزه‌جو) از سوی دیگر کرده است.

علاقه‌مندی‌ها: نوشتار خلاق، اندیشه فمینیستی، نقد فمینیستی، تفاوت جنسی، فمینیسم ضدسرمایه‌داری، مطالعات فرهنگی، ادبیات معاصر

مهدی گنجوی

مهدی گنجوی فارغ‌التحصیل مقطع دکتری (دانشگاه تورنتو)، تاریخ‌دان برجسته‌ای در حوزه آموزش و تاریخ کتاب در خاورمیانه است. او پسادکتری خود را در دانشکده آموزش و سیاست اجتماعی دانشگاه نورث‌وسترن به انجام رسانده، و در حال حاضر در دانشکده مطالعات اطلاعات در دانشگاه تورنتو تدریس می‌کند.

علایق پژوهشی گنجوی شامل طیف گسترده‌ای از موضوعات از جمله آزادی فکری، تاریخ فراملی کتاب، آموزش، چاپ و ترجمه می‌شود. از آثار برجسته او می‌توان به کتاب "آموزش و جنگ سرد فرهنگی در خاورمیانه: برنامه کتاب فرانکلین در ایران" (آی‌بی‌تورس، ۲۰۲۳) اشاره کرد که برنده جایزه کتاب انجمن کتابداران خاورمیانه (MELA) در سال ۲۰۲۳ شده است. کتاب دوم او با عنوان "مهندسان انقلابی: آموزش، سیاست و کنشگری در دانشگاه صنعتی آریامهر"، که به صورت مشترک تألیف شده، قرار است در سال ۲۰۲۵ توسط انتشارات MIT Press منتشر شود. نوشته‌ها، مقالات و نقدهای علمی و پژوهشی گنجوی در نشریات معتبری مانند آرشیویست آمریکایی، مجله بین‌المللی آموزش مادام‌العمر، دانشنامه ایرانیکا، مطالعات ایرانی و مرور مطالعات خاورمیانه منتشر شده است.

اردوان گیتی

دکتر اردوان گیتی، ناشنوا، اهل تهران و از خانواده‌ای ناشنواست که تحصیلات ابتدایی و متوسطه را در مدارس ناشنوایان در ایران گذرانده است. او در سال ۲۰۱۱ با هدف آگاه‌سازی جوانان ناشنوای ایرانی درباره غنای زبان اشاره و فرهنگشان، به عنوان نماینده جوانان ناشنوای ایران در کنگره فدراسیون جهانی ناشنوایان در آفریقای جنوبی شرکت کرد. حوزه‌های پژوهشی او شامل جنبه‌های مختلف زبان اشاره ایرانی (اشارانی) از جمله تدوین یک مجموعه داده‌های اشارانی، ترجمه، تفاوت‌های واژگانی، ترتیب کلمات، و موضوعات مرتبط با اخلاق پژوهش در کار با جوامع زبان اشاره است. دکتر گیتی به همراه همکاران خود «کتاب ناشنوا»، «مقدمه‌ای بر زبان اشاره ایران (اشارانی)» و «اشارانی بیاموزیم» را که اولین کتاب‌ها در حوزه زبانشناسی و زبان‌آموزی زبان اشاره در ایران هستند، تألیف کرده است. او همچنان در حمایت از جوامع ناشنوایان در ایران و سراسر جهان فعالیت می‌کند و سخنرانی‌هایی درباره زبان اشارانی و موضوعات مرتبط به مخاطبان مختلف در آمریکا و سایر کشورها، به صورت حضوری و آنلاین، ارائه می‌دهد. از سال ۲۰۱۷ تا ۲۰۲۳، او به عنوان مدرس پاره‌وقت در دانشگاه گلودت در واشنگتن به تدریس دروس مطالعات ناشنوایان و زبان‌شناسی مشغول بوده است. در حال حاضر، مدیر گروه مطالعات ناشنوایان در کالج اوهلون در سان‌فرانسیسکوی کالیفرنیاست و همزمان به عنوان استاد پاره‌وقت در دانشگاه فرشتگان در ایران تدریس می‌کند. او همچنین به کار ترجمه بین زبان‌های اشارانی، فارسی، انگلیسی و ربان اشاره امریکایی مشغول است.

شهرزاد مجاب

شهرزاد مجاب محقق، آموزگار و کنشگر سرشناس ایرانی ـ کانادایی، استاد آموزش بزرگسالان و توسعه‌ی اجتماعی و همچنین مدیر سابق مطالعات زنان و جنسیت در دانشگاه تورنتو است. ایشان برنده جوایز متعددی منجمله جایزه یک عمر دستاورد انجمن کانادایی مطالعات آموزش بزرگسالان، جایزه انجمن سلطنتی کانادا در حوزه مطالعات جنسیت، و جایزه خدمات برجسته به آموزش عالی بوده‌اند. پژهش و تدریس دکتر مجاب بر نظریه‌پردازی مارکسیسم و فمینیسم، تئوری اینترسکشنالیتی، پدرسالاری سرمایه‌داری امپریالیستی و جنبش‌های زنان، دانشجویان و ملیت‌ها در خاورمیانه و شمال آفریقا متمرکز است. مجاب در طول سال‌های پژوهشگری و کنشگری خود به تأثیر جنگ، آواره‌سازی و خشونت بر یادگیری و آموزش زنان و مباحثی چون جنسیت، دولت، مهاجرت، دیاسپورا و پداگوژی مارکسیستی فمینیستی و ضدنژادپرستانه در سطح بین‌المللی پرداخته و آثار متعددی در این زمینه‌ها تألیف کرده که برخی از آن‌ها به زبان‌های کُردی، ترکی، فارسی، عربی، آلمانی، فرانسه و سوئدی ترجمه شده است.

Language, People, and Society: Iranian Minority Languages and Literary Traditions

Conference Proceedings of 2023 McGill Symposium of Language Studies

Edited by:

Amir Kalan
Mahdi Ganjavi
Anisa Jafari
Lale Javanshir

Asemana Books

2024

Asemana Books is devoted to publishing diasporic,
underrepresented, and progressive literature on the Middle East.

asemanabooks.ca

**ASEMANA
BOOKS**

انتشارات آسمانا (تورنتو) منتشر کرده است:

پژوهش‌های علمی و دانشگاهی

- *Music on the Borderland: Remembering and Chronicling the 1979 Revolution's Shadow on Iranian Music*, by K. Emami, 2024.
- *Whispers of Oasis: Likoo's Poetic Mirage*, by M. Ganjavi, A. Fatemi and M. Alimouradi, 2024
- *تنگلوشای هزار خیال: جستارهایی در ادب و فرهنگ*، رضا فرخفال، ۲۰۲۴
- *دلالت‌های تحلیل طبقاتی در سرمایه‌داری امپریالیستی*، محمد حاجی‌نیا و شهرزاد مجاب، ۲۰۲٤
- *شبِ سیاه و مرغان خاکسترنشین؛ شعر نیما در دهه‌ی دوم: ۱۳۲۱ ـ ۱۳۱۱*، ۲۰۲٤
- *حافظ و باژگویی*، تالیف رضا فرخفال، ۲۰۲٤
- *زنان کُرد در بطن تضاد تاریخی فمینیسم و ناسیونالیسم*، تالیف شهرزاد مجاب، ۲۰۲۳
- *شورش دهقانان مکریان ۱۳۳۲ ـ ۱۳۳۱ : اسناد کنسولگری، مکاتبات دیپلماتیک و گزارش روزنامه‌ها*، پژوهش امیر حسن‌پور، ۲۰۲۲

تصحیح انتقادی

- *تاریخ شانژمان‌های ایران*، تالیف میرزا آقاخان کرمانی (به کوشش م. رضایی تازیک)، ۲۰۲٤
- *رستم در قرن بیست‌ودوم* (تصحیح انتقادی و مصور)، تالیف عبدالحسین صنعتی‌زاده (ویرایش م. گنجوی و م. منصوری)، ۲۰۱۷

I0320445

شعر

- *با سایه‌هایم مرا آفریده‌ام*، شعر از هادی ابراهیمی رودبارکی، ۲۰۲٤
- *شهروندان شهریور*، غزل از سعید رضادوست، ۲۰۲٤
- *آینه را بشکن*، شعر از نانائو ساکاکی، ترجمه مهدی گنجوی، ۲۰۲٤
- *عجایب یاد*، شعر از امیر حکیمی، ۲۰۲۳
- *کهکشان خاطره‌ای از غروب خورشید ندارد*، شعر از مهدی گنجوی، ۲۰۲۳
- *غریبه‌هایی که در من زندگی می‌کنند*، شعر از مهدی گنجوی، ۲۰۲۱
- *تبعیدی راکی*، شعر از علی فتح‌اللهی، ۲۰۱۸

داستان

- *جلوی خانه ما یکی مرده بود*، مجموعه داستان از اکبر فلاح‌زاده، ۲۰۲٤
- *زینت*، رمان از وحید ضرابی‌نسب، ۲۰۲٤
- *فیل‌ها به جلگه رسیدند*، رمان از کاوه اویسی، ۲۰۲٤
- *درنای سیبری*، نمایش‌نامه از علی فومنی، ۲۰۲٤
- *مقامات متن*، رمان از مرضیه ستوده، ۲۰۲٤
- *انتظار خواب از یک آدم نامعقول*، مجموعه داستان از مهدی گنجوی، ۲۰۲۰

برای ارتباط با نشر آسمانا:

Asemanabooks@gmail.com